JN491898

환경정치론

환경정치론

김미자 지음

경북대학교출판부

김미자

경북대학교 정치외교학과 졸업.
독일 뮌스터 베스트팰리쉐 빌헬름 대학교(Westfaelische Wilhelms-Universitaet Muenster)에서 독일의 환경정치에 관해 연구한 논문으로 정치학과 박사학위 취득.
주요 논문으로 「현실사회주의체제의 관점에서 본 동독의 환경정치적 상황과 동서독 환경협력」, 한국환경정책평가연구원 연구보고서 「환경친화적 남북 경협사업 추진 방안에 관한 연구 : 제4장 체제 전환국의 경제성장과 환경문제 사례연구 - 통일독일」, 「'지속가능한 발전' 개념의 현실화를 위한 일고(一考)」, 「환경의 관점에서 본 자유무역과 환경보호에 관한 이론과 실제」, 「유럽연합의 '환경행동프로그램' 분석 : 제5차, 제6차 프로그램을 중심으로」 등이 있음.
현재 경북대학교, 부산교육대학교, 창원대학교 등에서 강의 중.

환경정치론

초판1쇄 2010년 8월 20일 | **초판2쇄** 2011년 9월 5일
지은이 김미자 | **펴낸이** 함인석 | **펴낸곳** 경북대학교출판부
출판등록 1973년 10월 10일 ㉣97호
주소 대구광역시 북구 대학로 80번지
전화 053-950-6741~3 | **팩스** 053-953-4692 | **E-mail** press@knu.ac.kr
Homepage http://knupress.com

정가 15,000원
ISBN 978-89-7180-291-5 93340

※파본은 바꾸어 드립니다.

머리말

환경공부를 시작한지도 어느덧 10년이 지났다. 환경공부를 하면 할수록 환경문제가 인간·사회문제와 얼마나 깊고 넓은 관계를 맺고 있는지 알게 되었다. 문제는 갈수록 심각해지는데 어디서부터 어떻게 풀어 가야 하는지 더 막막해졌다. 경제력이 강해질수록 환경문제에 대한 관심도 높아지는 일반적인 성향과는 달리 세계 12위권의 경제규모를 가진 우리나라는 그 경제규모에 비례해 봤을 때 개인적 차원, 사회적 차원 그리고 국가적 차원에서도 상당히 낮은 환경에 대한 관심을 보여 주고 있다. 문제해결을 위해서는 근본적으로 사람의 의식, 다시 말해 세상을 보는 눈을 바꾸어야 하는데, 오랫동안 몸담아 온 정치학 분야에서 그 방법을 찾아보고자 하였다. 우리의 세계관이 바뀌어 세상이 달라질 수도 있지만, 형식이 내용을 만들 수 있듯이 정부의 정책 변화 또한 그러한 의식의 변화를 이끌어 낼 수 있기 때문이다.

환경정치론 강의를 지난 수년간 해 오면서 가장 아쉬웠던 점은 적당한 교재가 없다는 것이었다. 환경에 관한 강의가 많지 않은 상황에서 환경담론, 환경문제의 실상, 세계정치무대에서의 환경에 관한 논의, 요즘 가장 이슈가 되고 있는 그린라운드 그리고 개별국가의 정책 등 수업시간에 다루고 싶은 내용을 모두 담고 있는 책이 있었으면 하고 바랐다. 그래서 언젠가부터 교재를 직접 써 보자고 생각하고 이런저런 자료들을 모았지만, 타고난 게으름 탓으로 차일피일 미루기만 하였다. 다행히 책을 쓰게 될 인연이 와서 책을 출판하게 되었지만 부끄러움은 이루 말할 수가 없다. 이리도 부족한 책을 과연 세상에 내어도 괜찮은지, 여러 선생님들께 오히려 폐를 끼치는 것은 아닌지 염려된다. 위안을 삼는 것은, 이 책이 저자의 독창적인 생각을 알리는 것이 목적이 아니라 여러 자료를 토대로 하여 학생들에게 지식을 전달해 주는 것이 일차 목표인 교재라는 점이다. 기본적인 내용만을 전달하고 그 외에 부족한 내용은 선생님들의 강의를 통해서 보충되리라 생각한다.

이 책은 크게 생태담론과 환경실상 그리고 환경정치의 두 부분으로 구성되어 있다. 제1부는 환경정치학을 공부하기 위한 토대로 생태문제에 관한 담론과 다양한 환경문제의 실상을 다루고 있는데, 담론에 의미를 부여한 것은 환경문제 극복을 위한 정치적인 노력이 나아가야 할 방향을 정하기 위해서는 생태담론에 대한 이해가 필수적이라고 생각했기 때문이다. 제2부는 환경문제를 극복하기 위한 정치적 차원의 노력을 살폈다. 세계적·개별 국가적 노력과 함께 경제의 시대인 오늘날 환경문제가 경제, 특히 자유무역과 맺고 있는 관계를 알아 보았다. 환경과 관련한 무역규제가 강화되고 있는 현 시점에서 그린라운드에 대한 논의는 가장 큰 관심거리이기 때문이다. "지속가능한 발전", "그린라운드"의 일부 그리고 "유럽연합의 환경정치"는 논문으로 발표되었던 글을 약간의 수정을 가해 실은 것이어서 다른 부분과 내용면에서 약간의 중복이 있다. 중복되는 내용을 빼기보다는 그 자체로 완결성을 갖는 것이 의미가 있다고 생각하여 그 부분은 그대로 두었다. 부족하지만 이 책이 대학의 교양도서로 읽히기를 바라고 조금 더 욕심을 부리자면 환경에 관심이 있는 일반인에게도 환경문제 해결을 위한 기본방향을 제시하는 역할을 할 수 있기를 바란다.

여러모로 보살펴 주시는 경북대학교 정치외교학과 교수님들, 창원대학교 국제관계학과 교수님들 그리고 부산교육대학교 교수님들께 깊은 감사를 드린다. 그리고 경북대학교출판부 선생님들께 감사드리며 특히 박인경 선생님께 진심 어린 감사를 드리고 싶다.

2010년 7월

송하문동자(松下問童子)하고 있는 김미자

목차

제2부 환경정치

제1부
생태담론과 환경실상

제1장

인간과 사회, 그리고 자연환경

2009년 북반구 겨울의 폭설, 남반구의 폭우를 비롯한 많은 환경문제는 사람들이 모였을 때 나누는 단골 화제 중 하나이다. 이처럼 많은 사람들이 환경문제를 걱정하고 언급하지만 실질적인 해결 사례는 찾아보기 힘들다. 많은 사람들이 걱정하면 그 이슈는 사회여론화되어 정책으로 행해지는 것이 일반적이지만 환경문제는 그러한 발전단계를 거치지 못하고 있는 것이다. 이러한 모순적인 현상이 왜 일어나는지 상식적으로 생각해 보자. 우선 환경문제는 경제적 문제와 달리 불편함이나 피해를 직접적으로 느끼지 못한다는 점을 들 수 있다. 돈이 없으면 점심을 굶든가 먼 길을 걸어가야 하는 고통이 따르는 반면, 황사가 불어오면 외출을 삼가고 공기청정기를 작동시켜 집에 머무르면 되고, 물이 오염되면 수돗물을 끓여서 마시기보다는 생수를 사서 마시면 되는 등 여러 대체수단들이 있다. 그렇기 때문에 사람들은 일반적으로 직접적인 불편함을 야기하는 경제적인 문제에 더 민감하게 반응하고 환경문제는 부차적인 문제로 여기는 경향이 있다. 그렇다면 경제적 문제가 어느 정도 해결이 되어야 환경문제에 대한 진지한 관심도 생기게 된다는 결론이 나온다. 이는 선진국가에서 고등교육을 받은 중산층 이상의 시민들이 환경문제에 더 많은 관심을 보인다는 사실에서 입증된다. 두 번째로는 일반적으로 자연환경과 우리 생활의 직접적인 연관성을 알지 못하기 때문에 환경문제의 심각성 역시 우리 피부에 와 닿지 않는다고 생각된다. 예를 들어 폭우를 동반한 이상장마를 지구온난화의 영향 때문이라고 인식하여 지구온난화방지에 힘쓰기보다는 장마피해복구라는 사실에만 신경 쓰다 보니 근본적인 조처가 되지 못하는 것이다. 어떤 문제를 해결할 때 근본원인을 파악하는 것은 아주 중요하다. 환경문제해결에 있어 가장 근본적인 것 중 하나는 자연에 대한 감수성을 회복하는 것이라 생각한다. 유치원의 어린 아이들이 글자를 익히는 공부를 하기보다는 산으로 들로 다니면서 자연을 알아 가는 것이 궁극적으로 아이들의 삶을 더 풍요롭게 할 것이다. 자연에서 익힌 생태적 감수성, 즉 존재하는 모든 것들의 상호의존관계에 대한 인식이 내재화되어 다양성과 공생의 삶을 이끌어 가기 때문이다. 우리는 자연이 주는, 또는 자연 속에서 누릴 수 있는 혜택을 당연히 여겨 자연에 대해 더 무심해졌으며 현대문명의 이기 속에서 우리 자신의 자연적 속성을 모두 잊고 살아가고 있다. 몇 년 전 쓰나미가 닥쳤을 때 왜 소위 '원시인'들은 살아남았으며, 현대문명의 이기를 너무나 편하게 누리는 많은 '문명인'은 죽어야 했을까? 생물시간에 배웠던 생태계의 단순한 순환 논리를 우리는 진지하게 고민하여야 한다. 풀이 줄어들면 어떤 일이 발생하며 초식동물이 사라지면 어떤 현상이 나타나는지, 또한 토양을 덮어 아스팔트와 시멘트가 주는 편리를 누리는 것이 어떤 결과를 낳는지 등에 대해 우리는 좀 더 진지하게 고민하여야 한다.

이하에서는 앞으로의 논의에 기본이 되는 몇 가지 개념과 환경의 기능, 그 특성에 대해 살펴본다.

1. 환경, 생태계, 자연의 개념

1) 환경

'환경'이란 단어는 한자로 '環境', 영어로 'environment' 그리고 독일어로는 'Umwelt'에 해당한다. '環境'은 둘러쌀 환, 경계 또는 곳 경을 뜻하고, 'enviroonment'에서 'environ'은 '둘러싸다'는 의미를 가지고 있다. 독일어 'Umwelt'에서 'um'은 '둘러싸고 있는'이란 뜻을 가진 접두어이고 'welt'는 영어의 world에 해당하는 '세상, 세계'라는 뜻이다. 이들의 의미에서 알 수 있듯이 글자 그대로 '~을 둘러싸고 있는 것, 둘러싸고 있는 조건'을 '환경'이라고 한다. 그러면 무엇을 둘러싸고 있는가를 생각해 보자. 우리는 '개구리환경'이나 '교육환경'이라는 말은 쓰지만 '컴퓨터환경', '전쟁환경'이라는 말은 쓰지 않는다. 즉 개구리가 잘 성장할 수 있는 조건을 개구리환경이라고 하거나, 인간의 교육이 잘 이루어질 수 있는 조건을 논할 때 교육환경이라는 용어를 사용하는 것은 가능하지만, 컴퓨터가 잘 자란다든지 전쟁이 잘 이루어진다든지 등의 말은 성립이 되지 않는다. 이렇게 볼 때 '환경'이라는 단어는 곧 '생명을 둘러싸고 있는 것', '생명체의 삶의 조건' 또는 '개인이나 집단의 생물체를 둘러싸고서 그들에게 영향을 끼치는 생활조건'을 의미한다고 할 수 있다. 그렇다면 이제 그 생명이 어떤 생명체를 의미하는지 다시 한 번 범위를 줄여 보자. 오늘날 문제가 되고 있는 환경오염이니 환경파괴니 할 때의 환경이란 바로 인간을 둘러싸고 있는 여러 조건들이 오염, 파괴되어 인간의 건강이나 삶의 형태가 위협받고 있음을 의미한다. 그렇다면 현재의 환경위기 상황에서 '환경'이란 '인간을 둘러싼 것', 즉 '인간의 삶의 조건'을 말한다고 하겠다. 이처럼 환경이란 단어의 의미를 살펴보면 이 용어가 인간중심적이라는 사실을 알 수 있다. 인간을 중심에 놓고 있다는 말은 이미 다른 개체와의 구분을 전제로 한 것이기 때문에 '환경'이라는 용어가 가진 세계인식은 단편적, 원자적, 이분법적이라 하겠다.[1]

생물체에 영향을 미치고 그들과 상호관계에 있는 환경요소는 생물적 요소와 비생물적 요소로 구분할 수 있다. 생물적 요소에는 인간을 포함한 동식물종과 미생물이 있으며, 비생물적 요소는 빛, 기압, 바람, 기온, 공기, 무기질 등과 같은 요소를 포함한다. 한편 지리적으로 환경은 토양/암석층, 대기권, 수권, 생물권으로 구성된 자연공간적 환경과 공원시설, 생산시설·도로·댐 등과 같은 건설구조물, 교통수단·기계와 같은 사용물, 식품·농약 등과 같은 소비물 등과 같은 문화공간적 환경으로 구성되어 있다.[2]

우리나라 환경정책기본법은 '환경'의 구성요소를 자연환경과 생활환경으로 나누어 설명하고 있다. "자연환경"이라 함은 지하, 지표(해양을 포함) 및 지상의 모든 생물과 이들을 둘러싸고 있는 무생물적인 것을 포함한 자연의 상태(생태계 및 자연경관 포함)를 말하며, "생활환경"은 대기, 물, 폐기물, 소음·진동, 악취, 일조 등 우리의 일상생활과 관계되는 환경을 말한다. 또한 유엔환경계획(United Nations Environment Program, UNEP)에서는 환경을 자연환경과 인간환경으로 구분하고 있다. 자연환경 구성요소로는 대기, 대양, 물, 암석권, 육상생태계를 들고 있으며 인간환경은 인구, 주거, 건강, 생물계, 산업, 에너지, 운송, 관광, 환경교육 및 홍보, 평화와 안전 등으로 분류하고 있다.

---

1) 박이문, 1998, 68-71.
2) Wittkaemper, 1992, 6-7.

2) 생태계

1866년 독일의 헥켈(Haeckel)이 생태학을 "유기체와 그를 둘러싸고 있는 외부환경과의 관계에 대한 학문으로 넓은 의미에서 모든 존재들의 조건을 고려할 수 있다"[3]고 정의하면서 최초로 생태학, 생태계(Oekologie)이라는 용어를 사용하였다. '생태계(ecosystem)'는 원래 '가족/집(oikos)'을 의미하는 'eco'와 '체계'를 의미하는 'system'이 결합되어, 어떤 지역의 모든 생물이 물리·화학적 환경과 상호작용을 하면서 그 과정에서 일어나는 에너지 흐름에 의해 영양단계, 생물의 다양성 및 물질의 순환을 만들어 내는 하나의 시스템을 말한다. 이 시스템 내에서 지구상의 모든 생물은 개체나 종족을 유지하는 데 필수적인 먹이나 피난처, 배우자 등을 통해 복잡한 상호관계를 형성하고 있다. 이렇게 볼 때 환경이 '개체' 또는 '중심'을 중요시한다면 생태계는 생물과 환경의 유기적인 관계를 중요시하고 있다. 다시 말해 생태계를 중시하는 입장은 모든 생명이 뗄 수 없는 상호의존성을 지니며 개체를 이해하기 위해서는 종합적이고 전체적인 관점이 필요하다는 세계관을 가지고 있다고 하겠다. 따라서 이 입장에 따르면 환경문제는 생태계의 맥락에서 더 폭넓은 다른 생명체와의 관계 속에서 파악되어야 한다. 독일의 철학자 아비히(Abich)는 'Umwelt(우리말의 '환경'에 해당하는 용어로 '둘러싸고 있는 세계'를 의미)'라는 용어의 문제점을 지적하면서 'Umwelt' 대신 'Mitwelt('함께 하는 세계'를 의미)'를 사용하자고 제안한다.

생태계는 무생물적 구성요소(물, 산소, 이산화탄소 같은 무기원소 및 그 화합물, 탄수화물, 단백질, 부식질 같은 유기화합물, 그리고 바람, 조수, 빛 등과 같은 기후조건 및 기타 물리적 요소)와 생물적 구성요소(생산자, 소비자 및 분해자)로 구성되어 있다. 특히 생물적 요소는 먹이사슬을 통해 서로 의존적 관계를 맺고 있다. 생산자는 녹색식물, 조류, 광합성 박테리아 등으로 주로 광합성을 통해 에너지를 획득한다. 소비자는 일반적으로 생산자를 포식하는 동물로, 이들 간에도 먹고 먹히는 관계가 형성된다. 생산자를 먹는 초식동물은 1차 소비자, 1차 소비자를 먹는 육식동물은 2차 소비자, 3차 소비자로 분류할 수 있다. 그리고 분해자는 죽은 생물체나 배설물을 분해하여 유기물을 무기물로 전환해 에너지를 얻는 역할을 하는데, 주로

---

3) Wittkaemper, 1992, 10에서 재인용.

세균 및 까마귀와 같은 썩은 고기를 먹는 조류와 곤충 등의 동물이 여기에 속한다. 이러한 먹이사슬의 관계는 역동적으로 평형을 유지하지만, 한 종이 지나치게 번성한다든지 소멸하게 되면 다른 종에게도 직접적인 영향을 끼친다. 지리적으로는 해양생태계, 담수생태계, 늪 또는 습지생태계, 도시-공업적 생태계, 농촌생태계 등 수많은 생태계가 있다.

생태계, 즉 생명체와 환경과의 관계를 연구하는 학문을 생태학이라 하는데 이는 생물학의 한 분야이다. 생태학은 유기체와 다른 유기체 사이의 상호작용과정 및 그 인과관계를 다룬다. 그런데 유기체는 생물학의 대상이지만 그 환경은 물리학, 화학, 지리학, 생물학 그리고 사회과학에서도 연구한다. 학문의 대상이 독자적이지 않다는 것이다. 따라서 생태적 질문은 생명체와 관계를 맺고 있는 모든 영역 - 예를 들어 미생물학, 신경생물학, 사회학, 인류학, 의학, 정치학 같은 - 으로부터 나온다.

3) 자연

'자연이란 무엇인가?'라는 질문을 받으면 선뜻 대답이 나오지 않는다. '모든 것이 자연인데'라는 생각이 드는가 하면 '저 나무가 자연이다' 또는 '저 하늘이 자연이고 저 땅도 자연이고 저 건물도 자연에 있지 않은가' 하는 생각도 든다. 다 맞는 답변이다. 이러한 질문은 정확한 자연의 개념을 제공하기보다는 자연이 무엇인가에 대한 생각을 하게 만든다. '자연(自然)'은 '스스로 그러하다'는 뜻이다. '스스로 그러한' 것은 무엇인가? 또 '스스로 그러하지 않은' 것은 무엇인가?

서양에서는 '자연'의 반대말을 '인간' 또는 '문화'로 보고 있다. Naturalism의 반대말은 Culturalism이라고 한다. 즉 인간이 만들어 낸 정신적·물질적인 모든 것을 '문화'라고 한다. 그렇다면 인간을 둘러싸고 있는 것을 가리키는 '환경'이라는 용어는 문화적 개념으로, 학교건물, 텔레비전, 자동차 등은 '자연'의 구성요소가 아니다. 그리고 인간이 만들어 내지 아니한 것, 예를 들어 하늘, 땅, 물, 공기, 태양 등과 같은 것들이 스스로 그러한 '자연'을 구성하는 요소가 된다. 서양의 이 논리는 자연과 인간의 대립관계, 이분법적 관계를 여실히 보여 주고 있다. '자연'과 '인간'을 대립관계로 본다면 모든 존재물과의 끊임없는 관계 속에서 생존하는 인간의 위치는 어떻게 봐야 하는가? 인간은 공기나 물 없이 살아갈 수가 없는데 어떻게 이들과 인간을 대립적 존재로 볼 수 있을 것인가? 인간은 생태적 순환 속에서 태어나고 죽는다. 이는 곧 자연이 인간을 탄생시켰음을 의미한다. 자연에서 태어난 인간이 자연과의 대립관계에 서 있다는 논리는 모순이다. 그렇다면 동양에서 '자연'의 반대말은 무엇일까? 자연의 본질적인 측면에서 유추해 보자. 자연의 본질은 '변화'라 할 수 있다. 주역의 음양사상이나 불교의 제행무상과 같은 진리를 보면 세상만물 중 어느 것도 고정된 것이 없다. 음은 양을 배태한 상태로 서서히 양이 되고 그 양은 다시 음이 되는 순환의 질서를 강조하는 음양사상에서, 모든 행위는 항상 같지 않다. 즉 공간적으로 일어나는 모든 행위는 한 순간도 정지해 있음이 없고 항상 변화하고 있다는 제행무상의 관점에서 봤을 때, 자연의 본질은 '변화'라 할 것이다. 그렇다면 스스로 그러한 변화를 할 수 없는 것이 '자연'의 반대말이라 하겠다. 스스로 그러하지 않은 것의 대표로는 기계를 들 수 있다. 기계는 정해진 메커니즘에 따라서만 작동하기 때문이다. 인공지능 역시 인간이 설정해 놓은 범위 안에서만 판단할 뿐이다. 이렇게 본다면 '자연'의 반대말은 '기계'가 되며, 자연에서 태어나 자율성을 가진 인간은 자연의 하나의 구성요소가 된다. 인간을 하늘과 땅이 탄생시킨 자연의 일부로 보는 동양의 관점에서는 자연의 반대말이 인간 또는 문화가 될 수 없는 것이다. 요약하자면, 자연은 스스로 그러한 모든 것으로 하늘과 땅, 산과 바다, 동물과 인간 등 모든 존재를 칭하는 개념이며 그들이 서로 밀접하게 얽혀서 스스로 그러하게 되는 하나의 전체 또는 우주전체를 통합하여 지칭하는 개념이라 하겠다.

이상의 논의를 다음과 같이 정리해 볼 수 있다. 자연이란 무엇인가라는 물음에 대한 첫 번째 주장은 서양의 세계관에서 바라본 것으로 자연과 인간이 존재론적 측면에서나 인식론적인 측면에서나 대립하는 존재라는 것이다. 이 관점에서 자연은 필연적으로 인간에게 위협의 근거이자 불안의 요소이며, 인간에 의한 정복과 지배, 그리고 약탈의 대상이다. 이러한 자연관은 이원론적 형이상학과 인간중심적인 세계관을 함축하고 있다. 그러나 이 주장은 '자연이 없으면 인간은 존재할 수 있는가?'라는 질문이 보여 주듯 모순을 내포하고 있다. 두 번째 주장은 자연과 인간은 공존하는 존재라는 것이다. 여기서 공존이란 각기 다른 개체들이 같이 존재한다는 말이다. 그러나 공존은 이미 분리를 전제로 하고 있기 때문에 이 주장 역시 자연과 인간의 존재론적 구별과 형이상학적인 이원론을 전제한다. 이에 따르면 인간은 자연 밖에 존재하고 있으므로 결국 첫 번째 주장과 별다를 바 없다. 세 번째 주장은 동양의 세계관을 보여 주는 것으로 자연은 가장 포괄적인 개념으로서 인간을 포함한 모든 존재를 총괄적으로 지칭하는 존재라는 것이다. 여기서 인간은 자연 질서의 한 측면일 뿐이다.[4] 자연은 곧 나이고 너이며 우리 전체가 된다. 전체로서의 하나인 자연이 바로 우리가 추구해야 할 자연관이다.

2. 환경의 기능

환경보호에 있어서 특별히 중요한 것은 환경의 기능이다. 환경매체가 적절한 기능을 수행하여야 지구가 건강하기 때문이다. 환경보호의 목적도 환경이 제 기능을 수행하도록 하는 것이다.

① 생산기능(Produktionsfunktionen) : 인간의 기본적인 욕구충족과 자연자원의 사용가능을 위해 인간사회에 자원, 생산품 그리고 자연환경을 공급하는 것을 말한다. 가장 쉬운 예로 식량생산을 들 수 있다. 또한 자연환경은 지하수생성, 공기정화, 석유를 비롯한 자연자원의 생성 등의 역할도 수행하며, 나아가 숲에서 휴식을 취하며 새로운 에너지를 충전하는 것도 이 기능에 속한다 할 것이다. 이러한 생산기능은 인간에게 필수적이며 유용하기 때문에 곧바로 인간에 의한 환경에의 간섭·침해와 연결되며 환경의 변화를 불러온다.

② 수용기능(Traegerfunktionen) : 환경이 인간 행동, 인간 행동의 산물 그리고 쓰레기를 받아들여야만 하는 기능을 말한다. 생산기능의 반대기능으로, 이 기능을 수용기능이라 부르는 이유는 사회 내 에너지나 원료의 흐름이 결국에는 환경으로 흘러들고 자연환경은 그것을 거부하지 못하고 받아들이기 때문이다. 예를 들어 상품생산 후 또는 제품의 사용 후 나오는 쓰레기는 매립을 하여도 땅에 묻힐 것이고 소각을 하여도 소각 시 나오는 가스가 대기 중으로 배출될 것인데 이러한 행위의 결과물은 자연환경이 받아들일 수밖에 없다. 이 기능의 수행 역시 환경에 대한 침해를 의미한다.

③ 정보기능(Informationsfunktionen) : 환경과 인간, 또는 인간사회와 다른 생물체 간의 정보교환과 흐름을 말한다. 예를 들어 지구의 생성에 대한 기원은 원시림의 바위에 붙은 산화철의 분석을 통해 알 수 있으며, 물과 바람에 의한 침식작용이 언제 어떻게 이루어졌는가에 대한

---

4) 박이문, 1998, 73-77.

자료 역시 삼각주지역의 토양층을 분석해 알 수 있다. 또한 한반도에 언제부터 사람이 거주하였는가에 대한 정보 역시 우리나라의 땅에서 출토되는 유물들로 파악할 수 있다는 사실도 자연환경이 인간사회에 대한 얼마나 많은 정보를 가지고 있는가를 보여 준다. 이 기능을 한 걸음 더 나아가 바라보면 인간사회 형성과의 관계에 대해서도 알 수 있다. 즉 인간사회가 형성되던 초기에 농경사회와 유목사회가 형성될 수밖에 없었던 이유는 그 지역의 물, 비와 일조량 등과 같은 자연환경에 달려 있었으며 그 사회에서 형성된 정치·경제·풍습 등도 자연환경과 밀접한 관련이 있다. 유목사회가 그들의 유목생활을 보호해 주는 일신을 필요로 했다면 농경사회는 농사를 가능하게 해 주는 여러 신을 필요로 하였다. 이러한 종교관으로 인해 형성된 여러 문화적 형태가 인간의 정신구조에까지 영향을 미치게 되었다. 그리고 나일강의 범람이 가져다 준 고대이집트문명의 탄생 등도 자연환경과 뗄 수 없는 관계를 가진다. 이러한 기능을 인간사회에 대한 문화적 기능이라 한다.

④ 조절기능(Regelungsfunktionen) : 생태계는 기본적으로 균형을 유지하려는 속성이 있다. 이 기능은 인간과 상관없는 자연계 고유의 것으로 자연생태계의 균형을 유지하기 위한, 또는 인간으로부터의 침해의 결과를 상쇄하기 위한 기능이다. 예를 들어 날씨가 너무 더우면 땅속의 어떤 미생물이 화학작용을 일으켜 어떤 화학물질을 배출해 내는데 이 물질이 기온강하에 일조를 한다는 사실이나, 지구가 생성된 이후로 지금까지 대기 중의 산소농도가 일정하다는 사실 등을 예로 들 수 있다. 만약에 대기 중 산소량이 지금보다 더 많다면 한 번 일어난 불은 끄지를 못하는 경우도 있을 것이다. 가이아설은 지구가 이처럼 생태계의 균형을 유동적으로 조절한다는 것을 지구가 살아 있음의 증거로 언급하고 있다.

3. 환경문제의 특성

환경문제는 다양한 환경요소와 복잡한 생태계에 근거하여 발생하기 때문에 여러 특성을 지닌다. 이하에서는 유현석 교수가 언급한 특성에 기준하여 부가설명을 하고자 한다.[5]

5) 유현석, 2009, 287-288.

① 환경문제는 오랜 시간의 경과 후에 등장한다. 왜냐하면 자연은 스스로의 정화력을 가지고 있기 때문이다. 인간이 가진 정화력을 면역체계라고 할 수 있는데, 건강한 사람이 아프면 약을 먹지 않아도 쉬어 주면 낫는 것처럼 환경요소 역시 마찬가지이다. 그러나 그 양이 자연이 가진 정화력의 수준을 넘어서면 문제가 나타나기 시작한다. 라인강이나 템즈강의 오염은 하루아침에 일어난 일이 아니다. 2차대전이 끝나고 공업화가 시작되면서 배출된 오염물질을, 그 양의 방대함으로 인해 강이 스스로 정화하지 못하게 되면서 강의 오염이 등장하게 된 것이다. 3대 환경매체인 공기, 물, 토양 중 문제가 가장 늦게 발생하는 매체가 토양이다. 중금속, 농약, 화학물질 등에 의한 토양오염은 대부분 지표면 아래에서 이루어지고, 그 진행속도가 매우 느리기 때문에 오랜 기간 누적된 후에야 비로소 토양이 오염되었음을 알 수 있다. 따라서 토양의 오염이 드러났다는 것은 이미 오염의 정도가 상당히 심각하다는 것을 의미한다. 토양오염이 다른 매체의 오염보다 더 문제가 되는 이유는 토양 내의 물이 형성하는 지하수까지 오염시키기 때문이며, 또한 먹이사슬을 통하여 생산자에서부터 최종소비자에 이르기까지 모든 생명체에 지속적으로 축적되어 생태계 전체에 문제를 일으킬 수 있기 때문이다.

② 환경은 한 번 파괴되거나 오염되면 회복이 불가능하거나 가능하더라도 시간이 아주 오래 걸린다. 1970년대에 문제가 드러난 '러브캐널'사건을 대표적 예로 들 수 있다. 화학물질에 의해 오염된 토양과 물이 순환시스템을 통해 인간에게 돌아가 유산, 기형아 탄생, 천식, 피부병 등 많은 질병과 인명피해를 발생시킨 사건이다. 나이아가라주의 그 오염지역은 30년이 지난 지금까지 사람이 살지 못하는 유령도시로 남아 있다. 또한 군사지역의 토양오염도 심각한 문제이다. 구동독 소련군기지의 오염이나 우리나라 미군기지의 오염에서 보는 것처럼 오염된 토양은 아예 회복이 불가능한 경우도 있고, 정화가 가능한 경우에도 수십 년의 세월과 천문학적인 비용을 필요로 한다. 이처럼 한 번 파괴된 자연환경은 회복이 불가능하거나 오랜 시간을 필요로 한다.

③ 환경문제의 원인은 불분명하거나 복합적이다. 환경문제는 복잡한 생태계의 과정을 거쳐 오랜 세월이 걸려 등장하는 것이기 때문에 그 원인을 하나로 규정하기 힘들다. 시간적, 공간적, 물리적, 화학적 상태와 같은 여러 요인들의 복합적 작용인 것이다. 제1차 유엔인간환경회의가 산성비의 피해가 가장 심했던 스웨덴의 스톡홀름에서 열렸다. 스웨덴의 산성비는 서구 유럽이 2차대전 후 시작한 산업화로 배출이 증가된 대기오염물질이 그 원인이었다. 즉 그 원인을

어느 나라 탓으로 돌리거나 어느 산업으로 돌리기가 힘든 복합적인 문제인 것이다. 이처럼 환경오염의 원인이 분명하지 않다는 점에서 환경정치의 중요한 원칙이 나온다. 첫째는 오염자 부담의 원칙이다. 즉 환경오염의 오염자가 밝혀지면 그 오염자는 자기비용으로 오염을 제거할 의무가 있다. 두 번째는 오염자가 밝혀지지 않은 경우에 적용되는 공동부담의 원칙이다. 대부분의 환경문제는 사실 그 원인이 복합적이기 때문에 오염자를 밝히기기 힘들다. 이럴 경우 국가 또는 국제사회가 공동으로 책임을 지고 복구를 해야 한다는 원칙이다.

④ 환경문제의 피해자는 불특정다수이다. 많은 국가들이 국경을 서로 접하고 있는 유럽에서 이런 사례는 많이 볼 수 있다. 환경시설이 거의 없었던 동독의 공해산업은 서독으로 부는 바람을 타고 곧바로 서독의 피해가 되며 라인강의 오염은 라인강을 접하고 있는 모든 나라의 문제가 된다. 지구온난화나 오존층 파괴의 피해는 인류 모두에게 돌아갈 수 있다. 기후변화로 인한 폭우와 폭설로 세계인이 같이 피해를 보고 있다. 중국의 고비사막에서 날아오는 황사피해는 중국은 물론 우리나라, 일본, 멀리 태평양을 건너 미국 로스앤젤레스까지 간다.

⑤ 정치적, 특히 국제정치적 성격이 강하다. 환경문제는 국경을 초월한다는 특징이 있기 때문에 한 나라의 노력만으로는 해결이 힘들다. 우리나라가 황사를 막기 위해 정부차원뿐만 아니라 민간차원에서도 중국에 나무를 심는 행사를 벌이고 있는 것처럼 환경문제 해결을 위해서는 무엇보다 국제적인 협력이 필요하다. 그럼에도 불구하고 환경문제의 해결을 위해서는 많은 경우 경제성장에 제약이 가해지기 때문에 국가 간의 합의를 도출하기까지 다른 분야보다 더 오랜 기간이 걸린다는 특징이 있다. 또한 규범을 지키지 않은 국가에 대한 제제수단이 없는 무정부적 체제라는 국제체제의 성격 또한 환경문제의 해결을 어렵게 한다. 또 하나의 국제정치적 성격을 볼 수 있는 것은 자원문제에서이다. 세계는 지금 자원전쟁이라 할 정도로 석유, 천연가스 등을 필요로 하고 있다. 그런데 이러한 자연자원은 그 양이 제한되어 있고 분포지역 또한 지리적으로 불균등하다. 그렇기 때문에 분쟁가능성이 상당히 높다. 따라서 환경문제는 그 해결을 위해 전 세계의 공동노력이 무엇보다 절실하다는 성격을 지니고 있다. 지금의 환경문제에 대한 선진국과 후진국 간의 이해대립관계나 국제환경협정체결이 다른 국제협정보다 더 오랜 시간을 필요로 한다는 점 등을 보면 이러한 성격을 확실히 알 수 있다.

제2장

환경위기와 생태담론

1. 생태담론의 기원

'환경'이라는 용어가 가진 문제점에도 불구하고 일반적으로 이 용어가 많이 사용되기 때문에, 독자가 쉽게 접근하고 이해하기 위해 이 책에서는 환경문제, 환경정치학 등 '환경'이라는 단어를 사용하고 있다. 그럼에도 불구하고 현실정치 분야가 아닌 담론영역에서는 '환경'의 관점보다는 '생태'의 관점에서 훨씬 더 다양한 논의가 이루어져 왔기 때문에 이 장의 제목을 '환경담론'이 아니라 '생태담론'이라 하고자 한다.

2차대전 후부터 시작된 산업화의 결과로 60년대 후반부터 크고 다양한 환경문제가 등장하기 시작했다. 영국의 템즈강 오염, 독일 라인강의 오염, 그리고 스위스 바젤 화학공장의 화재, 미국에서 DDT 사용을 비판한 레이첼 카슨의 『침묵의 봄』 발표 등은 환경문제에 대한 시민의 관심을 불러일으키기에 충분했다. 심각한 환경문제는 서구에서 이른바 생태사상, 생태담론 또는 녹색사상을 등장시켰다. 기존의 사회사상이 정립되는 데 수세기가 필요하였음에서 볼 수 있듯이, 녹색사상은 그 등장 이후 30여 년 정도의 시간밖에 갖지 못함으로써 아직 이론적 응집성보다는 분파적 다양성을 보인다. 그러나 전반적으로 녹색사상의 유파들은 자연과 인간의 일체적 조화를 강조하고 있다.

일반적으로 생태학 논쟁의 기원을 1962년 발간된 레이첼 카슨의 『침묵의 봄』으로 본다. 이 책이 이후의 생태문제에 관한 담론과 환경정치에 큰 영향을 미쳤다는 것은 분명하다. 그러나 환경문제에 대한 일반적·정치적 관심이 『침묵의 봄』으로부터 갑자기 솟아난 것은 아니었다. 오늘날처럼 환경문제를 전체적으로 다루는 것과는 다르지만 오래전부터 환경문제와 밀접한 관계를 맺고 있는 다양한 문제들에 대한 비판은 있어 왔다. 존 뮤어의 기독교적 '자연유기체론', 알도 레오폴드의 '토지윤리', 가레트 하딘의 「공유지의 비극」과 「구명선 위의 삶」, 프리드리히 슈마허의 『작은 것이 아름답다』 등을 그 예로 들 수 있다. 또한 1972년 매사추세츠 공대(MIT)의 매도우즈(Meadows)팀이 연구·발표한 로마클럽 보고서 『성장의 한계(The Limits to Growth)』 역시 환경문제에 관해 큰 관심을 불러일으켰다. 이 중에서 생태담론에서 가장 많이 언급되는 「공유지의 비극」과 구명선 윤리라고 일컬어지는 「구명선 위의 삶」, 『성장의 한계』 그리고 『작은 것이 아름답다』의 내용을 간단하게 살펴보고 현재 가장 많이 논의되는 근본생태론과 사회생태론을 살펴보도록 한다.

1) 가레트 하딘의 「공유지의 비극(The Tragedy of the Commons)」과 「구명선 위의 삶(Living on a Lifeboat)」

가레트 하딘의 「공유지의 비극」은 환경문제의 발생과 그 결과에 대해 가장 잘 보여 주고 있는 것 같다. 그는 이 논문에서 공공목초지의 우화를 빌려 논리를 전개하고 있다. 공동으로 사용할 수 있는 목초지에 소들이 방목되고 있다. 시간이 지남에 따라 소의 수는 증가하여 마침내 소의 먹이인 풀의 질이 떨어지지 않고도 최대한의 생산이 가능한 평형상태, 즉 수용력의 한계가 이루어진다. 그런데 한계에 도달한 목초지에 만일 한 목동이 다른 목동들보다 더 많은 이익을 챙기기 위해 소 한 마리를 몰래 넣었다고 가정해 보자. 곧 그 목동은 소 한 마리에 대한 추가이익을 얻게 되지만 목초지는 이미 수용력의 한계에 도달했기 때문에 과잉방목현상이 나타나게 된다. 그러나 몰래 소를 추가한 목동을 찾을 수 없기 때문에 과잉방목으로 인한 피해를 줄이기 위한 비용은 모든 목동이 공동으로 부담해야 한다. 그러면 소를 몰래 넣은 목동이 혼자서 차지하는 추가이익은 피해복구비용보다 더 크게 된다. 피해복구비용이라는 결과적인 손실보다는 개인적 이득이 더 많다는 것을 알게 된 다른 목동 역시 추가적으로 소를 방목하게 되고, 이미 한계에 도달한 공공의 목초지는 더 이상 풀이 자라지 않게 되어 목초지 자체가 파괴된다. 이 우화는 공유지로 대변되는 공공재의 중요성을 알려 주는 한편 개인의 이기심을 충족시키기 위한 행동이 타인과 사회전체에 어떤 결과를 낳는지를 보여 주고 있다. 이러한 비극적 결과를 막기 위해서는 소떼의 수에 관한 법적 제한이 있어야 하며 이를 위반했을 시에는 추가이익을 넘어서는 제재조치가 있어야 한다. 다시 말해 공공재를 유지하기 위한 국가차원의 규제들이 마련되어야 하며, 장기적으로는 공공재인 환경에 대한 책임의식을 강조하는 교육도 강화되어야 한다. 그런데 하딘은 이러한 해결책을 말하고 있지 않다. 오히려 그는 모두에게 불이익을 가져다주는 사람은 항상 존재하게 마련이므로 대중적 이익에 기초한 자원의 공유는 해결책이 될 수 없으며, 이와 같은 비극을 피하려면 부족한 자원에 대한 사적인 소유를 인정하여 이에 대한 대중의 접근을 막고 본질적으로는 대중의 규모를 제한하는 길만이 공공의 소중한 재산을 보호한다고 주장한다. 페퍼는 하딘의 충격적인 이 논리가 자연자원의 착취를 통한 개인이익의 추구는 인정하면서, 손상된 자연자원에 대한 복구는 모든 사람에게 부담시키는 모순을 안고 있다고 비판하고 있다.[6]

하딘은 1974년 「구명선 위의 삶」이라는 또 하나의 우화를 발표하여 자신의 논리를 계속 주장하였다. 살려 달라고 외치는 사람들로 가득 찬 바다에 열 명만이 탈 수 있는 구명선이 있다. 그런데 이 구명선에는 열 명분의 음식만이 준비되어 있기 때문에, 만일 한 사람이라도 더 이 구명선에 올라타게 되면 어떤 사람도 충분한 자기의 몫을 얻지 못하고 마침내 모든 사람이 굶어 죽게 된다. 그러므로 물에 빠진 사람을 도와주려고 하는 것은 구명선 자체를 위협하는 것이 되어 마침내 모두가 죽게 된다. 하딘은 이러한 도덕적 딜레마상황에서 구명선을 탄 사람이 해야 하는 유일한 해결책은 물에 빠진 사람을 죽게 내버려 두는 것이라고 한다. 하딘은 이 우화를 통해 모든 문제의 근원은 인구과잉이기 때문에 인구가 급증하는 제3세계는 그들의 인구증가에 책임을 져야 하며 서구는 제3세계에 대한 자비적 식량원조를 하지 말아야 한다고 주장하고 있다.

하딘의 관심은 인구증가에 있으며, 그는 이 우화들을 통해서도 인구와 자원의 문제를 다루고 있다. 즉 기하급수적인 인구증가와 이들을 먹여 살리기에 부족한 자원의 한계가 미래에 있어서 삶의 위기를 가져올 것이라는 것이다. 많은 환경문제의 근본원인이 인구과잉이라는 점을 하딘은 일깨워 주고 있다고 하겠다.

---

6) 페퍼, 1989, 44-45.

2) MIT팀의 『성장의 한계(The Limits to Growth)』

미국 매사추세츠(MIT)대학의 메도우즈 교수를 비롯한 연구팀이 1972년 발표한 로마클럽 보고서 『성장의 한계』는 컴퓨터 시뮬레이션을 통하여 자원고갈로 인한 환경위기와 인류문명의 붕괴를 경고하고 있다. 이 연구모델은 20세기의 자원이용과 고갈상태, 인구성장, 공해 및 환경오염, 소득, 개인별 식량 소비 등의 변수들을 이용하여 인구성장의 결과에 대해 예측하고 있다. 이 연구는 1990년부터 2100년까지의 기간 동안 현재 나타나고 있는 여러 관계가 지속될 것이라는 가정 하에 인구가 기하급수적으로 증가하는 데 비해 자원은 기하급수적으로 감소하고 있기 때문에, 증가하는 인구와 산업생산이 가용가능한 자연자원을 크게 앞질러 인간문명은 붕괴하게 된다는 결과를 보여 주고 있다. 연구자들은 문명붕괴를 막기 위해 새로운 발견을 통한 자연자원 비축의 배가, 자원이용개선을 통한 식량산출의 증가 또는 산아억제와 같은 낙관적인 대안 시나리오를 대입하였지만 최종 결과는 인류의 붕괴로 동일했다. 이들은 그 붕괴를 피하는 일련의 정책들을 찾을 수 없었다고 고백하고 있다. MIT팀에 따르면 적절한 해결책은 두 가지 핵심요인, 즉 인구증가와 산업화에 따른 자본투자를 제한하는 것이다. 컴퓨터 시뮬레이션에서 인구와 자본투자 둘 다 제한되었을 때는 세계붕괴가 일어나지 않았던 것이다. 로마클럽 보고서는 결론적으로 세계의 성장산업에 적절한 제동이 걸리지 않을 경우 자원의 고갈과 생태계의 파괴로 인해 지구는 1백 년 이내에 파멸에 이를 것이라고 경고하고 있다. 이 연구결과는 전 세계에 큰 충격을 주어 이후 환경문제가 시민적·정치적 관심을 끌 수 있는 중요한 계기로 작용하였다. 동시에 이 보고서는 많은 비판을 받기도 했다. 가정의 부정확성, 불완전한 자료입력 등 많은 비판 중 가장 강력했던 것은 MIT 연구팀이 기술혁신을 통해 자연자원의 비축량을 늘리고 확장하기를 거부했기 때문에 붕괴는 기정사실이었다는 비판이었다.[7] 자연자원의 비축이 한정되었기 때문에 붕괴는 시간문제에 불과했다는 것이다. 하지만 『성장의 한계』 연구팀은 자원의 남용과 궁극적인 체계 붕괴에 대한 만병통치약으로써 기술혁신을 믿지는 않았다고 말한다. 그들은 하딘의 「공유지의 비극」을 언급하면서 기술낙관주의가 세계 모형으로부터 나온 그들의 연구결과에 있어 가장 위험한 반응이었으며 궁극적인 해결책으

7) 스타이거, 2008, 243.

로 기술을 믿는 것은 주의를 다른 곳으로 돌리는 것에 불과하며 실제로 기술적인 해결책은 없다고 말하고 있다.[8] 이들 연구진이 기술혁신을 고려하지 않았고 기술적 해결책을 제시하지 않았다는 비판은 인간의 기술적 발명 역시 자연자원의 토대 위에서 이루어지고 있다는 점을 감안해 볼 때 오히려 근본적인 차원에서 문제를 제기한 것으로 보인다. 따라서 기술혁신과 함께 근본적인 해결책 역시 강구되어야 할 것이다.

3) E. F. 슈마허의 『작은 것이 아름답다 : 인간중심의 경제(Small is beautiful: Economics as if People Mattered)』

1973년 출판된 슈마허(Ernst Friedrich Schmacher)의 『작은 것이 아름답다』는 제1차 세계대전 이후 출판된 가장 영향력 있는 1백 권의 책 중 하나로 선정될 정도로 많이 번역되고 읽혔다. 신자유주의적 세계화의 대안으로 '인간의 얼굴을 한 세계화'가 많이 언급되는데, 그러한 세계화의 모습을 '작은 것이 아름답다'고 주장하는 슈마허의 글에서 볼 수 있다. 슈마허는 부의 획득을 최고 목적으로 여기는 현대인의 물질지향적인 가치관과 자유시장적 자본주의 체제가 도시의 거대화, 과다한 자본투자, 대량생산, 진보적 기술 등을 통해 자연을 약탈하는 생산체계와 인간을 도덕적으로 타락시키고 기형으로 만드는 사회를 수립하였다고 비판하면서 이러한 환경과 사회문제를 발생시키지 않는 새로운 경제체제 또는 물질을 부차적인 지위에 두는 새로운 생활양식과 가치체계를 개발해야 한다고 주장하였다. 그는 다음과 같이 말하고 있다.

"보다 많은 자원 - 부, 교육, 연구 - 을 활용하여 공해와 싸우고, 야생동물을 보존하고, 새로운 에너지원을 발견하고, 평화로운 공존에 관한 보다 효과적인 협정에 이르기만 하면, 현대세계의 파괴적인 세력을 '통제'할 수 있다고 믿는다면 우리는 진실로부터 멀어지는 것이다. 부와 교육, 연구, 그리고 다른 많은 것들이 모든 문명에 필요했음은 말할 것도 없다. 하지만 오늘날 가장 필요로 되는 것은 이러한 수단이 기여하려는 목적의 수정이다. 그리고 이 말은 무엇보다도 물질적인 것에 그 자체의 적절하고 정당한 위치 - 1차적인 것이 아니라 2차적인 것이라는 - 를 부여해 주는 생활양식의 개발을 내포하고 있다."[9]

『작은 것이 아름답다』에서 슈마허가 말하고자 하는 요지는 서구가치체계의 근본적 변화를

---

8) 스타이거, 2008, 244-245.

9) 슈마허, 1987, 285.

통해 현재의 경제체제를 대신할 새로운 경제시스템을 만들어야 한다는 것이다.

『작은 것이 아름답다』는 "현대세계", "자원", "제3세계", 그리고 "조직과 소유권"으로 구성된 4개의 주요 부문, 19개의 장 그리고 에필로그로 이루어져 있다. 가장 많이 논의되고 있는 제1부 제4장 "불교경제학"은 슈마허가 1955년 미얀마로의 여행경험을 토대로 개발한 원리로 최소한의 경제활동을 하는 경제를 의미한다고 할 수 있다. 불교국가 미얀마에서 물질적 욕구를 생존을 위한 최소한의 수준으로 유지하면서 정신적인 삶을 추구하는 스님들의 생활을 보면서 충격을 받은 그는, 자급자족적 생활방식을 통해 사회적·환경적 폐해를 줄이고자 하였다. 슈마허는 불교에서 노동은 첫째, 인간에게 재능을 활용하고 발전시키는 기회를 주고, 둘째, 협동작업에서 다른 사람과 협력함으로써 이기심을 극복하게 해 주며, 셋째, 생존에 필요한 재화와 용역을 산출하는 기능을 한다고 언급하면서 노동과 여가의 상호보완적 관계를 설명하고 있다. 즉 인간은 재화와 서비스를 생산하는 노동의 즐거움과 다른 사람과 함께 공통의 목적을 수행하는 여가의 기쁨을 누려야 하며 이는 곧 인간의 가치를 발휘하고 개성을 발전시키는 것이 된다. 이는 재화보다 인간을 더 중요시하며 소비보다 창조적 활동을 더 높이 평가하는 그의 인간 존중 정신을 보여 준다고 하겠다.

슈마허에 따르면 불교경제학의 특징은 검소함과 비폭력 그리고 자연자원의 배려에 있다. 검소함에 관해 그는, 현대경제체제에서는 더 많이 소비하는 사람이 적게 소비하는 사람보다 경제적으로 부유하다고 생각되지만 불교의 관점에서 이는 상당히 불합리하다고 말한다. 소비는 수단이고 목적은 최대의 복지를 얻는 것이기 때문에 최소한의 수단으로 목적을 달성할 수 있어야 한다. 따라서 토지, 노동, 자본 등의 생산요소를 수단으로 다루고 재화의 소유 및 소비를 모든 경제활동의 유일한 목표로 보는 생각은 잘못되었으며 주어진 목적을 최소한의 수단으로 달성할 수 있는 방법을 찾아야 한다. 그는 이렇게 볼 때 불교의 생활방식은 놀랄 정도로 작은 수단이 엄청나게 만족할 만한 결과를 이끌어 내는 완벽한 합리성을 지닌 패턴이며, "지역적 필요를 충족시키는 지역적 자원에 의한 생산이야말로 가장 합리적인 경제생활의 모습"[10]이라고 말한다. 또한 근대 물질주의 경제체제에서 서구인은 자연자원을 파괴하고 인간

---

10) 슈마허, 1987, 63.

의 삶이 생태계에 의존하는 부분이라는 것을 전혀 자각하지 못하지만, 불교경제학은 모든 지각 있는 존재에 대해, 심지어 나무에게조차도 경건함과 비폭력으로 대해야 한다고 강조한다. 이처럼 슈마허는 불교경제학의 의미를 통해 근대 경제학이 보여 준 개발의 질이 바람직한 방향인지를 고려해야만 한다고 주장한다.

현재 경제체제를 혁신하여 친환경적이고 인간을 배려하는 올바른 발전의 길로 가기 위해 슈마허는 다음 3가지 요소를 강조하고 있다 : ① 보다 작은 기업, ② 중간기술, 그리고 ③ 가장 바람직한 경제시스템으로서 사회주의.

보다 작은 기업의 문제는 제1부 제5장 "크기의 문제(A Question of Size)"에서 논의되는데, 책의 제목에서 알 수 있는 것처럼 『작은 것이 아름답다』의 주요 테마이다. 작은 것이 아름다우려면 얼마나 작아야 하는가? 또는 어떠한 크기가 적당한가? 이에 대해 슈마허는 단일한 해답의 크기는 존재하지 않으며 상이한 목표를 위한 상이한 구조가 있어야 한다고 답한다. 그는 다음과 같이 말한다 : "모든 활동에는 적절한 규모가 있다. 그 활동이 능동적이고 친밀한 것일수록 참여할 수 있는 사람들의 수는 점차 적어지고 확정이 필요한 관계의 수는 커진다. … 어떠한 규모가 적절한가? 그것은 우리가 무엇을 하려고 하는가에 달려 있다. … 우리는 무엇이 옳은지를 직접 계산할 수 없다. 그러나 무엇이 그른지는 잘 알고 있다."[11] 이러한 슈마허의 말을 애매하고 규모를 정하는 데 도움이 되지 않는다고 보기보다는 모든 활동, 특히 경제활동에 있어 규모는 그것이 생산하는 상품의 수요, 시장, 경쟁기업의 수, 가격 등 여러 요소의 상호작용에 의해 결정되는 것이므로 일방적으로 결정될 수 없다는 사실을 고려할 때, 규모에 대한 그의 말이 오히려 더 타당하다 할 것이다.

중간기술의 문제는 제2부 제5장 "인간의 얼굴을 가진 기술문명(Technology with a Human Face)"과 제3부 제2장 "중간기술 개발의 필요성"에서 논의되고 있다. 슈마허는 기술이 국가경제의 중대한 구성요소이며 현대세계가 기술로 형성되었다고 쓸 정도로 기술의 중요성을 언급하지만 현대 산업화된 사회의 기술에 대해 찬성하지는 않았다. 왜냐하면 서구경제의 "큰" 기술, 달리 말하면 대량생산기술은 본질적으로 난폭하고, 생태적으로 해로우며, 재생불가능한

11) 슈마허, 1987, 70.

자원을 마구 소모시키므로 자기파괴적이고, 인간에게서 창조적이고 유용하고 즐거운 일을 빼앗아 가 결과적으로 인간을 바보로 만들었기 때문이다. 그는 이러한 현대기술이 3가지 위기를 낳았다고 말한다 : 첫째, 비인간적 기술이 인간을 질식시키고 쇠약하게 하였으며, 둘째, 인간의 생명을 떠받치고 있는 환경이 신음하고 있으며, 셋째, 화석연료와 같은 재생불가능한 자연자원의 소비가 너무 심각하여 고갈이 예측된다는 것이다. 따라서 필요한 것은 인간의 얼굴을 한 기술이며 그 핵심은 기술의 물리적인 규모를 줄이는 것이다. 슈마허는 적절한 기술로 '중간기술'을 언급하고 있다. 중간기술은 두 가지 특징을 지니고 있다. 하나는 기술을 사용하는 데 필요한 자본의 규모가 중간이라는 것이다. 작은 기술이 1파운드 기술이고 큰 기술이 1천 파운드 기술이라면 중간기술은 100파운드 기술이 된다. 그러한 중간기술은 토착적 기술보다는 훨씬 생산적이고, 지극히 복잡하고 자본집약적인 현대기술보다는 저렴하다. 두 번째로 중간기술은 큰 기술보다 덜 복잡하고 덜 정교하다. 중간기술은 매우 간단하고 현장에서 수리 및 보전에 적합하다고 슈마허는 말한다. 원시적 기술보다는 훨씬 우수하고 현대의 초기술보다는 훨씬 단순하고 값싸고 자유로운 중간기술은 주로 제3세계에 대한 기술원조에 관심을 두고 있지만 점차 부유한 사람들의 관심도 끌고 있는데, 그 이유는 중간기술이 인간의 얼굴을 한 기술이기 때문이라고 슈마허는 말하고 있다.[12] 누구나 쉽게 소유하고 간편하게 다룰 수 있는 중간기술을 인간의 얼굴을 한 기술로 칭하고 있는 슈마허가 말하고자 한 것은 결국 인간, 또는 인간노동력의 가치라고 여겨진다.

보다 작은 경제와 중간기술로의 이행을 위한 가장 바람직한 국가경제시스템은 제4부 제3장 "사회주의"와 제4장 "소유권"에서 논의되고 있다. 제목에서 알 수 있는 것처럼 그가 이상적으로 생각하는 경제체제는 정부가 생산요소를 통제하는 사회주의이다. 생산수단이 사유화되어 있는 자유시장경제체제에서는 사기업이 오로지 이윤만을 위해 움직이므로 인간과 환경에 대한 전체적인 고려를 하지 못하는 경향이 있기 때문이다. 슈마허는 자본주의자들의 지나친 자본주의화

12) 슈마허가 논의한 중간기술이 오늘날 어떠한 형태로 존재하는가에 대한 한겨레신문의 흥미로운 기사가 있다. 기사에 의하면 중간기술은 첨단기술과 하위기술의 중간 정도 기술로 적정기술, 대안기술, 국경 없는 과학기술이라 일컬어지며 주로 개발도상국에서 적용되고 있다. 예를 들어 개도국 농부를 돕는 관개용 페달 펌프, 사탕수수폐기물의 연료화(사탕수수숯)기술, 타이고산지역을 위한 온돌식 난방장치 등을 들고 있다. 한겨레신문 2010. 1. 27. 참조.

를 막고, "보다 민주적이고 존엄한 산업행정 체계와 보다 인간적인 기계의 사용, 그리고 인간의 재능과 노력이 맺은 결실의 보다 현명한 활용방법을 발전시키기 위한 목적"[13]을 위해 사회주의자들은 국유화된 산업의 이용을 주장해야 한다고 강조한다. 그러나 과거 소련중심 공산권 국가들의 환경문제를 봤을 때 사회주의에 대한 그의 기대에 의구심을 가지게 된다. 환경문제가 시민적·정치적 관심을 끌지 못했던 냉전시대적 분위기 탓도 있지만, 기본적으로 그들 국가는 환경문제를 중요시하지 않았기 때문에 심각한 환경문제에도 불구하고 해결노력은 거의 보이지 않았다. 이와는 달리 서구자본주의에서는 체르노빌 핵참사 같은 재앙은 일어나지 않았으며 많은 환경법과 환경정책, 환경기술들을 발전시킴으로써 오히려 환경문제 해결에 있어서는 자본주의 사회가 앞서 나가고 있었던 것이다.

슈마허의 『작은 것이 아름답다』는 현재의 경제체제를 대신할 수 있는 새로운 체계를 찾을 수 있다는 가능성을 제시하였으며, 인간의 얼굴을 한 세계화가 필요한 지금 시대에 더 큰 의미를 갖는다 하겠다.

2. 생태담론의 종류

1950~60년대를 거치면서 서서히 환경운동과 이론적 논의들이 시작되고 70년대에 들어서면서 환경생태문제에 다양한 담론이 분출된다. 이미 언급한 것처럼 생태담론이 형성되는 데 걸린 시간이 30~40년 정도밖에 되지 않기 때문에 다양한 이론이 제대로 분류되어 있다고 보기는 힘들다. 학자들마다 여러 담론을 소개·분류하고 있다. 기술지향주의와 생태지향주의, 기능주의에 기초한 다원론과 맑시즘에 기초한 급진주의, 결정론과 자유의지론으로 분류하는가 하면[14] 전통환경주의와 자유환경주의, 생태적/과학적 환경주의와 반제도 환경주의, 환경관리주의와 생태주의 그리고 좌파환경주의, 자연보호주의와 환경주의, 그리고 생태주의 등으로 분류하기도 한다.[15] 이하에서는 환경문제에 대한 인식체계에 따른 오라이어단의 분류에 따라 크게

13) 슈마허, 1987, 254.

14) 페퍼, 1989, 56.

15) 정대연, 2004, 174-175.

두 부류, 즉 기술지향주의와 생태지향주의로 나누어 살펴본다. 생태지향주의는 근본생태론(deep ecology), 사회생태론(social ecology) 그리고 생태여성주의(ecofeminism) 등을 비롯한 구체적인 여러 담론으로 나눌 수 있는데, 그 중에서 가장 많이 논의되는 근본생태론과 사회생태론에 대해 다음 절에서 알아본다.

그런데 논의에 들어가기 전에 베이컨의 말을 잠시 들어 보자.

"우리가 만든 천국의 물을 마시면 건강이 증진되고 생명이 연장됩니다. … 우리는 유성의 체계와 운동을 모방한 거대한 건물도 만들었습니다. 여기에서는 눈과 비, 우박 등을 인공적으로 내리게 할 수 있으며, 천둥과 번개를 만들 수도 있습니다. … 또한 개구리, 파리 등 다양한 생물체를 번식시킬 수도 있습니다. … 씨앗 없이 배양토를 혼합하는 것만으로 다양한 식물을 성장시키는 방법을 알고 있습니다. … 동물의 손상된 부위를 재생하는 방법도 알고 있습니다. … 한 번 먹으면 오랫동안 먹지 않아도 살 수 있는 고기, 빵, 음료수도 개발했습니다. … 무엇보다도 우리는 태양을 모방한 발열장치를 갖추고 있습니다. … 또한 빛을 먼 거리로 날려 보낼 수 있으므로, 멀리 있는 작은 점이나 선까지 볼 수 있습니다. … 또한 빛을 이용해 사물의 크기와 부피, 움직임과 색상을 왜곡되게 조작할 수도 있습니다."[16)]

거의 모든 생태담론은 오늘날 환경위기의 근원으로 과학기술을 꼽고 있다. 유토피아를 꿈꾼 과학기술에 대한 베이컨의 글을 보면 인간이 욕망하는 것이 다 담겨 있는 것 같고 또 그것들이 상당 부분 현실화된 것 같다. 베이컨이 꿈꾼 과학적 유토피아의 세계에서는 아무런 부작용이 없는데, 현실은 과학의 원작용만큼이나 부작용도 많다. 그래서 베이컨의 유토피아는 아름답고 이상적으로 보이기보다 오히려 끔찍해 보인다.

1) 기술지향주의

기술지향주의는 환경문제가 처음 논의되던 때부터 30~40년이 지난 오늘날까지 실질적으로 가장 큰 영향력을 발휘하는 담론이라 할 수 있다. 기술지향주의는 환경문제가 존재하며 시급히 해결되어야 한다는 사실에는 동의하지만 근본이념이나 방법론에 있어서 생태지향주의와 큰

16) 프랜시스 베이컨 『뉴 아틀란티스』 중에서. 김용석, 2007, 315에서 재인용.

차이를 보인다. 생태지향주의가 인간중심적 세계관이나 거기에 토대를 둔 정치경제적 구조를 문제 삼는 것과는 달리 기술지향주의는 인간의 무지와 교만, 그리고 탐욕 때문에 환경문제가 발생했다고 본다. 즉 환경에 대한 관리가 소홀하였기 때문에 환경문제가 발생하였으므로, 문제를 해결하기 위해서는 오염규제를 강화하고 환경법, 환경경제과 같은 제도적 장치를 정비하며 환경교육을 확대하고 미래세대에 대한 현 세대의 도덕적 의무를 강조하고 아름다운 자연경관이 제공하는 심미적 즐거움에까지 인간의 관리가 확장되어야 한다고 주장한다. 환경오염방지를 위한 세심한 관리가 행해질 수 있다면 인간이 그 자신의 목적에 따라 자연을 적절하게 조절하는 것은 정당화된다. 이러한 관리를 강조하는 이유는 기술지향주의가 자연은 광범위한 가치를 지니지만 그것은 어디까지나 인간의 건강이나 쾌적한 생활환경과 같은 욕구충족을 위한 도구로서의 의미를 가질 뿐이라고 간주하기 때문이다. 그래서 이들은 환경보존보다는 인간의 욕구를 더 중요하게 생각하여 자연의 생존권을 묵살한다. 이러한 관리 외에도 기술지향주의가 가장 강조하는 환경문제 해결방법은 과학기술이다. 과학기술의 발달이 환경위기를 야기했지만, 산업생산과정에서 발생하는 쓰레기의 최소화 또는 재활용, 매연배출을 줄이는 필터기술, 환경친화적 자동차와 대체에너지 개발 등 과학기술이 더 발전되면, 그리고 기술발전에 근거하여 경제적 성장 역시 지속적으로 이루어진다면 환경문제, 나아가 인간사회의 여러 문제도 해결할 수 있다는 것이다. 이 입장은 자연에 대한 조절과정을 통하여 성취된 고도의 기술과 물질소비를 통해서만 사회진보를 측정할 수 있으며 사회의 진보는 자연의 법칙을 인식하고 이를 적절하게 조정하여 얻게 된 경제법칙의 틀 속에서 달성될 수 있다고 믿는다. 따라서 자연법칙을 가장 잘 이해하는 과학자 집단이 환경문제를 해결하려는 의사결정에 있어서 가장 큰 영향력을 행사한다고 여긴다.[17)]

기술지향주의는 보수적 기술지향주의와 진보적 기술지향주의로 나눌 수 있는데 그 특징은 아래와 같이 요약될 수 있다.

17) 페퍼, 1989, 61-62.

〈표 1〉 생태지향주의와 기술지향주의

<table>
<tr><th colspan="4">환경론</th></tr>
<tr><th colspan="2">생태지향주의</th><th colspan="2">기술지향주의</th></tr>
<tr><td>진보적 생태지향주의
(Deep Ecologist)</td><td>보수적 생태지향주의
(Self-reliance soft-technologists)</td><td>진보적 기술지향주의
(Environmental managers)</td><td>보수적 기술지향주의
(Cornucopians)</td></tr>
<tr><td>① 인간의 존엄성을 위해 자연은 본질적으로 중요
② 생태학적 법칙이 사회와 인간을 지배
③ 생물윤리 중시 - 멸종위기에 처한 희귀종과 독특한 경관의 보존을 강조</td><td>① 소규모 공동체를 통한 공동체의 단일성 회복, 주거와 직업 및 여가의 분리현상 해소
② 개인 및 공동체의 발전을 통한 일과 여가 개념의 통합
③ 공동체의 공공행사 참여 중시, 소수의 권리 보호에도 관심, 대중참여는 계속적 교육 및 정치적 기능에 의해 이루어짐</td><td rowspan="2">① 경제성장 및 자원개발은 다음과 같은 단서하에 가능
ㄱ. 세금, 벌금 등을 통한 경제적 불균형 재조정
ㄴ. 최소한의 환경권에 관한 법적 권리 보장
ㄷ. 사회·환경적 피해자에 대한 적절한 보상
② 각 이해집단 간의 일치감을 찾는 순수한 연구와 폭넓은 토론을 위해, 대부분의 새로운 개발계획 평가기법 및 결정검토과정을 인정</td><td rowspan="2">① 인간은 어떤 경우의 정치적·과학적·기술적 어려움도 극복한다고 믿음
② 성장이라는 목적 자체가 개발계획 평가 및 정책형성의 합리성을 규정
③ 세계인구의 운명을 향상시킬 수 있다는 인간능력에 대한 낙관론
④ 과학기술 전문가는 경제성장, 대중의 건강과 안전에 대해 훌륭한 조언을 한다는 믿음
⑤ 개발계획 평가나 정책검토 과정에 있어 대중참여나 장시간의 토론은 무의미하다는 믿음
⑥ 성장의 산물인 경제적 풍요와 이를 위한 의지에 의해 모든 장애가 극복될 수 있다는 믿음</td></tr>
<tr><td colspan="2">④ 현대의 대규모 집약형 기술 및 이에 따른 엘리트 전문가의 요구를 부정, 중앙집중적 국가권위, 비민주적 제도와 기구를 비판
⑤ 물질만능주의는 그릇된 것이며, 경제성장은 먹고 살기조차 어려운 사람들의 근본적 요구를 채워 주는 쪽으로 획기적인 전환을 해야 함</td></tr>
</table>

출처 : O'Riordan, 1981; 페퍼, 1989, 63에서 재인용.

2) 생태지향주의

생태지향주의는 자연이 스스로 존재가능한 이유와 완전성을 갖는다는 이념에 토대를 두어, 자연을 생물학적인 생존권을 갖는 인격체로 보아 자연의 생존권을 인정하여 인간과 자연의 윤리적 관계를 회복하려는 이념이다. 인간의 생존을 위해서라도 인간의 삶은 생태적 법칙에 따라야 한다는 생태지향주의는 생태위기의 정신적·사회적 근원을 밝히는 데 주안점을 두고 있으며, 그 근원을 인간중심주의, 사회의 위계질서화된 계층구조 그리고 가부장제 등으로 규정하고 있다. 그리고 이러한 근원적인 문제들은 혁명이나 문화적 패러다임의 대전환을 통해서만 변화가 가능하다고 한다. 또한 기존의 자연과학과 과학기술이 현재의 위기들을 설명할 수 없으며 오히려 잘못된 정책의 근거를 제공하고 있음을 지적하면서, 오염물질 통제와 재활용 강조와 같은 과학과 기술의 진보와 제도의 개선을 통해 환경문제를 해결하려는 접근방식은 생태위기의 근원에 대한 치료가 아니기 때문에 단기적인 효과만 있을 뿐 장기적으로는 근본적인 해결책이 될 수 없을 것으로 본다. 생태지향주의는 무엇보다 인간과 자연의 분리에서 나온 인간중심주의적 시각에서 벗어나 모든 존재는 상호의존적이며 하나의 통일적인 유기체를 구성한다는 관점을 회복해야 한다고 주장한다. 인간은 자연과 하나의 관계망을 이루고 있기 때문에 인간이 자연에게 행한 것은 반드시 인간에게 돌아온다. 따라서 인간은 다른 자연요소와 마찬가지로 생태학적 법칙에 따름으로써 전체 생태계와의 조화에 기여해야 한다는 것이다.

생태지향주의의 사상적 근간은 가장 미약한 존재에서부터 가장 우수한 정신적 존재에 이르기까지 모든 존재물은 하나의 고리로 연결되어 있다는 '존재의 사슬'과 다양한 존재들이 수적으로 풍요할수록 더 좋은 세계가 된다는 '풍요성이론' 같은 것들로, 이에 따르면 모든 존재는 하나의 통일적인 유기체가 구성하며 따라서 상호의존적일 수밖에 없다. '성장의 한계', '자급자족', '소규모생산위주', '악영향이 적은 기술', '자원의 효율적 재순환', '인구 및 경제성장정지운동', '작은 것이 아름답다' 등은 생태지향주의를 나타내는 친숙한 기본어휘이다. 생태지향주의도 보수적 생태지향주의와 진보적 생태지향주의로 구분할 수 있는데, 보수적 생태지향주의는 '성장한계론'과 '구명선 윤리'를 포용하며, 주로 성장억제학파와 생태적 계획가들로 생활환경의 쾌적성을 보호하자고 주장한다. 이에 대해 진보적 생태지향주의자들은 주로 급진적인 행동주의자들로, 계몽을 통해 개인이나 사회조직의 가치관과 행동양식에 근본적 변화를 추구하고자 하는 환경교육가와 시민들로 구성된다. 그 특징들은 〈표 1〉에서 볼 수 있다.[18)]

다양한 생태지향주의 이론 중에서 가장 급진적인 이론이 근본생태론과 사회생태론이다. 이 두 논의는 기존의 세계관이 생태파괴의 주범이며 이 세계관과 이 세계관에 따라 건설된 현재체제의 극복이 문제의 근본적인 해결책임을 주장한다. 근본생태론은 양적 가치 체계에서

18) 페퍼, 1980, 60; 김진, 1994, 222-224.

질적인 가치 체계로 의식구조를 전환할 것을 촉구한다. 한편 사회생태론자 머레이 북친은 지배의 세계에서 자유의 세계로 패러다임이 변해야 한다고 주장한다. 이 두 이론을 좀 더 자세히 살펴본다.

3. 근본생태론(Deep Ecology)[19]

노르웨이 철학자 아르네 네스(Arne Naess)가 1973년 발표한 근본생태론은 다양한 생태담론 중에서 가장 널리 알려져 있다. 당시 환경문제는 현재처럼 심각하지 않았기 때문에 생태담론도 오늘날처럼 깊이 있고 다양하지 못하였다. 환경문제는 심각하지 않으며 과학기술의 발전으로 극복할 수 있다는 내용이 담론의 주류였다. 이러한 표층생태론(shallow ecology)과 구별해서 아르네 네스가 「표층생태운동과 깊고 멀리 보는 생태운동(The Shallow and the Deep, Longrange Ecology Movement)」이란 논문을 철학전문지인 『인콰이어리(Inquiry)』에 발표하면서 근본생태론은 창시되었다. 아르네 네스는 이 논문에서 표층생태운동은 오염이나 자원고갈, 인구 등의 문제에 대해 그것을 야기한 이념에 근본적인 의문을 제기하기보다는 기술중심의 단기적 해결책만을 강구하기 때문에 심각한 환경오염문제를 근본적으로 해결할 수 없으며, 문제의 해결을 위해서는 환경에 대한 좀 더 깊이 있는 인식(deep ecology)이 필요하다고 주장한다. 산성비에 대한 이들의 입장을 비교해 보자. 표층생태운동은 산성비의 원인과 피해에 관한 과학적 결론을 얻을 때까지 높은 산도에 견딜 수 있는 품종의 식물을 개발하여 대처하자고 하는 반면 심층생태운동은 산성비가 생태계 전반에 미치는 영향의 관점에서 그 원인을 제공하는 경제조건과 생산기술의 변화와 같은 근본적인 대책을 요구하고 있다.[20] 이처럼 우리의 세계관에 근원적인 질문을 던지는 근본생태론은, 산업사회가 야기한 환경위기를 극복하기 위해서는 우리의 인식과

19) 아르네 네스의 'Deep Ecology'를 '심층생태론'이 아니라 '근본생태론'이라 번역하는 이유는 네스의 'Deep Ecology'가 환경문제에 대해 깊이 있게 생각해 보자는 의미만이 아니라 환경문제의 근본원인이 되는 것 - 예를 들어 인간의 의식구조 - 을 다루고 있다고 여기기 때문이다. 문순홍 역시 이러한 이유로 인해 'Deep Ecology'를 '근본생태론'으로 번역하고 있다. 그녀에 의하면 '심층생태론'이라는 번역어는 네스가 생태위기의 근본원인을 고려해야 한다고 최초로 주장했다는 생태론사적 위상을 제대로 평가하지 못하며, 또한 그의 근본생태론이 당시의 피상적이고 현실과 타협한 개량주의적인 접근방법에 대한 대안으로 제시된 것임을 희석시킨다는 것이다. 문순홍, 1999, 67.

20) 송명규, 2008, 119.

가치, 그리고 생활방식에 근본적인 변혁이 일어나 지금까지의 인간중심적 세계관이 생태중심적 세계관으로 바뀌어야 한다고 주장한다. 네스가 주장한 근본생태운동의 일곱 가지 원칙을 먼저 살펴보자.[21] 이 원칙은 근본생태론의 핵심이라고 할 수 있다.

① '환경 속의 인간(man-in-environment)'이란 관념을 버리고 '관계적인 전체-장(全體-場)(relational total-field)'이란 관념을 받아들인다 : 이는 환경이라는 단어가 의미하는 것처럼 인간과 환경을 대립적으로 존재하는 주체-객체의 개념으로 보는 것이 아니라, 유기체들이 생물권이라는 그물망 또는 본래적으로 밀접한 관계를 맺고 있는 전체 장(total-field)에 있는 하나의 매듭이라고 보는 것이다.

② 원칙상 생물평등주의(biospherical egalitarianism)를 지향한다 : '원칙상'이라고 한 것은 현실적으로 죽이고 약탈하는 것이 어느 정도 필요하기 때문이다. 네스에 의하면 모든 종은 다른 종을 위해 도움과 희생을 제공할 준비가 되어 있으며 이러한 긴밀한 상호동반관계는 모든 종이 생존하고 번성할 권리를 가진다는 것을 의미한다. 생태계의 모든 구성요소의 동등한 권리는 명백한 가치이며 원리라는 것을 언명하면서 인간중심주의가 아닌 생명중심주의를 추구할 것을 말하고 있다.[22]

③ 다양성과 공생의 원칙을 존중할 것 : 다양성은 생존가능성, 생명체의 풍요로움을 고양시키는 것이며 생존경쟁, 적자생존이란 착취와 억압의 능력이 아니라 다양성을 증진시키기 위해 공존하고 협력하는 능력이라고 한다. 따라서 다양성을 감소시키는 양자택일의 논리를 거부하고 군사적 침략뿐만이 아닌 경제적·문화적 침략으로 인한 지배에 대해 저항한다.

④ 계급적 입장에 반대한다 : 지배와 피지배의 관계는 양자 모두에게 자아실현을 방해하기 때문에 사회계급은 타파되어야 한다. 생물평등주의, 다양성과 공생의 원칙은 모두 계급적인 입장에 반대하는 원칙이다.

⑤ 오염과 자원고갈에 반대한다 : 오염과 자원고갈에 반대하되 만일 오염 방지 장치를 개발

21) 송명규, 2008, 101; 네스, 1973, 69-73 참조.

22) 근본생태론의 입장을 생물중심주의가 아니라 생태중심주의로 표현해야 한다고 워릭 폭스는 주장한다. '생명(bio)'이라는 접두어는 살아 있는 유기체를 뜻하기 때문에 '생명'이라는 단어를 사용하면 근본생태론이 마치 생물학적으로 살아 있는 실체들에게만 관심이 있다는 오해를 불러일으킬 수 있다는 것이다. 그는 근본생태론의 관심대상은 개별 유기체뿐 아니라 종, 생물집단, 서식지 등을 포함하므로 근본생태론의 입장을 '생태중심적'이라고 표현해야 한다고 한다. 송명규, 2008, 101 참조.

한다는 명목으로 생활필수품의 가격이 증가한다면 계급 간의 빈부차도 역시 넓어질 것이기 때문에 생태학자들은 피상적인 해결책을 찾기보다는 근본적인 생태 운동에 참여한다.

⑥ 복잡성(complexity)을 존중한다 : 생태계에서 다양한 구성요소들이 맺고 있는 상호관계는 인간이 파악할 수 없을 만큼 복잡하지만 그 복잡한 관계는 나름의 원리에 의해 이루어져 있다. 무원칙적으로 뒤얽혀(complication) 있는 것이 아니다. 따라서 생태계의 완전성, 구성요소 간의 상호의존성, 그리고 모든 생명체들의 다양한 삶의 방식에 대한 진정한 존중이 이루어져야 한다는 의미이다.

⑦ 지역적 자율성과 분권화를 지향한다 : 생명체는 소규모지역 단위에서 생태적인 균형에 도달할 수 있으므로 결정의 위계사슬에 걸려 있는 고리의 개수를 줄임으로써 지역적 자율성은 증가한다. 이는 정치적으로 분권화를 의미한다.

네스는 모든 존재가 상호의존적 관계를 맺고 있다는 사실을 강조하면서 인간중심적인 근대적·기계론적 세계관[23]의 철학에 근본적인 의문을 던지고 그것의 근본적인 변화를 추구한다. 그러나 네스의 저술이나 근본생태론은 빌 드볼(Bill Devall)과 조지 세션즈(George Sessions)의 『근본생태론』이 1985년에 출간되고 근본생태론의 성향에 가까운 환경운동단체인 '어스퍼스트(Earth First)!'의 활동이 본격화된 1980년대 중반에 이르러서야 세계적 주목을 받게 되었다. 근본생태론으로 저명한 이론가들로는 네스, 드볼, 세션, 카프라 그리고 스나이더(Snyder) 등이 있다.

근본생태론은 주로 네스에 의해 이론적 골격을 갖추어가고 있지만 궁극적인 가치로부터 구체적인 도덕률이나 행동 지침에 이르기까지 일원적인 논리 체계를 갖추고 있는 완벽한 철학체계가 아니라는 평가를 받고 있다.[24] 근본생태론이 완성된 철학체계는 아니지만 〈그림 1〉을 통하여 근본생태론의 전제에서 결론에 이르는 논리체계를 볼 수 있다. 그림에서 수준1은 더 이상 소급할 수 없는 근원적인 규범이나 생태지혜들로 구성되어 있는데, 그 원천은 스피노자

23) 시계가 고장이 나면 고장 난 부품을 교체하면 시계는 정상으로 작동한다. 시계에서 구성요소는 생명이 없는 단순한 대상에 불과하다. 근대적 세계관은 자연, 사회, 인간 등 세계도 이러한 방식으로 구성되어 있다고 본다. 즉 전체는 구성요소들 간의 단순한 총합이라고 보는 기계론적, 원자적 세계관을 말한다. 이는 과학기술의 발전에 크게 기여하였으나 물질적 욕망이 충족되는 양적성장사회를 만들었고 현재의 환경위기를 초래하였다. 그러나 이러한 관점은 보어, 헤르젠베르그, 아인슈타인 등에 의해 무너지기 시작했다.

24) 송명규, 2008, 112.

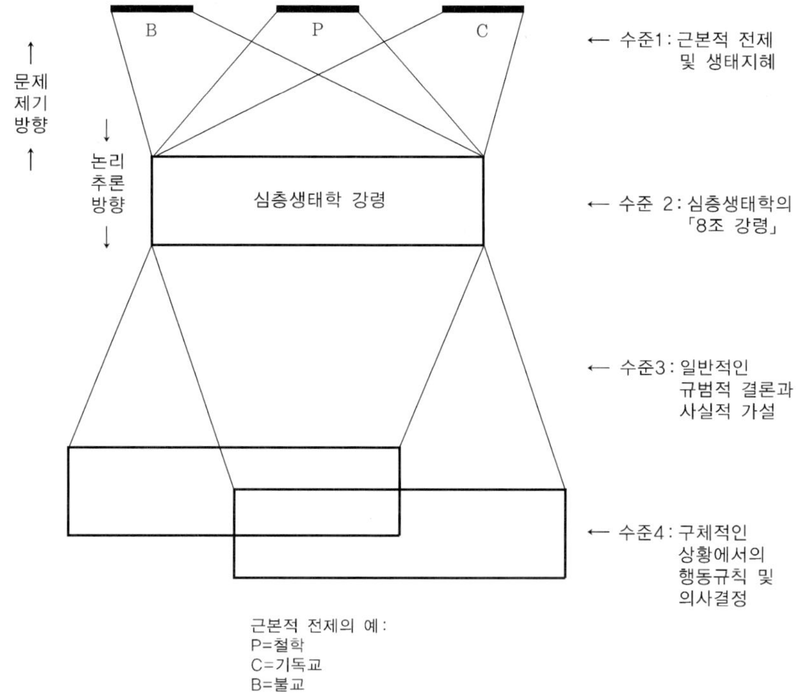

〈그림 1〉 심층생태학의 추론 체계

출처 : Naess, 1995, 77; 송명규, 2008, 115에서 재인용.

나 화이트 헤드의 철학일 수도 있고 기독교나 불교, 도교 같은 종교일 수도 있다.[25] 다양한 원천인 수준1로부터 도출된 근본생태론의 「8조 강령」의 내용은 다음과 같다[26)]:

① 인간을 포함한 모든 생명체의 복지와 번영은 인간적인 유용성과는 무관하게 본래적 가치를 지닌다.

② 모든 생명체의 풍요로움과 다양성은 이러한 내재적 가치의 실현에 기여한다.

③ 인간은 자신의 생명을 유지하기 위한 필요를 충족시키는 경우를 제외하고는 이 풍요로움과 다양성을 해칠 어떠한 권리도 없다.

---

25) 네스는 종교 가운데서는 특히 불교가 근본생태운동과 매우 가깝다고 본다. 그 까닭은 불교의 기본 정신인 비폭력, 자비, 생명존중 등이 근본생태학의 기본원칙과 일치하기 때문이다.

26) 송명규, 2008, 113-114; 룩, 1998, 87 참조.

④ 인간과 다른 생명체의 번성을 위해 인구가 현저하게 감소되어야 한다.

⑤ 인간의 다른 생명체에 대한 간섭은 정도가 지나치며 상황은 급속히 악화되고 있다.

⑥ 따라서 현재와는 근본적으로 다른 경제적, 기술적, 이념적 구조를 만들어 내기 위해 새로운 정책이 필요하다.

⑦ 이념의 변화는 물질적이고 양적인 관점에서 삶의 질적 수준을 향상시키는 방향으로 나아가야 한다.

⑧ 이상에 동의하는 사람들은 직접적이든 간접적이든 필요한 변화를 성취하기 위해 노력해야 할 의무가 있다.

근본생태운동에서 8조 강령은 그 핵심이라고 할 수 있다. 근본생태론자들은 수준1의 다양함에서 보는 것처럼 출발점은 달라도 수준2의 강령에 대해서는 모두 동의해야 하기 때문이다. 근본생태론자들을 하나로 묶는 고리가 「8조 강령」인 것이다. 수준2로부터 수준3의 일반적인 규범적 결론과 사실적 가설들이 도출되고, 마지막으로 이들로부터 실제 상황에서 구체적으로 어떻게 행동할 것인가 하는 수준4의 행동지침이 도출된다. 구체적 실천영역에서는 수단과 도구에 의해 지배되는 삶으로부터 수단은 소박하되 목적은 풍요로운 생활방식의 실천이 매우 중요하며, 이러한 삶을 이끌어 가는 방식으로 동양의 선불교, 노장사상 그리고 기독교의 영성주의 등을 강조한다.

이러한 수준들을 거치면서 도달하는 근본생태론의 궁극적인 규범은 '최대의 대아실현'이다. '대아'란 좁은 의미의 자아(ego)가 아니라 모든 것의 본래적 가치를 인정하는 다양성의 토대 위에서 '자연과 하나 되는 사람'이라고 할 수 있다. 즉 모든 생명체의 상호의존관계를 알고 고립되고 편협한 자아를 버리고 다른 사람이나 다른 생명체를 가족이나 친구처럼 생각할 때 영적인 성장은 일어나고 이러한 성장은 타자와의 일체화로 발전되면서 마침내 나와 너의 구분이 사라지고 자연과 하나 되는 '대아'가 실현되는 것이다.

근본생태론에 의하면 인간중심적인 세계관을 인간과 지구상의 모든 생명체가 본래의 가치를 지니며, 인간은 생명을 유지하는 데 반드시 필요한 것을 제외하고는 생명의 풍요로움과 다양성을 축소시킬 권리가 없다는 생태중심적 세계관으로 바꾸어야 한다. 이러한 근본생태론에 대한 비판을 다음 몇 가지로 요약해 본다.

첫째, 인간과 다른 생명체의 동등한 가치를 강조한다는 것은 자칫 인간혐오주의로 전락할 수도 있다. 인간 역시 자연을 구성하는 하나의 요소이지만 인간은 의식을 가진 존재라는 점에서 다른 생명체와 구분된다. 존재론적 측면에서 인간과 다른 생명체는 동등한 가치를 지니지만, 문제해결을 위한 인식과 실천적 측면에서 인간은 주체일 수밖에 없다. 이런 상황을 고려할 때 인간혐오주의는 문제해결에 도움이 된다고 할 수 없다.

둘째, 오늘날 환경문제의 원인을 인간 전체의 탓으로 돌리는 것은 환경문제를 호도하는 측면이 있다고 사회생태론자 북친은 비판한다. 세계 전체 인구의 5%에 불과한 미국인이 전 세계 에너지의 33%를 소비한다는 점이나 일부 계층이 엄청난 에너지와 자원을 소비한다는 점 그리고 오늘날 환경위기는 사실상 선진국의 책임이라는 점 등을 고려할 때 생태계 파괴를 무조건 인간 전체의 탓으로 돌리는 것은 설득력이 부족하다. 만일 건전한 생태계를 유지하기 위해 일부 인간이 불가피하게 희생될 수밖에 없다면 아마도 그 대상은 저개발 국가의 민중이거나 소외받는 계층일 것이다. 예를 들어 물이 오염되면 부자들은 프랑스나 스위스의 깨끗한 물을 구입할 수 있지만 빈민계층은 오염된 물을 마실 수밖에 없다. 이런 점에서 사회문제를 배제한 생태중심주의는 자칫하면 일부의 인간이 나머지 인간을 지배하고 다른 인간의 희생을 정당화하는 윤리로 악용될 수 있을 뿐 아니라 생태학적 사유와 실천에도 기여하지 못할 것이다.

셋째, 근본생태론이 중요하게 여기는 동양의 신비주의적 전통 역시 문제점으로 지적할 수 있다. 인류를 파국으로 몰아넣을 수도 있는 기술문명이 인간에 의한 자연지배를 정당화한 서양적 이성의 결과라면, 자연에 대한 인간의 조화로운 순응을 추구한 동양적 이성이 생태학적 대안으로 떠오른 것은 당연할 것이다. 그리고 환경위기를 극복하기 위해 종교적 수행을 통한 자연과의 하나 됨을 체험하고 그것을 일상화시키는 것은 가장 이상적인 방법임에는 틀림없다. 그러나 신비주의적인 방법은 임의적이어서 이성적 논증이 불가능하다. 이것이 반이성주의와 연결되어 전 사회 영역에서 합리적인 비판을 질식시킬 수 있기 때문에 선불교와 영성주의에 대한 강조는 신중하게 이해되어야 한다.

넷째, 근본생태론이 강조한 자연과의 일체화 체험이 근본생태론이 비판하는 새로운 산업을 탄생시키고 있다는 점 또한 문제점으로 지적할 수 있다. 신비주의 전통이나 신흥종교 등은 명상CD, 명상복, 명상서적 등 소위 '친환경적인 산업'이라는 명상관련 산업을 발달시키면서 근본생태론의 의미를 변질시키고 있는 것이다.

4. 사회생태론

근본생태론이 생명/생태중심적인 세계관으로의 변화를 통한 환경위기의 극복을 주장한다는 것은 개인의 의식변화에 초점을 맞춘 것이라 할 수 있다. 그러나 이는 오늘날 환경파괴의 주범인 과학기술·경제가 주장하는 인간사회의 진보라는 사회적 측면을 간과한 것이다. 또한 개인은 사회와 분리될 수 없는 존재라는 점을 감안한다면 환경문제는 사회적 관점에서 바라보아야 한다. 사회적 관점에서 접근해야 하는 또 하나의 이유는 환경오염의 피해를 주로 사회약자층이 보기 때문이다. 도시의 빈민들은 수돗물을 마시고 이윤의 극대화를 위해 환경오염을 자행한 자본가는 프랑스나 스위스의 생수를 마시며, 도시의 주변계층은 오염된 농산물을 먹는 반면 상류층은 유기농산물을 먹는 것이 현실이기 때문이다. '생태학적'이라는 말은 이처럼 계층을 구분하는 하나의 수단으로 전락한 것 같다.

'사회문제 해결 없이는 생태문제 해결도 없다'는 주장으로 생태문제를 사회적 관점에서 바라보기 때문에 '사회생태론'으로 불리는 이 이론의 창시자는 머레이 북친이다. 사회생태론을 이해하기 위해서는 그의 삶의 여정을 잠시 살펴보는 것이 도움이 된다. 그는 1921년 뉴욕 맨하탄에서 러시아계 이민자의 아들로 출생하여 어려운 가정에서 10대의 어린 나이에 주물공장, 자동차공장의 노동자로 일하며 노동운동과 사회주의 운동에 참여하였다. 이후 아나키스트로 변신하여 전국자동차노동조합 활동에 개입하고 1948년에는 제너럴 모터스사의 총파업에 참여하는 등 실천하는 운동가의 모습을 보여 준다. 레이첼 카슨의 『침묵의 봄』이 발간되기 10여 년 전인 1952년에 발표한 「음식물에 포함된 화학 첨가제의 문제점」이라는 제목의 논문은 그가 환경문제에 아주 일찍부터 관심을 가졌음을 보여 준다. 그의 사회생태론의 기원이 되는 것은 1982년 발간된 『자유의 생태학』이며 이후 그의 사상은 더욱 구체화된다. 북친의 사회생태론에는 그의 반자본주의적이고 아나키스트적인 성향이 그대로 나타난다.

북친에게 있어서 환경문제의 핵심은 자연에 대한 존경심의 부족 때문이 아니다. 그는 환경위기의 원인을 잘못된 사회구조, 즉 위계질서적인 사회구조에 있다고 본다. 자본주의체제 하에서 형성된 강자인 자본가계급이 약자인 노동자계급을 지배하는 사회의 위계구조에 대한 의식이 내면화되어 강자인 인간이 약자인 자연을 지배하는 것을 당연시하였다는 것이다. 북친에 의하면 인간들의 경쟁은 자연으로 확대·적용되어 '발톱과 송곳니의 법칙'이 통용되는 정글을 만들었고 사자는 '동물의 왕'으로, 개미는 가장 비천한 종으로 분류되었다. 이처럼 "'위계적'이라고 간주되는 자연은 지배와 복종이 궁극적인 목적인 인간조건을 반영한 것이다."[27]

그러면 본래 자연은 어떤 모습인가? 자연은 자유롭고 다양한 생물종들이 모여 사는 공동체의 모습이다. 자연은 단순한 대상이나 자원의 저장고가 아니며, 약육강식의 세계도 아니다. 자연세계에 위계조직, 지배, 계급구조 또는 국가가 존재하지 않는 것에서 알 수 있듯이 자연의 생물들이 위계질서에 의해 존재하는 것도 아니다. 북친은 이들이 다만 불균등한 관계에 놓여 있을 뿐이라고 주장한다. 미생물, 개미들도 사자나 독수리만큼 생태계에서 중요하다. 개미 또는 미생물에 의한 유기물 재순환과정이 없으면 인간을 포함한 자연세계는 존재할 수가 없다. 생태계에서 모든 생물종들은 동등한 참여자로서 자신의 위치를 가지고 있으며, 서로에게 영향력을 행사하기도 하고 의존하기도 하면서 유기적으로 상호관련을 맺어 가는 공생의 삶을 살아간다. 이처럼 자연은 다양한 생명체의 삶의 참여적인 영역이다. 이것이 진화라고 북친은 말한다. 즉 진화는 공생공존하는 생태계의 유기적인 특성을 고려하지 않았던 다윈이 주장한 것과 같은 생존을 위한 적응의 과정이 아니라, 오히려 생태계에 존재하는 생물들이 능동적으로 참여하는 삶의 과정이라는 것이다. 북친은 이를 '참여적 진화'라고 부른다. 투쟁과 경쟁이 아니라 공생과 참여가 종 진화의 원인이 된다는 것이다.

그러면 공생공존하는, 선하지도 악하지도 않는 자연을 이러한 지배적 세계로 만들어 버린 인간사회의 지배-피지배관계는 어떻게 생겨난 것인가? 이 물음에 대한 답은 간단하다. 왜냐하면 계층구조적 관점이 내재화되면 모든 관계는 그 관점에 따라 보여지고 형성되기 때문이다. 북친에 따르면, 최초의 사회적 위계는 부족사회의 장로정치에서 비롯되었다. 노년층의 청장년층 지배는 이들이 샤먼이나 사제의 역할을 맡으면서 더욱 공고히 되고 이 체제는 또한 점차

27) 북친, 1984, 115.

남성의 여성 지배, 자본주의에서는 자본가의 노동자 지배를 초래하게 되었다. 이러한 인간에 의한 인간 지배는 이제 자연 지배로 나아갔고 오늘날과 같은 생태위기를 낳았던 것이다.

그러면 어떻게 생태위기를 해결할 것인가? 생태위기의 근원이 인간의 지배주의적 문화에 있다면 그것을 극복하는 길은 계층구조의 폐지에 있다. 북친은 도덕적·영적 변화가 무의미하거나 불필요한 것은 아니지만, 근대 자본주의는 '구조적으로' 비도덕적이기 때문에 어떤 도덕적 호소도 먹혀들지 않는다고 주장한다. 그렇기 때문에 그는 인간과 자연이 공존하는 생태사회로 나아가기 위해서는 왜곡된 사회구조가 바뀌어야 한다고 주장한다. 모든 인간이 지배와 억압에서 벗어나는 자유로운 사회를 이루면 생태계 위기를 해결할 수 있다는 것이다. 북친에 의하면 자연에는 '1차자연'과 '2차자연' 그리고 '자유자연'이 있다. 1차자연은 우리가 보통 일컫는 자연이다. 2차자연은 문화를 말하는데 1차자연에서 나온다. 자유자연은 대립관계에 있던 1차자연과 2차자연이 화해와 조화를 이루는 새로운 상태로서 모든 생명체가 궁극적으로 지향하는 자유가 실현된 상태를 말한다. 1차자연은 협동과 상부상조라는 특징을 지니고, 1차자연에서 나온 2차자연은 협동과 상부상조, 그리고 경쟁과 계층구조라는 특징을 모두 지닌다. 2차자연의 특징인 경쟁과 계층구조로 인한 문제점을 해결하는 데 있어 비계층적이고 관용적인 1차자연은 참여와 공생의 사회적 관계형성의 모델이 된다. 북친은 인간 역시 원천적으로 자연의 일부이기 때문에 자기 자신에 내재한 1차자연의 기질을 함양한 사람이라면 인간의 탐욕에서 비롯된 경쟁과 계층구조를 어렵지 않게 버릴 수 있을 것으로 본다. 이처럼 2차자연은 1차자연과 연속성을 가지고 진화한다. 이러한 진화는 양자가 생태적이고 합리적인 사회에서 자의식을 가진 자유자연 또는 대자연으로 발전할 때까지 계속된다. 이렇게 1차자연과 2차자연이 화해를 이루고 나면 자연은 자유윤리가 토대가 되어 있는 자신의 가장 발전된 형태인 자유자연의 존재가 된다는 것이다. 자유자연은 합리적인 인간이 갈등과 강요에 사려깊게 대처하는 자연이다. "자유자연은 의식적이고 윤리적인 자연이며 생태적 사회이다."[28] 새로운 종합에서는 1차, 2차자연이 자유롭고 합리적이며 윤리적인 자연으로 융합되면서도 1차자연과 2차자연 중 그 어느 것도 자신의 특수성과 통합성을 잃어버리지 않는다. 인간은

---

28) 북친, 1997, 67.

자연의 통합성을 축소하지 않고도 자유와 이성, 윤리의 차원을 자연에 첨가할 수 있고 자연세계의 등장 속에 항상 잠재되어 있던 자기 성찰의 수준으로 진화를 고양시킬 수 있게 된다. 결국 북친에 의하면 자연에 대한 지배이든 인간에 대한 지배이든 일체의 지배가 없는 사회야말로 정의로운 공동체이며 그런 사회는 탈중심적이고 다양성이 존중되는 조화로운 사회일 것이고 생태계에도 적합하다.

북친은 이처럼 문제해결의 수단으로 이성, '변증법적 이성'을 중요시한다. 변증법적 이성은 도구적 이성 또는 북친의 용어로 관습이성이라고 부르는 것과는 다르다. 북친에 의하면 관습이성은 사물이나 현상을 고정되어 있는 것으로 보고 특정시점에서의 현상분석을 시도하고 있기 때문에 변화의 문제를 설명할 수 없다. 관습이성은 예를 들어 개개인을 특정시점에서는 유아이고, 다른 시점에서는 어린아이이며 또 다른 단계에서는 성인이라는 방식으로 설명하기 때문에 '되어 가고 있는 과정'이나 변화의 가능성을 포착할 수 없다. 이에 비해 변증법적 이성은 'A는 A이면서 동시에 A가 아니다'라고 주장하면서 실체가 가지고 있는 발전적이고 진화적인 속성을 인정하고 현실과의 접촉을 유지하고 있게 된다.[29] 존재를 지속적으로 전개되는 형성의 과정으로 이해하는 변증법적 이성을 가진 인간은 자연의 한 부분이며 단순히 자연의 일부로 환원되지는 않는다. 자유를 향해 발전해가는 자연의 주체성은 인간과 상관없이 발전되는 것이 아니라 인간의 변증법적 이성을 통해서만 실현될 수 있다는 것이다.

요약하자면 사회생태론은 오늘날 생태위기의 원인을 지배구조적인 사회질서에서 찾고 있다. 그러면서 사회적인 것을 자연적인 것으로 해체하려는 것이 아니라 상호관계성의 생태학적 관점에서 인간성을 자연의 맥락에 포함시키고 자연과 사회 사이의 뿌리 깊은 연속성을 회복시키고자 한다. 생태위기의 원인을 구체적으로 사회 내의 모순에서 찾고 있는 사회생태론은 생태담론을 한 단계 더 발전시켰다고 할 수 있을 것이다.

---

29) 북친, 1997, 34-37.

5. 대안윤리 : 동양의 자연관

우선 동양과 서양에서 발전해 온 '자연(自然)' 개념부터 살펴보자. 동양에서 자연(自然)이란 인간을 포함한 천지만물의 변화 과정을 설명하는 개념으로 '스스로 그러하다, 저절로 그러하다'는 의미를 가진다. 즉 자연 밖의 무엇인가가 자연을 그렇게 만들어 가는 주재자가 있는 것이 아니고 자연 속에 스스로, 또는 저절로 그렇게 되는 원인이 들어 있음을 뜻한다. 그러한 자연은 말 그대로 더 이상의 꾸밈이 필요 없는 가장 최고의 경지이며 가장 이상적인 존재인 동시에 인간이 닮아 가야 할 최종 목표이고, 인간과 자연은 대립관계가 아니라 인간이 자연을 닮아 감으로써 언제나 하나를 지향하는 일체관계로 파악하였다. 다시 말해 서양처럼 상대적으로 우위에 있는 인간이 불완전한 자연을 완전하게 만드는 것이 아니라 자연법칙을 내 속에 깨닫고 받아들임으로써 인간의 한계인 불완전성을 극복할 수 있다는 것이다. 자연의 반대개념은 인간이 만들어 낸 것을 칭하는 '문화'가 아니라 자연스럽지 못하다는 뜻의 '부자연'이며 스스로 그러한 변화를 하지 못하는 '기계'라 할 수 있을 것이다.

서양의 '자연(nature)'은 '자연스럽다', '타고난 그대로' 또는 '아직 진화하지 못한 원시나 미개상태' 등을 의미한다. 유럽중심의 제국주의에서 '문명' 개념이 탄생된 것에서 볼 수 있듯이 원주민 같이 불완전한 인간은 우월한 서양인에 의해 순화되어야 하고, 자연 또한 인간의 손길이 닿음으로써 완전해질 수 있다는 것이다. 그렇기 때문에 인간의 손으로 다듬어진 '문화'는 자연을 극복한 우위의 개념이 된다. 이러한 자연 개념의 근원은 성경에서 찾을 수 있다. 창세기에서, 자연과 인간은 똑같이 신에 의해 창조되었으나 자연은 인간을 위해 창조된 존재로 묘사되며 세계 안에 담긴 자연은 철저히 인간을 위한 이용대상이거나 인간이 밟고 넘어가야 할 극복대상으로 언급되고 있다. 달리 말하면 자연은 완전한 존재가 아니기 때문에 자연의 부족한 부분을 채워서 완전하게 만드는 것이 인간의 역할인 것이다. 하지만 이러한 서양의 자연관이 구체화되는 것은 그 수단인 과학기술이 발전하기 시작한 근대에 들어와서부터라고 할 수 있다. 사실 고대나 중세의 서양에서는 아직 자연에 대한 외경심이 온전히 남아 있었기 때문이다. 인간은 자연 속의 다른 존재들과는 달리 주체적이고 능동적인 존재이기 때문에 힘의 우위에 따라 자연을 지배하는 것이 옳다는 인간중심적인 삶의 태도를 지닌다. 이는 다시 객관적인 자연의 법칙을 탐구하여 자연을 효과적으로 이용할 수 있는 사고를 등장시키게 되고, 이것이 과학혁명과 산업혁명을 거치면서 극대화되어 인간의 욕망을 충족시키는 방향으로 자연을 착취·개발하게 되는 것이다.

이처럼 상이한 자연개념을 형성하게 된 원인으로는 무엇보다도 동서양의 다른 자연조건을 들 수 있을 것이다. 동양의 자연에 대한 친자연적인 관점이 형성된 배경으로는 동양의 지리적 위치와 자연환경, 기후 등의 요인을 들 수 있다. 오늘날처럼 자연환경의 변화를 가능하게 한 과학기술이 발달하지 못했던 고대에 지리적 위치나 자연환경은 사람들의 사고방식에 큰 영향을 미쳤음에 틀림없다. 우선 동양의 지리적 위치를 보자면, 인도와 중동 등 히말라야의 서쪽지역은 서양문명권의 중심인 유럽과 교류를 계속한 반면, 히말라야 동쪽의 아시아는 세계의 지붕인 히말라야·텐산·쿤룬 산맥으로 인해 서양과 완전히 격리된 위치였다. 또한 동아시아대륙의 동쪽에는 지구 최대의 바다 태평양, 남쪽은 산맥과 밀림지대, 북쪽 또한 사막과 초원이 자리 잡고 있어 히말라야 산맥과 함께 사방에 모두 넘기 힘든 자연적 장애를 형성하고 있었다. 다시 말해 동양은 지리적으로 닫힌 공간이고 잔잔한 지중해를 마주한 서양은 바다로 나가기 위한 다양한 수단을 시험해 볼 수 있는 열린 세계였다. 자연환경과 기후를 보자면, 겨울에는 비가 많고 태양빛이 적고, 여름에는 태양빛이 많으나 비가 적게 오는 유럽기후는 벼농사에 적합하지 않았다. 따라서 서양에서는 목축으로 보충하거나 바다로 배를 띄워 나가 다른 지역을 습격·약탈하거나 교역을 해야 했다. 이는 곧 주어진 자연환경에 의존하기보다는 인간 자신의 능력에 더 많이 의존하게 되는 결과를 가져온다. 그러나 동양에서 여름의 고온다습한 기후는 노동집약적인 벼농사위주의 농경사회를 형성하였으며, 일정한 주기가 없이 범람하는 황하의 범람이나 대륙내부의 모래바람은 인간의 저항을 허용하지 않을 정도로 변화가 심했다. 이처럼 서양인들이 마주한 자연은 인간이 쉽게 대처하고 이용할 수 있을 만큼 온순했던 반면, 동양의 자연은 이와 정반대여서 동양에서는 자연의 변화에 적극적으로 저항하거나 자연을 이용하려는 의지보다는 오히려 거부할 수 없는 섭리로 인식하고 자연의 법칙에 순응하는 것이 지혜로운 태도로 받아들여졌다. 따라서 인간중심적 사고보다 자연중심적 사고가 일반화될 수밖에 없었다. 자연환경에 많은 것을 맡길 수밖에 없는 농경중심의 동양사회에서 자연은 비와 바람을 내는 하늘을 정점으로 삼아 자연에 초월적이며 절대적인 무엇인가가 있다는 생각을 보편화시켰던 것이다.

동양에도 자연을 극복할 수 있다는 사고가 없었던 것은 아니다. 자연의 사물을 변형시키는 점을 인간만의 특징으로 보는 묵자와 "기우제를 지냈더니 비가 온 것은 기우제를 지내지 않았는데 비가 온 것과 다를 것이 없다"라고 말하며 자연의 변화를 두려워하기보다 적극적으로 대처하라는 순자가 있지만, 이들 역시 자연의 완전성을 부정하는 데까지는 이르지 않았고 여전히 자연은 경이와 외경의 대상으로 남아 있었기 때문에 일반적으로 동양의 자연관은 인간과 자연의 일원론적 관점을 견지하고 있다고 하겠다. 도교와 불교의 자연관을 간단히 살펴보자.

도교의 '인간은 자연의 일부분' : 도가는 자연을 완전한 존재로, 인간을 불완전하며 자연 속에 부속된 존재로 생각했으며 일체의 인위적인 행위를 배제하는 무위자연의 태도야말로 가장 바람직한 태도라고 생각했다. 도는 일체의 존재의 근원으로 천지만물을 움직이고 존재하게 하며 어떤 것에도 의존하지 않고 어떤 것을 만들지도 않는다. 도는 언제나 무위(無爲)하지만 그에 의해 안 되는 것이 없으므로 동시에 무불위(無不爲)라 한다. 이러한 도는 노자 『도덕경』 25장의 도법자연(道法自然)에서 보듯이 자신 이외의 어떤 것에 의해서도 움직이지 않으며, 그 스스로 움직이는 자연을 법도로, 표준으로, 스승으로 삼는다. 다시 말해 도는 곧 자연이며 스스로 완전하다는 것이다. 이처럼 그 자체로 완전한 도 또는 자연을 강조하는 도가에서 인간적 가치는 별 의미가 없다. "천지는 인간을 사랑하지 않는다. 만물을 지푸라기로 여긴다"라는 노자의 말처럼 자연은 인간에게 특별히 우호적이지 않다. 왜냐하면 도는 만물 속에 똑같이 들어 있기 때문에 도의 관점에서 봤을 때 인간이나 물(物)은 동일하며, 개 한 마리 죽는 것이나 사람 죽는 것이나 자연의 입장에서 보면 다를 것이 없기 때문이다. 스스로 완전한 자연에 따르는 삶을 살기 위해서는 자신의 의도, 목적, 욕구, 선입관 등 일체를 버려야 한다. 물오리의 다리는 짧고 학의 다리는 길다는 개인의 생각을 버리고 사물을 그 자체로 보는 것이 중요하다. 사물을 나를 위해 존재하는 객체로 볼 것이 아니라 그 자체로 볼 때 그것들은 새로운 의미로 다가온다. 어떤 사물이나 사람이 갑자기 낯설게 느껴지는 경우가 있다. 그럴 때 우리는 당황하지만, 사실 그러한 당황은 우리가 주변의 것들을 새롭게 인식할 수 있는, 즉 그것을 세상을 구성하는 하나의 주체로 볼 수 있는 계기인 것이다. '나' 중심의 관점에서 벗어나 사물을 그 자체로 인식할 때 그것들이 살아 존재하면서 나와 관계를 맺고 있음을 알 수 있게 되는 것이다.

불교의 핵심사상은 연기사상이다. 이는 인연생기(因緣生起)의 줄임말로 모든 사물이나 현상은 인과 연이 만나서 생성, 발전된다는 뜻이다. 예를 들어 인은 씨앗에, 연은 햇빛, 공기, 물 등과 같은 외부조건에 비유할 수 있다. 이러한 인과 연이 만났을 때 꽃이 피는 생기가 가능한 것이다. 또 꽃이 존재하는 연이 다하면 꽃은 시들어 다시 자연 속으로 흩어진다. 다시 말해 우리 눈에 보이던 꽃이라는 색(色)이 눈에 보이지 않는 공(空)의 세계로 들어가 버리는 것이다. 하지만 이들은 아무 것도 없음의 공허함으로 소멸하는 것이 아니라 연기법에 의해 계속하여 무엇인가를 생성시키고 있다. 즉 소멸과 생성, 시작과 끝이 나누어지는 게 아니라 하나의 연결 속에 존재하고 있는 것이다. 모든 것은 연결되어 있다. 그래서 연기사상은 '이것이 있으면 저것이 있고 이것이 일어나면 저것이 일어나고, 이것이 없으면 저것이 없고 이것이 멸하면 저것이 멸한다'로 설명된다. 법성게에는 일미진중함시방(一微塵中含十方)이라는 말이 있다. 하나의 먼지 안에 열 개의 방위가 들어가 있다는 뜻이다. 이는 하나의 먼지 안에 온 우주가 포함되어 있는 것처럼 세상만물은 모두 연결되어 있다는 것을 뜻한다. 즉 모두가 동체(同體)인 것이다. 이런 사상은 오늘날의 환경위기를 극복하는 데 가장 중요한 관점이다. 불교의 가르침에는 환경문제 극복에 실질적으로 적용될 수 있는 많은 삶의 태도가 있다. 살생을 금하는 계율, 스님들의 식사법인 발우공양 그리고 무소유의 태도 등을 예로 들 수 있다.

요약하자면 동양사상의 자연관은 인간과 자연을 동일시하는 것이다. 인간을 자연의 주인으로 보지도 않고 자연을 사적 소유의 대상으로 삼지도 않으며 인간의 욕망에 맞게 함부로 자연을 개조하지도 않는다. 자연과 인간을 모순·대립하는 관계가 아니라, 자연을 완전한 존재로 규정하고 인간이 자연의 섭리에 순응하는 것이 바람직한 삶의 태도라는 하나로 어우러지는 관계로 파악하고 있다.

천인합일의 일원론적인 동양사상이 환경문제해결에 기여할 수 있는가에 대한 비판 역시 존재한다. 자연대립적 사상이 생태계 파괴의 직접적 원인이 아니며, 동양사상은 인간의 발전을 향한 본성을 무시하는 반과학적, 반문화적 요소가 짙으며, 오늘날 환경위기의 직접 원인이 과학기술이라면 그 과학기술의 방향을 바꿀 힘이 필요한데 비과학적인 동양적 사고에는 그러한 힘이 없기 때문에 비과학적인 동양사상이 생태계의 문제를 자동적으로 해결하는 만족스러운 대안이 될 수 없다는 것이다. 이러한 비판에 대해 생각해 보자. 물론 자연대립적 사상만이 생태계 파괴의 원인은 아니다. 자연대립적인 사상과 함께 자연을 정복, 개발, 착취할 수단으로 과학지식과 그 지식을 근거로 한 기술이 함께 작동함으로써 오늘날의 환경파괴를 가져왔다. 서양의 이분법적 사고가 성서에서 출발한다고 하지만 중세까지 서양에서는 자연에 대한 경외심이 남아 있었다는 사실을 보건대 문제는 오히려 과학기술에 있다고 보아야 할 것이다. 그러나 과학기술이 오늘날 환경위기의 직접적인 원인인 동시에 그러한 과학기술의 발전을 가능하게 한 것이 서양사상이라는 점도 알아야 한다. 서양사상이 자연과 인간과의 하나를 주장한다면 과학기술의 발전은 다른 방향으로 전개될 수도 있을 것이기 때문이다. 동양에서 과학기술이 발전되지 않았다고 말하기는 힘들다. 단지 서양과 다른 종류의 과학기술이 발전했다고 보는 것이 옳을 것이다. 다시 말해 동양적 사유가 지금의 과학기술의 방향을 바꿀 힘이 없다고 보는 것은 너무 섣부른 단정이다. 자연과 인간을 분리하지 않고 하나의 전체로 본다는 동양적 관점을 과학기술에 적용시켜 본다면 과학기술의 긍정적 작용만을 강조하지는 않을 것이다. 과학기술이 가져오는 부정적 작용을 어떤 철학자는 '동반작용'[30]이라 이름한다. 왜냐하면 모든 과학기술은 그것이 원하는 효과와 함께 원하지 않는 효과를 항상 같이 가지고 다니기 때문이다. 단지 우리가 긍정적 효과만을 보기를 원했기 때문에 이 부정적 효과는 지금까지 무시되어 왔다고 한다. 이 부정적 효과, 즉 동반작용을 직시함으로써 과학기술은 훨씬 풍부하게 더 통합적으로 발전할 수 있을 것이라 여겨진다. 환경위기를 해결하기 위하여 동양사상을 비판할 것이 아니라 오히려 동양사상의 통합적 관점이 더 요구된다 하겠다.

30) 김용석, 2007, 318.

제3장

세계환경문제와 국제레짐

인간의 사고와 행동방식, 사회구조 등 모든 인간적인 것이 오늘날의 환경위기를 야기시켰다고 해도 과언이 아니다. 생태담론을 통해 이러한 사실을 알아보았다면 환경문제의 해결을 위한 전단계로 지금의 환경상태가 어떠한지를 살펴보아야 한다. 이 장에서는 지구온난화로 대변되는 기후변화, 오존층 파괴, 생물다양성 감소, 열대림 파괴, 유해폐기물 교역, 그리고 토양오염과 사막화 등을 살펴보고 이러한 문제의 해결을 위한 국제적인 노력을 살펴본다.

환경문제를 국제정치적으로 해결하려는 노력을 국제레짐이라는 이름 하에 살펴볼 것인데, '국제레짐'이란 개념은 상당히 추상적이고 복합적인 성격을 가지고 있어서 정의 내리기가 쉽지 않다. 국제체제라는 의미에서부터 다자간의 조정 협력, 공동이익을 위한 협조, 국제협약, 경우에 따라서는 국제기구와 같은 공식기구를 뜻하는 등 학자마다 다양하게 사용하고 있다. 일반적으로는 "국제관계의 특정한 쟁점 영역 내에서 행위자들의 기대가 수렴되는 일련의 명시적이거나 묵시적인 원칙, 규범, 규칙 및 정책결정절차의 총체"로 정의한다. 코헤인은 "국제관계상의 특정 쟁점 영역과 관련하여 정부들이 합의·명시한 제반 규칙을 가진 제도" 또는 "국가들이 다양한 쟁점 영역에 있어서 그들의 기대를 조정하고 국제적 행위를 조직화하기 위하여 만든 규제적 제도"라고 정의한다. 예를 들어, 국제통화기금(IMF)과 세계은행이 국제금융 분야에서 영향력을 발휘하는 것은 국제기구로서의 물리적 실체가 아니라 이를 중심으로 국가들의 합의로 명시된 '규칙의 체계'를 통해 각 국가들의 행위가 규제되기 때문이라고 보고 이를 국제금융레짐으로 설명한다. 또한 국제무역 분야에 있어서도 관세 및 무역에 관한 일반협정

(GATT)이 영향력을 갖고 적용됨으로써 국제무역레짐이 존재한다고 본다. 이렇게 볼 때 국제레짐이란 특정한 문제해결을 위해, 또는 특정 분야의 질서유지를 위해 설립된 국제기구 및 조약과 그것들이 내포하고 있는 원칙, 규범 등을 총칭하는 개념이라 하겠다. 가장 단순하게 이해하면 국제기구나 국제조약과 동일시하여도 크게 무리는 없다고 여겨진다.

1. 지구온난화와 기후변화

지구온난화는 기후변화의 한 형태이다. 계속적으로 변하는 기후가 오늘날 문제가 되고 있는 것은 그 진행속도가 역사상 전례가 없던 것이기 때문이다. 기후변화는 자연적인 요인과 인위적인 요인에 의하여 일어나게 된다. 자연적인 요인으로는 태양 활동의 변화로 인한 태양복사에너지의 변화, 태양과 지구의 천문학적인 위치변화(공전궤도의 변화)로 인한 지구에 도달하는 태양복사에너지의 변화, 기후시스템 구성요소(대기권, 수권, 설빙권, 생물권, 토양권) 간의 상호작용에 의한 변화, 화산분화에 의한 성층권의 에어로솔 증가 등이 있다. 그런데 문제는 인위적인 요인이다. 특히 20세기 후반기에 들어 증가된 인간 활동의 영향으로 기후가 급격하게 변화하기 시작하였다. 지구온난화를 포함해 기후변화를 야기하는 인위적 요인으로는 화석연료의 과다사용, 지나친 방목과 농경지의 확대, 도시화, 열대림의 훼손 등 거의 모든 인간 활동이라 할 수 있다. 이하에서는 지구온난화로 인한 기후변화에 대해 알아보도록 한다.

1) 지구온난화의 원인

지구상 에너지의 대부분은 태양으로부터 유입된다. 지구에 도달하는 태양에너지 중 약 30%는 반사되어 우주로 나가고 70%는 지표면까지 도달하게 된다. 지표면에 도달된 에너지는 적외선의 형태로 다시 우주로 방출되는데 이때 대기 중의 이산화탄소, 메탄, 질소, 프레온가스 등 소위 온실가스가 대기열의 우주로의 방출을 막고 대기를 따뜻하게 유지시키게 된다. 온실가스가 마치 온실의 유리처럼 보온효과를 일으키는 것을 온실효과(greenhouse effect)라고 한다. 온실효과는 지구 온도의 균형을 맞추어 생물체가 살아 있게 해 주는 중요한 역할을 한다. 만약 온실효과가 없다면 낮에는 수십 도, 수백 도까지 올라가고 밤에는 영하 100℃ 이하로 내려가서 지구상의 어떤 생물도 살아갈 수 없을 것이다. 이런 중요한 온실효과가 문제가 되는 이유는 온실효과를 내는 기체들이 과다하게 방출됨으로 인해 열을 일정량 이상으로 흡수하여 기온이 상승하는 지구온난화현상을 유발하기 때문이다.

기후변화에 관한 국제연합 기본협약(The United Nations Framework Convention on Climate Change, UNFCCC, 이하 기후변화협약으로 약칭)은 인간 활동에 의해 인위적으로 배출되어 지구온난화에 영향을 주는 이산화탄소, 메탄, 아산화질소, 수소불화탄소, 과불화탄소, 육불화황을 6대 온실가스로 지정하였다. 먼저, 이산화탄소는 지구온난화지수[31]는 낮지만 전체 온실가스 중 50% 이상을 차지하는 주요 온실가스로 화석연료의 소비, 삼림훼손, 화재 등에서 발생한다. 화석연료는 자동차의 연료와 에너지원으로 주로 사용되는데 온실가스에서 차지하는 비중이 80% 정도이다. 삼림훼손은 인구증가로 인한 농경지개간, 목재수요의 증가, 도로확충, 병충해, 산불, 벌목 등이 원인이 된다. 원래 대기 중의 이산화탄소량은 대기, 암석, 바다 및 각종 생물들에 의해 탄소가 흡수되고 방출하는 작용으로 유동적 균형이 유지되는데, 인간의 개입으로 인해 현재 대기 중 이산화탄소의 양은 전례가 없을 정도로 높아져 온실효과를 강화시킨 지구온난화의 주범이라 할 수 있다. 이산화탄소는 일단 방출되면 100년 이상 대기 중에 머무르는데, 현재는 어떠한 기술로도 대기 중에 한 번 방출된 이산화탄소를 제거할 수 없다고 한다. 그렇기 때문에 배출량의 감소가 절대적으로 필요하다. 메탄은 가축의 배설물이나 퇴비 등 주로 산소가 없는 환경에서 박테리아가 유기물을 분해할 때 생성된다. 석탄이나 천연가스의 채굴, 폐기물매립, 식생연소, 그리고 특히 인간 활동에 의한 벼농사 및 축산으로부터의 메탄 방출이 주요 원인이다. 메탄은 대기 중으로 방출되면 10년 정도 분해가 안 되고 열 흡수력은 이산화탄소의 20~30배가 된다고 한다. 아산화질소는 주로 석탄을 캐거나 연료가 고온으로 탈 때 발생한다. 수소불화탄소는 불연성무독성가스로 취급이 매우 용이하고 화학적으로 안전하여 냉장고와 에어컨의 냉매로 사용된다. 과불화탄소는 탄소와 불소의 화합물로 전자제품, 도금산업 등에서 세정용으로 사용

31) 지구온난화지수(Global Warming Potential, GWP)란 이산화탄소를 기준으로 하여 온실가스들이 지구온난화에 기여하는 정도를 나타낸 수치를 말한다. 간단히 말해서 이산화탄소를 온난화지수 1로 두고 어떤 기체가 열을 가두는 능력을 나타내는데, 물질의 분자 하나가 열을 얼마나 포집하는지와 그것의 '대기 중 수명', 예를 들어 그 화학물질이 분해되거나 바다, 토양, 생물권에 흡수되기 전에 대기 중에 얼마나 오래 머무는지에 따라 달라진다. 마테, 데이비스, 칸터, 2009, 83.

된다. 마지막으로 육불화황은 전자제품이나 변압기 등의 절연체로 사용된다.

〈표 2〉 주요 온실가스의 지구온난화지수와 그 발생원

온실가스	지구온난화지수	발생원
이산화탄소	1	화석연료의 연소, 농업 목적의 토지 개간
메탄	25	가축의 생산, 화석연료의 추출, 쌀 경작, 바이오매스 연소, 매립지, 하수
아산화질소	298	산업 공정, 비료 사용, 토지 개간
수소불화탄소	124~14,800	냉장고, 에어로졸, 에어컨에서 누출
과불화탄소	7,390~12,200	알루미늄 생산, 반도체 산업
6불화황	22,800	전기 절연체, 마그네슘 용해

출처 : IPCC; 맥거윈, 가드너, 2009, 251에서 재인용.

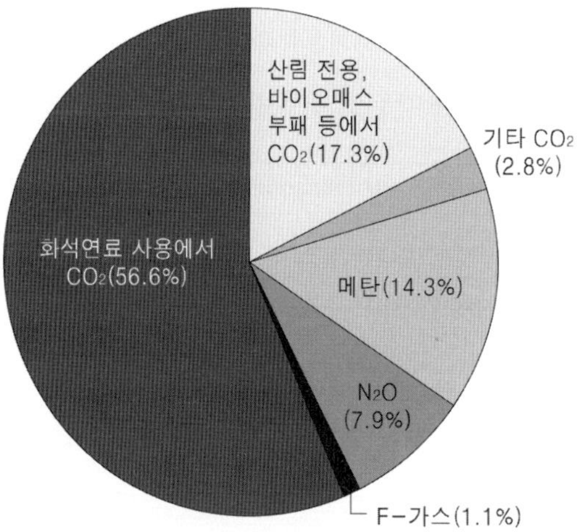

〈그림 2〉 전 세계 배출량 비중(2004년도, 이산화탄소 환산량)

출처 : IPCC; 맥거윈, 가드너, 2009, 251에서 재인용.

2) 지구온난화의 영향

지구온난화는 20세기 후반부터 급속하게 가속화되고 있다. 2005년과 1998년은 1850년 관측 이래 가장 더웠던 해로 기록되었다. 특히 1995년부터 2006년까지의 12년 동안 1996년을 제외한 11년은 1850년 이래 기록상 가장 더운 해였다. 이와 같은 지구온난화는 빙하의 감소와 해수면 상승 그리고 해수온도의 상승, 홍수와 폭풍의 증가, 가뭄과 사막화와 같은 기상이변,

생태계의 변화로 인한 생물종의 멸종 등 지구생명체에 총체적으로 영향을 미치고 있다.[32)]

① 빙하의 감소와 해수면의 상승 그리고 해수온도의 상승 : 지구온난화는 빙하를 녹여서 물의 부피를 증가시킨다. 20세기 동안 북극의 온도는 약 5℃ 증가하였으며 이는 지표면 평균온도 상승의 5배에 이른다. 이러한 극지방의 온도상승으로 극지방의 빙하가 급격히 줄고 있으며, 특히 안데스와 알프스 같은 산지의 빙하 및 대륙의 빙하가 녹아 해수로 유입되면서 해수면의 상승을 일으키고 있다. 세계인구의 약 40%가 해안으로부터 100km 이내에 거주하고 있기 때문에 해수면 상승의 피해는 심각할 것이고, 해안가에 위치한 인구 1천만 명 이상이 거주하는 대도시에서 해수면 상승의 위협은 더욱 커질 것이다. 그리고 경작지 대부분이 해안에 위치하고 있기 때문에 그 손실 역시 상당할 것이다. 또한 해수 온도가 상승하면서 해저에 다양한 형태로 있던 엄청난 양의 메탄이 발생하고 있다. 이산화탄소보다 더 강력하게 온실효과를 유발하는 메탄의 증가로 지구는 더 더워지는 악순환에 빠질 가능성이 높다.

② 홍수와 태풍 및 가뭄과 사막화의 증가 : 지구온난화는 기후변화를 초래하여 집중호우를 야기하고 태풍의 강도를 증가시켜 홍수로 인한 피해가 증가한다. 열대지방의 바다에서 수증기가 뭉쳐서 폭풍을 동반하는 비구름을 형성하게 되는데, 지구온난화로 인해 해수온도가 상승하면 더 많은 비구름을 형성하게 되고 그 강도도 증가되어 발생경로가 바뀔 수도 있다. 그 영향으로 우리나라는 2002년 태풍 루사와 2003년 태풍 매미로 수많은 인명손실과 수조 원의 재산상의 피해를 입었으며, 2005년 허리케인 카트리나는 미국의 뉴올리언스를 강타하였다. 북대서양의 해수온도 상승은 허리케인의 발생빈도를 증가시키고 있는데, 지금까지 열대성저기압으로부터 안전한 곳으로 알려졌던 남대서양에서 2004년에 허리케인이 브라질을 최초로 강타하였으며 2010년 초에도 브라질은 허리케인으로 많은 피해를 입었다. 홍수와 더불어 가뭄도 자주 발생하고 있는데, 2005년에는 브라질 아마존에서 기록이 시작된 이래 가장 심각한 가뭄이 있었다. 2006년 에티오피아, 케냐, 소말리아에서는 1천7백만 이상의 사람이 가뭄으로 인한 기근으로 어려움을 겪었고, 2007년, 2009년 오스트레일리아는 10년간 지속된 가뭄으로 도시지역의 급수를 제한하였다. 2006년 브라질은 가뭄으로 콩의 생산량이 10% 감소하였고, 2005년은

---

32) 앨 고어의 다큐멘터리 영화 〈불편한 진실〉은 지구온난화의 다양한 영향을 잘 보여 주고 있다.

스페인에서 가장 건조한 겨울로 기록되었다. 가뭄은 또한 사막화를 낳고 있다. 사막화는 토양의 생산능력이 감소되거나 중단되는 토양의 황폐화 현상을 의미하는데 아프리카의 사헬지대는 극심한 가뭄으로 사막화가 된 대표적인 사례이다.

③ 생태계 변화 : 온난화로 인하여 조기개화, 새들의 조기산란, 산호의 백화현상, 동식물의 서식지 변화와 함께 거대한 종의 변화가 일어날 수 있다. 동식물 서식지의 온도가 증가하면 그 종은 환경의 변화에 견디지 못하고 죽든지 아니면 생존에 적합한 곳으로 이동하여야 한다. 동물종은 이동이 가능하지만 식물종은 동물과 달라서 이동이 쉽지 않기 때문에 온실화과정에서 많은 생물이 멸종하게 된다. 또한 지구온난화로 인해 지구 곳곳의 빙하가 녹아내림으로써 그 주변지역에 서식하는 많은 고유종의 개체 수를 감소 또는 멸종시키고 있다. 또한 기후변화로 여름이 더 길어지고 더워지며 혹독한 겨울이 줄어들면서 생태계의 균형이 깨어지게 되는 것이다. 이처럼 지구온난화는 생물다양성에 영향을 줄 것이며 기후변화로 인해 2050년까지 100만 종 이상의 생물이 멸종위기에 놓인다는 예측도 있다.

④ 농업에의 영향 : 온도상태의 변화는 작물재배에 영향을 미친다. 아이슬란드에서 꽃이 피고 농작물재배가 가능하게 되었다는 사실에서 알 수 있듯이 작물재배를 제한하고 있는 저온조건이 완화되어 재배가능기간이 길어질 수 있는 데 반해 온상작물의 경우는 재배가 불가능해지거나 감소한다. 또한 기온상승이 야기한 집중호우는 빗물의 이용효율을 떨어뜨려 농업에 영향을 미치며, 주로 큰 하천의 삼각주에 위치한 생산성이 높은 비옥한 경지는 수면이 상승하면 경작이 불가능하게 되어 농업은 큰 타격을 받게 된다.

3) 지구온난화레짐

지구온난화 문제에 대응하기 위해 가장 효과적인 정책은 온실가스의 배출량을 줄이는 것이다. 그러나 이산화탄소가 대기 중에 머무르는 시간은 수십 년에서 수백 년 정도로 지금부터 배출량을 감축한다 해도 향후 지구온난화가 계속되고 가속화될 것이기 때문에 지구온난화를 막고 기후변화에 대응하기 위한 대책마련은 아주 중요하고 시급하다. 이러한 문제를 논의하기 위한 국제레짐으로 기후변화협약과 교토의정서가 있다.

(1) **유엔기후변화협약**(United Nations Framework Convention on Climate Change)

1988년 미국의 극심한 가뭄의 원인이 이산화탄소농도 증가에 의한 이상기후일 것이라는 주장이 계기가 되어 국제사회는 기후변화에 적극 대처하기 위하여 1988년 유엔의 결의에 따라 전 세계 130개국 2천여 명의 과학자들로 구성된 기후변화에 관한 정부 간 협의체(Intergovernmental Panel on Climate Change, IPCC)를 설치하였다. IPCC는 1990년 제1차 보고서에서 인간의 활동으로 인해 대기 중의 온실가스 농도가 증가하였고 이것이 지구온난화를 일으킨다고 보고하였다. 1992년 브라질 리우데자네이루에서 열린 유엔환경개발회의(United Nations Conference on Environment and Development, UNCED)에서는 기후변화협약(U.N. Framework Convention on Climate Change, UNFCCC)을 채택하였다. 이에 따라 1994년 3월에 기후변화협약이 공식적으로 발효되었다. 우리나라는 1993년 12월에 세계 47번째로 가입하였고 2009년 10월 현재 192개국이 가입하였다. 기후변화협약은 생태계들이 자연스럽게 기후변화에 적응하고 식량생산과 지속가능한 발전이 위협받지 않을 수준으로 온실가스의 농도를 안정화하는 것을 목적으로 하고 있다. 그리고 이 협약의 기본정신은 공동의 차별화된 책임과 능력에 입각한 의무부담이다. 즉 선진국은 과거로부터 발전을 이룩하여 대기 중에 온실가스를 배출한 역사적 책임이 있으므로 기후변화 방지에 선도적인 역할을 수행하고, 온실가스감축이 경제에 큰 짐이 될 수 있는 개발도상국은 개발에 매진하는 현재의 특수사정을 최대한 배려받되 온실가스 감축을 위해 자발적으로 노력한다는 기본정신을 갖고 있다. 협약의 내용은 회원국 모두에게 적용되는 일반의무사항과 1992년 당시 OECD 24개 회원국과 동구권 11개 국가 및 유럽연합 이전의 유럽공동체국가 등 총 38개국(소위 부속서 I 국가)에 적용되는 특별의무사항으로 구분된다. 일반의무사항의 핵심은 모든 당사국들이 온실가스 배출 저감 대책을 자체적으로 수립하고 시행해야 한다는 것이고 특별의무사항의 핵심골자는 2000년의 온실가스배출량을 1990년 수준으로 안정화해야 한다는 것이다. 또 부속서 II 국가(부속서 I 국가에서 동구권이 제외된 24개 OECD국가와 EC)는 개발도상국에 대해 재정적으로 지원하고 기술을 의무적으로 이전하도록 했다. 기후변화협약의 의무사항은 아래와 같이 요약할 수 있다.

〈표 3〉 기후변화협약의 주요 의무사항

조항	가입국 이행사항
일반 의무 사항	- 각국은 온실가스의 배출량 및 흡수량에 대한 국가 통계를 작성 제출 - 기후변화방지에 기여하는 국가전략의 수립, 시행 및 공식발표 일반의무에너지수송, 산업부분의 기술개발, 기술변화 관측체제의 확충, 산림 등의 흡수원 보호, 생태계 보호, 국민의식 계도 등 광범위한 분야에서 국가 간 공동협력 - 사회, 경제, 환경정책 수립 시 기후변화문제를 반드시 반영 - 온실가스 통계와 국가정책이행에 관해 가입국총회에 의무적으로 보고하여야 한다. 선진국은 발효 후 6개월 이내에, 개도국은 3년 이내에 최초 보고서 제출, 그 후 주기적으로 제출
특별 의무 사항	- 온실가스 저감 및 흡수원 보호를 위한 국가정책을 채택하여 구체적인 조치를 이행해야 한다. 2000년까지 1990년 수준으로 안정화하는 것을 목표로 한다. - 정책수단의 활용에 있어서 국가 간 조화를 도모함 - 국가정책의 이행실적, 온실가스 배출 및 제거에 대한 전망, 각종 정책 및 수단의 온실가스 저감효과를 상세히 보고
	- 대개도국 기술이전 비용 등의 재원 제공 - 환경청정기술 및 노하우의 이전

출처 : UN, Framework Convention on Climate Change; 조석홍, 김만길, 2009, 87에서 재인용.

또한 협약에 가입한 당사국은 매년 한 번씩 당사국 총회를 개최하여 협약의 이행방법 등 주요 사안들에 대해 결정하고(당사국 총회), 1990년 수준의 온실가스 배출 안정화를 위해 노력한다는 내용 등이 있다. 당시 우리나라는 비부속서 국가로 개도국 지위를 인정받아 온실가스 감축 의무를 지지 않았다.

(2) 기후변화협약에 대한 교토의정서(Kyoto Protocol to the United Nations Framework Convention on Climate Change)

기후변화협약은 강제성이 없는 한계를 가지고 있다. 그러나 이 한계는 1997년 일본 교토에서 열린 기후변화협약 제3차 당사국 총회에서 선진국(38개국)을 대상으로 제1차 공약기간(2008~2012년) 동안 1990년도 배출량 대비 평균 5.2% 감축을 규정하는 교토의정서를 채택하여 비로소 구속력을 갖게 됨으로써 극복한다. 교토의정서가 발효되기 위해서는 두 가지 조건이 충족되어야 했다. 하나는 55개국 이상의 협약 당사국들이 비준을 해야 한다는 것이고, 다른 하나는 그 55개국의 온실가스 전체배출량이 전체 부속서 I 국가들의 1990년 기준 이산화탄소 배출량의 55% 이상을 차지해야 한다는 것이다. 이 조건이 충족되면 그 날로부터 90일이 경과한 후에 발효된다. 이 조건은 의정서의 실질적인 효과를 위해 필요한 조항이다. 그런데 55개국이 비준하는 것은 큰 문제가 아니었지만, 비준국가들의 이산화탄소 배출량이 전 세계 배출량의 55%를 차지해야 한다는 것은 미국과 같이 이산화탄소 배출량이 많은 국가가 비준하지 않으면 발효되기가 힘들다는 문제가 있었다. 전 세계 이산화탄소 배출량의 30% 이상을 차지하는 세계 1위의 온실가스 배출국가인 미국이 현재 이산화탄소 배출량이 가장 많은 중국과 인도 등 개발도상국이 온실가스감축의무에 참여하지 않고 있으며, 또 감축의무가 자국경제에 심각한 영향을 미칠 수 있다는 이유로 의정서 비준을 거부하면서 의정서의 실효성은 위기를 맞게 되었다. 그러나 2004년 10월 러시아가 극적으로 비준을 함으로써 2005년 2월 16일부터 교토의정서가 발효되기 시작했다. 우리나라는 2002년에 비준하였고 2008년 5월 기준 총 184개국이 서명하고 76개국이 비준하였다. 교토의정서는 총 28조에 부속서 A, B로 구성되어 있고, 가장 중요한 조항으로는 국가별 감축 의무를 규정한 제3조를 들 수 있는데 그 핵심내용은 다음과 같다.[33]

첫째, 온실가스에 대한 범위를 정했다. 즉 위에서 언급한 가스를 6대 온실가스로 규정하고 각국의 사정에 따라 가스의 기준연도를 1995년도로 이용할 수 있게 하였다.

둘째, 부속서 B국가(총 38개국, 한국 제외)는 오는 2008~2012년(제1차 공약기간) 사이에 온실가스 배출량을 1990년 수준보다 최소 5% 감축하되 각국별로 -8%에서 +10%까지 차별화된 배출량을 규정했다. 즉 EU(-8%), 미국(-7%), 일본(-6%), 러시아·뉴질랜드(0%), 호주(+8%), 그리고 아이슬란드(+10%) 등이다.

셋째, 선진국들이 자국 내에서의 저감 노력만으로는 배출저감 목표달성에 막대한 비용과 어려움이 예상됨에 따라 감축의무에 유연성을 부여하기 위하여 배출권거래제도, 공동이행제도, 청정개발체제 등 소위 교토메커니즘을 도입하였다. 이 제도에 따라 다양한 사업이 국가들 간의 협력하에 행해지고 있으며 배출권을 거래하는 시장의 규모는 갈수록 커지고 있다. 내용은

---

33) 전용호, 2005, 26-29.

아래와 같다.

- 배출권거래제도(Emission Trading) : 온실가스 감축의무국가가 의무감축량을 초과하여 달성하였을 경우 이 초과분을 의무를 달성하지 못한 다른 부속서 국가와 거래할 수 있도록 허용하는 제도
- 공동이행제도(Joint Implementation) : 선진국 간에 온실가스 감축사업을 공동으로 수행하는 것을 인정하는 제도
- 청정개발체제(Clean Development Mechanism) : 선진국이 개발도상국에서 온실가스 감축사업을 수행하여 달성한 실적의 일부를 선진국의 감축량으로 인정하거나 혹은 개발도상국 독자적으로 달성한 감축 수행실적으로 선진국이 구매하는 것을 허용하는 제도

(3) 포스트교토체제

교토의정서가 발효된 이후 각국은 교토의정서 의무감축기간이 끝나는 2012년 이후에 대한 논의를 시작하였다. 미국이 교토의정서 비준을 거부한 상태에서 호주, 인도, 중국, 일본 그리고 한국과 기술개발 및 협력을 통한 기후변화방지를 목적으로 한 "청정개발 및 기후에 관한 아시아·태평양 파트너십(APP : Asia Pacific Partnership)"을 출범시키는 등 교토의정서체제는 어려움에 처하였으나, '발리로드맵'을 채택하면서 포스트교토체제에 대한 논의가 진전을 보게 된다. 2007년 12월 인도네시아 발리에서 개최된 유엔기후변화협약(UNFCCC) 제13차 당사국 총회 및 제3차 교토의정서 당사국 총회에서 채택된 발리로드맵은 선진국과 개발도상국이 모두 협상에 참여해 2009년까지 교토의정서를 대체할 새로운 국제협의가 수립될 때까지의 일정을 정한 것으로, 이 로드맵에 따라 2년간의 협상을 거쳐 2009년 12월 덴마크의 코펜하겐에서 열릴 UNFCCC 제15차 당사국 총회에서 포스트교토체제에 대한 구체적인 내용을 결정한다는 것이다. 그러나 코펜하겐회의에서도 미국을 비롯한 선진국의 입장과 중국을 위시한 개도국의 입장이 첨예하게 대립하면서 합의안을 마련하지 못하였다. 포스트교토 체제에 대한 합의안 마련은 2010년 제4차 교토의정서 당사국 총회로 넘어가게 되었다. 발리로드맵은 교토의정서를 거부한 미국이 포스트교토체제에 참여한다는 것과 중국, 인도, 브라질, 한국 등 개도국을 참여시키기 위한 협상틀을 마련하여 교토체제를 다시 부활시켰다는 점에서 그 의의를 찾을 수 있다.

포스트교토체제에 대한 논의에서 핵심쟁점은 중국을 비롯한 주요 개도국의 참여여부, 선진국의 온실가스 감축목표와 선진국 및 개도국의 광범위한 참여를 유도할 의무부담방식 등이다.

선진국의 1990년 대비 2020년까지 30% 의무감축을 주장하는 EU, "기후변화는 세계가 공유하는 도전"임을 연설하는 미국의 오바마 새 정권, 그리고 2020년까지 온실가스 배출량 1990년 대비 25% 감축목표를 내세운 일본 등 선진국들이 기후변화문제에 대하여 적극적인 자세를 보였지만 2009년 12월 코펜하겐에서 열린 당사국 총회가 성과를 도출해 내지는 못하였다. 지구온난화를 방지하기 위해 각국이 기후변화에 공동으로 책임을 지고 비용도 공동부담한다는 원칙에는 모두 공감하지만 그 수준을 둘러싼 선진국과 개도국 간의 입장차이가 상당하기 때문이다. 이 차이는 경제발전상태의 차이에서 비롯된다. 성장을 통한 빈곤탈출을 추구하는 개도국의 입장에서 온실가스를 배출하는 굴뚝산업의 비중을 줄이고 친환경적으로 산업구조를 개편하기 위한 천문학적인 자본조달은 큰 부담이다. 그래서 이들 국가들은 지금까지 이산화탄소 배출의 주역들이었던 선진산업국가들이 더 많은 부담을 져야 한다는 공세를 펴고 있다. 즉 개발도상국가들은 선진국들이 국내총생산의 0.7~1%를 개도국에 지원하겠다는 국제회의에서의 약속을 지키라고 주장하는가 하면 중국은 선진국들이 2020년까지 온실가스 배출량을 1990년 기준 40% 정도 감축해야 한다고 주장한다. 이에 대해 선진국들은 교토의정서에서 의무면제국이었던 개도국들이 이번에는 선진국들보다 낮은 수준일지언정 의무감축 목표치를 정해야 한다는 입장이다. 하지만 중국과 인도 같은 주요 개도국들은 구속력 있는 의무감축 목표치 제정에 반대하고 있다. 중국과 인도의 입장이 나름대로 정당성을 지니고 있기는 하지만, 이들 국가들의 생태적 문제가 심각해지고 있다는 사실과 에너지자원의 고갈 문제를 고려해 본다면 이들 국가들이 입장을 변화시킬 가능성을 볼 수 있다. 특히 세계가 자원확보를 위한 '전쟁'을 펼치고 있는 상황에서, 석유, 석탄 등 화석연료에 대한 에너지 의존도를 낮춰야 하고 중국이 에너지 효율성을 개선하는 방안을 마련하거나 인도가 원자력 에너지 활용을 늘리는 방안은 모두 선진국들의 도움 없이는 실행하기 어려운 대책들이기 때문이다. 2010년 초 중국은 교토의정서의 의무감축량을 받아들이겠다고 발표하였다. 이산화탄소배출이 기하급수적으로 늘고 있는 개도국의 참여 없이는 온실가스감축노력이 성공할 수가 없기 때문에 두 국가군의 합의가 무엇보다 중요하다고 하겠다.

2. 오존층 파괴

1) 오존층의 역할과 파괴

오존(O_3)은 전기기구 주위의 공기에서 나오며 특이한 냄새를 가지고 있는 연푸른색의 기체이다. 오존은 산소 원자 세 개가 결합한 구조인데 이는 오존이 산소 원소로 분해되기 쉽다는, 즉 어떤 분자와 결합하여 조금이라도 더 안정한 상태가 되려는 산소 원소의 능력인 산화력 이 매우 크다는 것을 의미한다. 오존의 산화력은 박테리아 같은 미생물에게는 치명적이므로 살균제로 사용될 수 있고 여러 악취가 나는 분자들과 결합해 악취가 나지 않는 분자로 산화시킬 수도 있으므로 탈취제, 표백제로 사용되고 있다. 그리고 강한 산화제가 필요한 공업 원료로도 많이 사용되고 있다. 이러한 오존의 산화력은 인체에 직접적으로 노출될 건강상의 문제를 일으킬 수 있다. 대류권 상층부로부터 약 50km 고도까지는 기온이 계속 상승하여 약 50km 고도에서 0℃의 기온을 나타내는 안정된 대기층을 성층권이라 하며, 성층권 내에서도 25km 부근에 오존이 밀집되어 있는데 이 층을 오존층(ozon-layer)이라고 한다. 지표면의 오존은 인간에게 해로운 물질이지만 성층권 내의 오존은 태양으로부터 방출되는 자외선을 흡수하여 지구의 생명체를 보호하고 있다. 자외선은 파장이 150~400nm인 빛을 말한다. 그런데 파장이 짧은 자외선은 대기 상층부의 오존, 산소 및 질소분자에 의해 흡수되어 지표에 도달하지 못하므로 생명체에게 해를 끼치지 않고, 파장이 긴 자외선은 지표면의 생명체에게 유해하지 않다. UV-B로 알려진 280~320nm의 중간 길이 파장이 생명체에게 유해하여 문제가 되는데 이 자외선을 오존이 막아 주는 것이다. 오존층은 태양의 자외선이 지구표면에 도달하는 것을 방지하는 역할을 하는 유일한 대기가스이기 때문에 성층권 오존층의 파괴가 인간을 비롯한 모든 생명체에게 중요한 것이다. 그런데 이러한 오존층이 인간에 의해 생산된 물질로 점차 감소되고 있다. 성층권 오존층의 파괴는 1985년 남극의 대기권 상공에 오존구멍(ozon hole)이 발견되면서 인식되었다. 남극대륙 상공 15~20km의 낮은 성층권 총 오존량이 평균 30~40% 감소하는 현상이 나타났으며, 이 남극의 오존구멍은 남반구 전 지역의 오존을 고갈시키는 데 영향을 미친다. 이후 오존구멍은 커져만 갔고 오존층 파괴를 막기 위해 파괴물질을 규제하는 국가적 노력이 행해졌다. 2000년 오존구멍이 작아져 오존

파괴물질 규제가 결실을 보는 것 같았으나 이후 오존구멍은 커졌다가 작아지는 반복을 거듭하고 있다. 오존구멍이 사라지지 않는 것은 무엇보다도 불화염화탄화수소(Chlorofluorocarbons, CFC)에서 나온 염소(Cl) 원자 하나가 시간을 두고 연쇄반응을 시작하면 오존 분자를 10만 개까지 파괴할 수 있기 때문이다. 즉 당장 사용을 중단해도 수명이 긴 이들 물질이 성층권에 50~100년 동안 남아서 산소원자의 촉매제로 작용하여 오존을 계속 파괴하는 것이다. 통계상으로 성층권까지 도달하는 염소의 80% 정도가 인간에 의한 합성 화합물이고 20%만이 자연적으로 발생한다고 한다.

2) 오존층 파괴의 원인과 결과

오존층 파괴의 주범으로 크게 두 가지, 불화염화탄화수소(CFC)와 할론(halons)을 들 수 있다. ① 불화염화탄화수소(Chlorofluorocarbons, CFC) : 흔히 프레온가스라 불리는 불화염화탄화수소(CFC)는 염소(Cl)과 철(F)와 탄소(C)를 포함하고 있는 무색무취의 가스로 연소하지 않고 폭발하지 않는 매우 안전한 화합물이다. 인류가 만들어 낸 가장 안전한 화합물이라고 한다. 또한 전기절연성이 높고 금속을 부식하지 않으며 인체에 독성도 없어 냉매, 에어졸용 분무제, 소화제, 세정제, 우레탄폼 발포제 등에 쓰인다. 대기 중에서의 수명이 길어 성층권까지 도달해 오존층을 분해, 파괴하는데, 지구의 기류에 의해 남극에 모여 점차 퍼져 나가 오존층을 파괴하며 또한 온실효과를 유발하기도 한다. ② 할론(halons) : 할로겐 계열 브롬원소를 함유한 할론가스는 소화(消火)성능이 뛰어나며 대상물을 더럽히지 않는 특성이 있어 소화기용 소화제(消火劑)로 많이 사용된다. 또한 할론은 컴퓨터실, 은행 금고실, 위험물 저장고, 전차·잠수함의 소화제, 미사일의 마찰방지제로도 사용된다.

불화염화탄화수소(CFC)는 오존층 파괴 물질로 밝혀짐에 따라 사용이 규제되었고 대체물질로 수소염화불화탄소(Hydro-Chlorofluorocarbon, HCFC)가 개발되었다. 수소염화불화탄소(HCFC)는 불화염화탄화수소(CFC)에 비해 더욱 쉽게 분해되므로 성층권에 이르기 전에 대류권에서 염소가 전리되어 지표로 내려오게 된다. 이 때문에 수소염화불화탄소(HCFC)는 성층권에 대한 영향이 불화염화탄화수소(CFC)의 10% 수준으로 알려져 있다.

오존층 파괴가 미치는 피해로는 무엇보다 인간의 건강에 대한 영향을 들 수 있으며, 생태계와 기후변화에도 큰 영향을 미친다. 오존층 파괴로 오존에 흡수되지 못하고 지표면에 도달한 UV-B는 피부그을림, 시력손상, 백내장, 피부암, 피부주름 및 노화 등의 원인이 되는데 일반적으로 자외선이 1% 증가하면 피부암은 4~6% 증가한다고 알려져 있다. 피부암의 발생 외에도 UV-B의 증가는 인체의 면역기능을 약화시키는데 이로 인해 말라리아 같은 전염병이 더 많이 발생하거나 그 증세가 악화되고 예방접종의 효과도 감소된다.

오존층의 파괴는 지구생태계에도 악영향을 끼친다. 자외선의 증가는 농작물의 수확량을 감소시키고 이는 전 지구적인 식량부족문제를 야기시킨다. 자외선은 일부 식물의 번식력과 수확물의 질을 변화시키기 때문에 상추, 토마토, 콩, 면화처럼 자외선에 민감한 품종의 경우 수확량의 급격한 감소를 가져와 식량생산에 타격을 받게 된다. 또한 자외선의 증가는 수중생물, 특히 해양 먹이사슬의 기초를 이루는 플랑크톤, 게, 새우, 어린 물고기 등 작은 생명체에 해를 주어 어획량 감소를 가져올 수 있다. 담수생태계 역시 미생물 격감으로 인해 물의 자정능력이 약화될 수 있다.

또한 오존층의 파괴는 대기권의 온도분포에 변화를 가져오고 지역적·지구적 기후변화를 가져온다. 오존의 온실가스로서의 역할 이외에도 오존층 파괴로 인한 태양광선 침투의 증가가 지구기온의 상승을 초래하여 기후변화를 가져올 것이다. 남·북극 눈과 얼음의 녹는 양이 증가하는 것과 함께 일부지역은 홍수피해, 일부지역은 가뭄 피해가 증가할 것이다.

오존층 파괴를 방지하기 위해 프레온의 방출량을 규제하고는 있지만 이러한 규제에 의해 대기가 원래 상태로 바로 돌아가는 것은 아니다. 오존층이 원래의 상태로 회복되는 데는 약 100년이 소요되는 것으로 알려져 있다. 결국 앞으로 100년간 오존층 파괴로 인한 자외선의 영향을 더 많이 받아야 한다는 것이다.

3) 오존층 파괴를 막기 위한 국제레짐

오존레짐은 1974년 프레온가스에 의한 오존층 파괴설이 제기되고 1975년 유엔환경계획(UNEP)이 오존층 파괴문제를 국제사회에 최초로 제기한 이래 비교적 짧은 시간에 세계적 규제체제를 확립하여 국제환경레짐에서 중요한 이정표가 되고 있다. 특히 오존층 파괴물질을 규제하는 몬트리올의정서는 강력하고 가장 성공적인 협정으로 평가받고 있다. 1977년 UNEP는

'오존층에 관한 세계행동계획'을 채택하였고 국제행동의 지침으로서 문제의 범위를 정의하기 위하여 오존층 조정위원회를 설치하였다. 1981년 UNEP는 오존층 보호를 위한 기본조약을 체결하기 위해 다국적 협상을 시작하여 1985년에는 비엔나조약, 1987년에는 몬트리올의정서를 체결하였으며 지속적인 검토와 수정을 거쳐 1990년 6월 런던회의에서 가장 엄격한 제한조치를 마련하게 되었다.

(1) 비엔나협약

비엔나협약은 과학적 증거가 확실히 입증되기 전에 특정 지구환경문제를 다루는 데 원칙적으로 합의하여 사전예방의 원칙을 받아들였다는 점에서 의의를 찾을 수 있다. 협약의 내용은 국제적인 협조 아래 오존층 파괴물질에 관한 연구를 진행한다는 것과 각국이 적절한 대책을 실시할 것, 그리고 장래 의정서가 합의되면 그에 따라 각국 공통의 대책을 수립할 것 등이다. 그러나 서명국들에게 특정의 의무를 부과하지 않았고 오존층 파괴 물질을 부속서에 나열하였으나 조치가 적용되는 화학물질에 대한 상세한 규정도 명시하지 않았으며, 단지 오존층 파괴와 관련한 연구, 감시, 정보교환 등에서의 국제협력을 위한 기본틀을 제공하면서 미국을 주도로 구속력 있는 의정서를 위한 협상을 재개하자는 데만 합의를 도출했을 뿐이어서 오존층 파괴를 막는 실질적인 효과를 거두지는 못하였다.

(2) 몬트리올의정서(Montreal Protocol on Substances that Deplete the Ozone Layer)

비엔나협약에 근거하여 계속된 협상은 1987년 9월 16일 특정 프레온 및 할론의 생산량과 소비량을 1986년 수준으로 규제하는 것을 주 내용으로 하는 오존층 파괴물질에 관한 몬트리올의정서를 탄생시켰다. 중요한 내용은 다음과 같다.

몬트리올의정서는 오존층을 파괴하는 프레온가스와 다른 가능한 화학물질들의 사용을 제한, 감축하는 특별한 의무사항들을 규정하였다. 의정서는 규제물질로 CFC 5종(CFC-11, 12, 113, 114, 115)과 할론 3종(Halon-1211, 1301, 2402)을 규정하고 있다. 규제물질은 당장 사용이 금지되는 것이 아니라 단계적으로 그 사용을 줄여 나가야 하며, 특별한 상황에 있는 개도국을 고려하여 초과할 수 있는 범위를 정해 놓았다. 선진국에서 CFC는 1996년부터, 할론은 1994년부터 생산과 소비가 금지되고, 2030년에는 HCFCs의 사용이 전폐된다. 우리나라를 포함한 개발도상국은 1995~1997년까지 평균 생산·소비량을 기준으로 2009년까지 전폐일정을 유예하였으며 2010년부터는 생산과 소비가 완전 금지된다. 또한 몬트리올의정서는 의정서 비가입국으로부터의 규제대상물질 수입금지, 규제대상물질을 포함한 제품수입의 금지, 규제대상 물질의 생산 또는 사용기술의 수출규제를 규정하여 비가입국이 무역규제에 따라 경제적 손실을 받을 수 있음을 언급하고 있다. 이는 비가입국의 참여를 촉진하여 오존층 파괴물질의 생산과 소비량을 동시에 감축하고자 함에 그 목적이 있다. 이러한 비가입국에 대한 무역규제조치는 몬트리올의정서가 처음 채택한 것으로 이 점이 몬트리올의정서가 가장 강력하고 가장 성공적인 협정으로 평가받는 하나의 이유라 하겠다. 왜냐하면 과거의 환경협약은 비가입국에 대한 구속력 있는 제재가 없어 가입국가가 경제적 불이익을 받았기 때문이다. 이 의정서는 또한 1990년부터 최소한 4년에 한 번씩 이용가능한 과학적·환경적·기술적 및 경제적 정보에 입각하여 규제조치를 평가하도록 하였다. 이로써 오존층 파괴에 대해 보다 강력한 규제가 가능하게 되었으며, 이러한 강한 규제는 오존층 보호는 물론 온실효과의 저지에도 긍정적으로 작용하여 다른 지구환경문제에 대한 국제협정의 선례가 되고 있다. 이외에도 몬트리올의정서는 오존층 파괴물질이 환경에 미치는 영향에 대한 연구, 오존층 파괴 물질의 배출을 감소시키는 기술과 대체물질을 개발하는 연구에의 협력과 관련기술의 모든 당사국에로의 신속한 이전 등을 규정하고 있다.

이러한 특징과 함께 몬트리올의정서는 한계도 가지고 있다. 프레온과 할론의 대체물질도 오존층을 파괴해서는 안 된다는 것을 명확하게 언급하지 않았고 오존 파괴물질의 생산과 소비 및 이 물질을 포함하는 물품의 교역을 감시하는 규정도 없다. 이렇게 법적으로 미흡한 점을 이용하여 불법 CFC거래가 번성하게 되었고, 또한 그동안의 과학적 연구도 오존층과 오존구멍에 대한 새로운 결과를 내어놓았다. 몬트리올의정서는 이러한 상황을 반영하여 규제의 강화를 위한 개정작업에 착수하였다.

(3) 몬트리올의정서 개정

UNEP는 몬트리올의정서 개정을 위한 가입국회의를 1989년 헬싱키, 1990년 런던, 1992년 코펜하겐, 1995년 비엔나, 1997년 몬트리올 그리고 1999년 북경에서 개최하여 현재 1999년 몬트리올의정서 수정조항이 효력을 발휘하고 있다. 주요내용을 보면, 헬싱키에서는 몬트리올의정서의 오존층 보호대책이 지니고 있는 문제점과 금후의 대책방향 등이 제시된 헬싱키선언이 채택되었다. 여기에서는 비엔나협약과 몬트리올의정서의 가입국 확대, 규제대상인 프레온가스를 2000년까지 완전히 생산중단하고 다른 오존 파괴물질도 규제하는 방향으로 의정서의 개정을 권고하였다. 또한 헬싱키선언은 브라질, 중국, 인도처럼 시장이 크고 CFC를 많이 사용하는 나라들의 가입을 위한 기술이전과 재정원조 방식 등을 규정하고 프레온가스 등의 배출억제가 지구온난화 방지를 위해서도 필요하다는 점도 명시하였다. 헬싱키 선언의 이 내용은 이후의 개정서에 반영되었다. 런던개정서(1990)는 메틸클로로포름, 사염화탄소, 염화불화탄소(CFCs) 10종을 규제일정에 추가하였고 개발도상국에로의 기술 이전을 촉진하기 위한 재정규정을 강화하였다. 코펜하겐개정서(1992)에서는 HCFCs와 메틸브로마이드가 규제일정에 추가되었고 개발도상국에 재정과 기술이전을 위한 경로로 다자기금을 설치하였다. 몬트리올개정서(1997)는 오존층 파괴물질의 불법거래를 막기 위해 오존층 파괴물질의 수출입 면허체계를 마련하는 한편 2000년 10월부터 비당사국에 대한 메틸브로마이드 수출입을 규제하였다. 북경개정서(1999)에 의해서는 브로모클로로메탄이 규제물질로 추가되었으며 수소염화불화탄소(HCFCs) 생산에 대한 규제조치를 소비에 대한 규제조치까지 수정·확대하였다. 이러한 강력한 규정에도 불구하고 다양한 대체물질도 생태학적 훼손 요인이 된다는 문제, 비가입국가들의 CFC를 포함한 제품과 생산과정의 대치와 불법수입문제는 여전히 남아 있는 상태이다.

〈표 4〉 몬트리올의정서의 오존층 파괴물질과 감축일정

(1999년 12월 개정)

규제물질	선진국	개발도상국	오존파괴 지수
CFC (A-Ⅰ)	1986년 생산량과 소비량 기준 - 1989. 1. 1. 이후 동결 - 1994. 1. 1. 이후 75% 감축 - 1996. 1. 1. 이후 100% 감축	1995~97년 평균 생산량과 소비량 기준 - 1999. 7. 1. 이후 동결 - 2005. 1. 1. 이후 50% 감축 - 2007. 1. 1. 이후 85% 감축 - 2010. 1. 1. 이후 100% 감축	0.6~1

할론 (A-Ⅱ)	1986년 생산량과 소비량 기준 - 1992. 1. 1. 이후 20% 감축 - 1994. 1. 1. 이후 100% 감축	1995~97년 평균 생산량과 소비량 기준 - 2002. 1. 1. 이후 동결 - 2005. 1. 1. 이후 50% 감축 - 2010. 1. 1. 이후 100% 감축	3~10
기타 CFC (B-Ⅰ)	1989년 생산량과 소비량 기준 - 1993. 1. 1. 이후 20% 감축 - 1994. 1. 1. 이후 75% 감축 - 1996. 1. 1. 이후 100% 감축	1998~2000년 평균 생산량과 소비량 기준 - 2003. 1. 1. 이후 20% 감축 - 2007. 1. 1. 이후 85% 감축 - 2010. 1. 1. 이후 100% 감축	1
사염화탄소 (B-Ⅱ)	1989년 생산량과 소비량 기준 - 1993. 1. 1. 이후 85% 감축 - 1996. 1. 1. 이후 100% 감축	1998~2000년 평균 생산량과 소비량 기준 - 2005. 1. 1. 이후 85% 감축 - 2010. 1. 1. 이후 100% 감축	1.1
메틸크로로포름 (B-Ⅲ)	1989년 생산량과 소비량 기준 - 1993. 1. 1. 이후 동결 - 1994. 1. 1. 이후 50% 감축 - 1996. 1. 1. 이후 100% 감축	1998~2000년 평균 생산량과 소비량 기준 - 2003. 1. 1. 이후 동결 - 2005. 1. 1. 이후 30% 감축 - 2010. 1. 1. 이후 70% 감축 - 2015. 1. 1. 이후 100% 감축	0.1
HCFC (C-Ⅰ)	(소비량) 1989년 HCFC 소비량+1989년 CFC 소비량의 2.8% 기준 - 1996년 동결 - 2004. 1. 1. 이후 35% 감축 - 2010. 1. 1. 이후 65% 감축 - 2015. 1. 1. 이후 90% 감축 - 2020. 1. 1. 이후 99.5% 감축 - 2030. 1. 1. 이후 100% 감축 (생산량) 1989년 HCFC 생산량+1989년 CFC 생산량의 2.8% 기준 - 2004. 1. 1. 동결	(소비량) 2015년 소비량 기준 - 2016. 1. 1. 이후 동결 - 2040. 1. 1. 이후 100% 감축 (생산량) 2015년 생산량 기준 - 2016. 1. 1. 이후 동결	0.001 ~0.52
HBFC (C-Ⅱ)	- 1996. 1. 1. 이후 생산 및 소비 100% 감축(필수용도 제외)	- 1996. 1. 1. 이후 생산과 소비 100% 감축(필수용도 제외)	0.02 ~7.5
브로모크로로메탄 (C-Ⅲ)	- 2002. 1. 1. 이후 생산 및 소비 100% 감축(필수용도 제외)	- 2002. 1. 1. 이후 생산과 소비 100% 감축(필수용도 제외)	0.12
메틸브로마이드 (E)	1991년 생산량과 소비량 기준 - 1995. 1. 1. 이후 동결 - 1999. 1. 1. 이후 25% 감축 - 2001. 1. 1. 이후 50% 감축 - 2003. 1. 1. 이후 70% 감축 - 2005. 1. 1. 이후 100% 감축 (필수용도 제외)	1995~1998년 평균 생산량과 소비량 기준 - 2002. 1. 1. 이후 동결 - 2005. 1. 1. 이후 20% 감축 - 2015. 1. 1. 이후 100% 감축 (필수용도 제외)	0.7

출처 : The Montreal Protocol(amended December, 1999), Section 2.2, Summary of Control Measures under the Montreal Protocol; 김영생, 2002, 161-162에서 재인용.

3. 생물다양성 감소

1) 생물다양성의 개념정의 및 가치

생물다양성(biological diversity)은 지구상의 생명체와 그들이 형성하는 현상의 다양함을 의미한다. 이 다양성은 3가지 종류로 나누어서 볼 수 있다. ① 종 다양성(species diversity) : 종의 다양성은 일정지역에 존재하는 생물종의 수를 나타내는 용어로 식물, 동물, 미생물 등 생물종류의 다양성을 뜻한다. 생물다양성이라고 할 때는 일반적으로 종의 다양성을 의미한다. 환경에 적응하여 선택된 유전자가 특정생명체의 형질로 진화되며 그 결과가 생물종의 다양성으로 나타난다. 지금까지 밝혀진 생물종류는 약 175만 종이라고 하지만 과학자들은 실제 1,300만여 종의 생물이 서식하는 것으로 추정하고 있다. ② 유전자 다양성(gene diversity) : 유전자 다양성은 유전정보를 총칭하는 개념으로 개체생물의 세포 속에 들어 있는 유전자를 모두 포함한다. 여기에는 같은 종일지라도 유전적 조성이 다른 변종들도 서로 구별하여 포함한다. 유전자 다양성은 세포 DNA의 수나 염색체의 구조 및 수 등에 의해 결정된다. ③ 생태계 다양성(ecosystem diversity) : 사막, 산림, 습지, 산, 호수, 강, 농경지 등과 같은 생태계의 다양성, 즉 특정서식지의 다양성을 의미한다. 각각의 생태계 안에서 인간을 포함한 살아 있는 생명체들은 공동체를 이루며 다른 생태계와 그들을 둘러싼 대기, 물, 토양과 상호작용을 하고 있다.

생물다양성은 그 가치가 무한하다. 우선 다양한 생물의 수많은 요소들 간 광범위한 상호작용은 모든 생물들에게 생존·번영할 수 있는 환경을 제공하고 있다. 천적관계를 통해 생태계의 균형을 이루는 것이나 곤충과 새가 날아다니며 꽃가루를 옮기는 것과 같은 자연의 활동은 어떤 것으로도 대체할 수 없다. 생물다양성은 인간생존과도 밀접한 관련을 가지고 있다. 농업, 임업, 어업, 동물원 및 식물원, 생태원, 제약, 의학, 유전공학 등의 분야는 생물다양성으로부터 식량과 화장품, 의약품, 종이, 원예업, 그리고 에너지 등을 얻고 있다. 개발도상국에서 조제되는 약 처방의 25%가 식물로부터 추출된 성분을 포함하고 있으며, 전 세계적으로는 3천 종 이상의 항생제가 미생물에서 획득된다. 특히 동양의학에서는 5천 종 이상의 동식물을 약제로 사용하고 있다. 아직 치유되지 못한 질병의 치료제 역시 다양한 생물자원에서 발견될 것이다. 인간 개개인의 건강이나 사회의 건강은 값어치로 따질 수 없고 어떤 것도 대신할 수 없는 다양한 생태학적 다양성에 의존하고 있는 것이다. 다시 말해 생물다양성은 인류문명을 지탱하는 기둥이라고 할 수 있다. 최근 유전공학의 발달로 각종 유전자에 대한 새로운 가치를 발견하게 됨으로써 생물자원 이용을 둘러싸고 자원 보유국인 개발도상국과 유전공학 기술 보유국인 선진국 사이에 긴장이 고조되는 등 생물다양성 보존에 대한 관심이 높아지고 있다.

2) 생물다양성 감소의 원인과 결과

현재의 생물다양성은 수십억 년에 걸친 진화의 산물이며 인류는 이러한 다양성을 토대로 번성하고 있다. 지구역사에서 새로운 종이 생겨나고 어떠한 종이 멸종되는 것은 자연스런 현상이지만 멸종되는 것보다 새롭게 생겨나는 종이 더 많은 것이 일반적인 경향이었다. 그러나 오늘날의 문제는 인간 활동으로 인하여 생물다양성이 감소하고 있고, 그 감소속도도 정상적인 속도의 50~100배 빠르며, 종의 멸종이 새로운 종의 생성보다 훨씬 많다는 것이다. 현재 34,000여 식물종과 5,200여 동물종, 그리고 전 세계 조류의 1/8이 멸종위기에 처해 있다. 개별종의 멸종과 함께 산림과 습지 등 다양한 생태계들의 붕괴, 훼손, 소멸 역시 생물다양성에 심각한 위협이다. 산림은 지구육상 생물종의 60~90%가 살고 있는 보고이지만 전 세계의 산림은 빠른 속도로 사라지고 있다. 특히 지구 총 지표면의 6~7%에 불과하지만 전 세계 생물종의 50~90%가 서식하고 있는 열대림의 급속한 손실이 가장 큰 문제이다. 2010년 독일 환경부에 따르면 독일에서 생물종 서식지의 72%가 위험에 처해 있으며, 동물종의 35%, 식물종의 26%가 멸종위기에 처해 있다. 또한 산업국가들의 습지 파괴 역시 심각하다. 특히 캐나다는 세계 습지의 1/4을 지니고 있는데 대서양 해안습지, 초원습지, 태평양 하구습지 등 모두가 원래 크기의 1/3로 감소되었고 캐나다의 방대한 습지는 인구가 희박한 북부지역에 남아 있을 뿐이다. 가장 풍요로운 생태계 중의 하나인 산호초도 이미 10% 정도가 파괴되었으며 남아 있는 산호초의 1/3 정도도 10~20년 사이에 사라질 위기에 처해 있다고 UNEP는 전하고 있다.

생물다양성이 사라지고 줄어드는 가장 큰 원인은 한마디로 인간 활동이 증가하고 있기 때문이다. 야생동식물, 농산물, 산림, 바다 등 모든 분야에서 과도한 포획, 채취가 일어나고 있으며 인간에게 불필요한 종은 생태계를 고려하지 않고 제거하고 있다는 사실은 인간의 개입이 지나치다는 것을 보여 주고 있다. 구체적으로 그 원인을 살펴본다.

가장 우선적으로 서식지의 유실이나 변형을 들 수 있다. 서식지 유실이나 변형은 다양성이 높은 열대림생태계에서 다양성이 낮은 농업생태계에 이르기까지 발생하는 다양성감소의 주요 요인으로, 주로 토지 이용상의 변화를 통해 서식지 상태의 변화가 일어난다. 열대림 생태계가 목재 마련, 화전 도로 건설 등으로 인해 파괴되면서 열대림 생물종의 수도 급격히 감소하고 있다. 산림과 습지를 포함하여 다양한 서식지를 보호하기 위한 대책으로는 산림, 하천, 바다 등 일정 서식지를 국립공원, 생태계 보전지역 및 기타 보호지구로 설정하는 것이 가장 필요하다고 하겠다.

둘째, 과도한 수확이다. 지속가능한 양을 초과한 벌채나 수확은 생태계 수용능력의 범위를 초과하게 된다. 특히 상업적 어획이 많은 해양생물이 심각한 위협에 처해 있다. 특정생물종 혹은 생물군을 남획으로부터 보호하기 위한 교육적·제도적 장치가 필요하다.

셋째, 각종 화학물질에 의한 오염을 들 수 있다. 유해물질이 함유된 대기가스는 산성비의 형태로 산림을 포함한 다양한 생태계의 파괴를 가져오며, 농약, 산업용 화학물질로 사용되거나 소각장에서 발생하는 다이옥신 같은 다양한 화학물질은 수질, 토양 등의 오염을 가져와 생태계를 혼란에 빠뜨린다. 이를 막기 위해서는 화학물질의 사용을 규제하여 생태계 오염을 줄여나가는 것이 최선의 방법이다.

넷째, 외래종에 의한 문제도 종다양성 감소의 중요한 원인이다. 황소개구리의 예에서 볼 수 있는 것처럼 생존력이 강한 외래 동식물종이 들어와 지역 고유의 종이 점점 사라지고 있기 때문이다. 외래종의 도입에 신중을 기해야 하며 식물의 씨를 저온으로 보관하거나 세균 등 미생물을 배양 또는 냉동보관하는 등 실험실이나 식물원, 그리고 유전자은행을 통하여 종의 보존을 꾀하는 것도 종의 다양성 보존을 위한 한 방법이 될 수 있다.

다섯째, 기후의 변화를 들 수 있다. 지구 온난화나 토양의 사막화 등은 생물종 멸종의 직접적 원인으로 생물다양성을 급격하게 감소시킨다.

생물다양성의 감소는 곧 지구가 행해 온 30억 년의 진화과정을 파괴하는 것이다. 모든 생물의 존재와 번영에 토대가 되는 다양성의 감소는 생태계의 안정성과 자정능력을 감소시켜 모든 생물의 생존에도 중대한 영향을 미친다. 그러나 다양성의 감소는 사실 동식물보다 인간에게 더 심각한 문제이다. 생물다양성을 잃는 것은 식량, 오락과 여행, 산림과 약과 에너지의 자원을 상실하는 것을 의미한다. 또한 다양한 종으로부터 지금은 알 수 없는 경제적 또는 제약(製藥)적 목적으로 널리 이용될 가능성마저 잃어버리는 것이다. 결국 생물다양성 감소로 인해 현재 이용되는 유전학적 기초를 위태롭게 하여 사회경제적 혜택이 줄어들 뿐 아니라 장기적으로 미래세대의 필요를 충족시킬 기회를 빼앗고 있기 때문에 인류복지와 생존에 심각한 위협이 된다.

3) 생물다양성 보존을 위한 국제레짐

생물다양성을 보존하기 위한 국제협약은 여러 가지가 있는데, 대표적으로 철새들의 삶의 터전인 습지를 보호하기 위해 1971년 채택된 람사르협약, 1973년 멸종위기에 처한 야생동식물의 국제거래를 제한하기 위해 체결된 멸종위기에 처한 야생동식물의 국제거래에 관한 협약, 그리고 생물다양성의 보존과 지속가능한 이용을 협의하여 1992년 브라질에서 개최된 유엔환경개발회의(일명 리우회의)에서 채택된 생물다양성협약을 들 수 있다.

(1) 물새 서식지로서 특히 국제적으로 중요한 습지에 관한 협약(The Convention on Wetlands of international importance especially as waterfowl habitat)

'물새 서식지로서 특히 국제적으로 중요한 습지에 관한 협약'은 줄여서 '습지에 관한 협약(Convention on Wetlands)'이라고도 불리며 더 일반적으로는 람사르협약이라고 불린다. 1971년 2월 2일 이란 카스피해 연안의 작은 도시 람사르에서 체결되어 람사르협약이라고도 불리는 이 협약은 1975년 12월 21일부터 발효되어 습지의 보호와 지속가능한 이용에 관해 3년마다 당사국 총회가 열린다. 2008년 10월 람사르협약의 당사국 총회인 제10차 람사르총회가 일본에 이어 아시아에서는 두 번째로 경남 창원에서 개최되었다.

람사르협약의 목적은 생태·사회·경제·문화적으로 커다란 가치를 지니고 있는 습지를 보전하고 현명한 이용을 유도함으로써 자연생태계로서의 습지를 범국가적 수준에서 체계적으로 보전하고자 하는 것이다. 2008년 람사르협약에 등록된 우리나라 습지는 다음과 같다 : 대암산 용늪(1997년 3월 28일), 창녕군 우포늪(1998년 3월 2일), 신안군 장도습지(2005년 3월 30일), 순천만 보성 벌교 갯벌(2006년 1월 20일), 서귀포(남제주) 물영아리오름 습지(2006

년 10월 18일), 태안군 두웅습지(2007년 12월 20일), 울주군 정족산 무제치늪(2007년 12월 20일), 전남 무안 갯벌(2008년 1월 15일), 강화도 매화마름 군락지, 강원도 오대산국립공원습지, 제주도 물장오리습지(2008년 10월 13일).

(2) **멸종위기에 처한 야생동식물의 국제거래에 관한 협약**(Convention on International Trade in Endangered Species of Wild Fauna and Flora, CITES)

세계적인 경제개발은 그 과정에서 자연상태의 서식지가 파괴되어 수많은 생물의 멸종을 초래하였다. 그중에서도 야생동식물의 멸종은 인간의 남획 때문이다. 호랑이가죽과 약재로 쓰이는 호랑이뼈, 코뿔소의 뿔, 웅담과 사향 등 인간의 수요를 채우기 위해 많은 생물종이 멸종되었거나 멸종위험에 처해 있다. CITES는 멸종위기에 있는 동식물의 국제거래를 규제함으로써 이들의 멸종을 막는 것이 그 목적이다. CITES는 멸종위기에 처한 야생동식물의 수출과 수입에 있어 엄격한 수출 또는 수입 승인제를 적용하여 야생동식물의 거래를 억제한다. CITES 부속서 Ⅰ, Ⅱ, Ⅲ에 등재된 종에 대해서는 체약국 과학당국의 수·출입 승인을 요한다. 부속서 Ⅰ에 등재된 종은 "국제거래에 의하여 영향을 받거나 받을 수 있는 멸종위기에 처한 모든 종"으로, 통과무역, 개인소지 목적, 박물관용, 과학연구, 이동 동물원, 곡예단, 전시회를 위한 이동과 같은 예외적인 경우에만 무역거래가 허가되고 나머지 경우는 정부의 사전허가를 요한다. 부속서 Ⅰ에 해당하는 종에는 동물 600여 종과 식물 320여 종이 포함되는데, 포유동물로는 호랑이, 표범, 사자, 고래, 아시아 및 아프리카 코끼리, 코뿔소 등이 있으며, 새 종류로는 맹금류, 앵무새 등, 파충류로는 거북이, 바다거북이, 악어, 비단뱀 등, 어패류로는 철갑상어, 홍합 등, 식물로는 특정 난초, 브라질 자단 등이 있다. 부속서 Ⅱ에 등재된 종은 동물 4,000여 종과 식물 25,000여 종이 있는데, 이들은 현재 멸종이 우려되지는 않으나 현 시점에서 수출입을 규제하지 않으면 가까운 장래에 멸종이 우려되는 종이다. 여기에는 고래류, 곰, 야생고양이, 하마, 맹금류, 앵무새, 악어, 아시아 코브라, 특정 난초 등이 포함되어 있다. 부속서 Ⅲ은 CITES 체약국이 자국 내의 특정 종을 보호하기 위해 국제적 협력이 필요하다고 결정한 종으로 튜니시아의 가젤, 가나의 따오기 등 200여 종이다.

CITES는 그 실행을 개별국가에게 맡기고 있기 때문에 개별국가의 실행법규가 야생동식물의 보호에 중요한 역할을 한다. 미국은 1972년 해양포유동물보호법(Marine Mammal Protection Act of 1972), 1973년 멸종위기에 처한 종의 보호법(The Endangered Species Act 0f 1973), 1983년 어장보호 및 관리법, 1992년 국제돌고래보호법(International Dolphin Conservation Act of 1992), 1992년 공해에서의 유자망 조업 규제법(High Seas Driftnet Fisheries Enforcement Act), 바다거북이 보호법(1992), 아프리카 코끼리 보호법(1992), 야생조류보호법(1992), 어류 및 어류제품의 안전한 가공과 수입절차에 관한 규정(1995) 등을 제정하였다. EU국가들은 대부분이 CITES 당사국이다. EU위원회는 1984년 CITES의 역내 시행에 관한 규칙(규칙 3626/82호)을 제정하여 CITES 내용을 실시하도록 하였는데 EU규정이 CITES 규정보다 더 엄격하다. 호주는 모든 살아 있는 야생동물들의 수출을 금지하며 CITES 규제대상 동식물의 수입에 대하여는 허가제를 적용한다. 캐나다는 야생동식물의 보호와 국제 및 주간(州間)거래규제법(1992)과 야생동식물규제법(1996)을 제정하여 CITES를 실행하고 있다.[34)]

(3) **생물다양성협약**(Convention on Biological Diversity)

세계 각국은 자국의 생물자원을 귀중한 국가자산으로 보고 미래의 활용을 위한 조사·연구를 실시하는 등 생물다양성 보존에 힘쓰고 있다. 개별국가의 이러한 관심이 1992년 리우회의에서 생물다양성협약(Convention on Biological Diversity)을 탄생시켰다.

이는 생물다양성의 보전과 지속가능한 이용을 위한 기본이 되는 협약(framework convention)으로서 1992년 5월 케냐의 나이로비에서 채택되었고, 1992년 6월 브라질 리우에서 개최된 유엔환경개발회의(UNCED)에서 158개국이 서명하여, 1993년 12월 29일 발효되었다. 우리나라는 1994년 10월 3일에 가입하여, 1995년 1월 1일부터 발효되었다. 생물다양성협약은 전문(preamble)과 42개 조항의 본문 및 2개의 부속서(Annex)로 구성되어 있으며, 주요내용은 크게 가입국의 생물다양성 보전의무와 생물다양성 보전을 위한 가입국 간 협력부분으로 구분할 수 있다.

생물다양성협약의 목적은 무엇보다도 생물다양성 보존에 있으며, 다양한 생물자원을 지속가

34) 김영생, 2002, 210-214.

능하게 이용하고 또한 유전자원의 이용으로부터 발생되는 이익을 공정하고 공평하게 공유하는 것에 그 목적을 두고 있다. 생물다양성협약은 원산지의 생물다양성의 감소 또는 소실 원인을 예측·방지 및 제거하는 것이 필수적이며 생물다양성이 감소 또는 소실될 위협이 있는 경우, 과학적 확실성이 부족하다는 이유로 이러한 위협을 피하거나 최소화하는 대책을 지연시켜서는 아니된다는 사전예방원칙을 강조하고 있다. 또한 다양한 생물자원을 많이 보유하고 있는 개발도상국을 고려하여 경제·사회개발 및 빈곤퇴치가 개발도상국의 최우선 과제임을 인식하고 그들을 고려하여 개별국가에게 자신의 환경정책에 따라 자신의 자원을 개발할 수 있는 주권적 권리를 인정하고 있다. 생물다양성협약의 주요내용으로는 생물다양성의 보존과 지속가능한 이용을 위한 방법과 보상혜택, 유전자원 이용에 관한 조절 및 통제, 생명공학 기술을 비롯한 기술의 이용과 기술이전, 과학기술협력, 피해 평가, 교육 및 대중 홍보, 재정지원, 협약 이행을 위한 국가보고서 작성이 있다. 국내적 의무로는 생물다양성의 보전과 지속가능한 이용을 위한 국가전략의 수립, 생물다양성 구성요소의 조사 및 감시, 보호지역의 설정 등 현지 내(in-situ) 보전조치와 종자은행 설립 등 현지 외(ex-situ) 보전조치의 시행, 생물다양성 보전을 고려한 환경영향평가 수행 등이 있다. 가입국간 협력사항으로는 타국보유 유전자원에의 접근 시 해당국의 사전승인을 받도록 하는 제도(PIC : Prior Informed Consent) 도입, 생명공학기술 등 생물다양성 보전기술의 다른 가입국에로의 이전 촉진, 유전자변형생물체(LMOs : Living Modified Organisms)의 안전한 국가 간 이동 및 관리를 위한 의정서 채택 검토, 개도국의 협약이행을 위한 재정지원 조항 등이 있다.

생물다양성을 보존하기 위해 국가들은 상당한 노력을 하고 있다. 예를 들어, 1994년 우간다는 야생동물보호구역으로부터 나오는 관광수입의 일부를 그 지역주민들과 나누는 프로그램을 채택하였는데 이러한 프로그램은 아프리카의 여러 나라에서 이용되고 있다. 멕시코에서는 생물다양성을 감소시키는 단일재배보다는 여러 식물종이 혼재된 열대림에서 커피를 재배하는 방식이 점차 증가하고 있으며 이 지역의 농부들은 화학 살충제를 사용하는 대신 자연의 천적을 활용하고 있다. 그 외에도 국제적 협력, 특히 자연-부채 교환(debt-for-nature swap)과 같은 선진국의 개발도상국에 대한 재정적 지원이 더 강화되어야 할 것이다.

4. 열대림 파괴

1) 열대림의 역할과 파괴

열대림은 기온이 높은 적도주변의 강수량이 많은 열대지역에 한하여 형성되는데, 주로 동남아시아, 라틴아메리카, 그리고 적도아프리카 3지역에 분포하고 있다. 이러한 열대림은 대부분이 개발도상국인 열대지역국가들의 에너지원으로 이용되고 있고 세계유전자원의 50% 이상이 분포하고 있으며 지구환경과 밀접한 관계를 맺고 있는 아주 중요한 지역이다. 열대림은 자연생태계와의 관련에서 봤을 때 수자원 보존뿐 아니라 빗물을 흡수, 저장하고 그 유출속도를 조절하는 기능을 가지고 있어 홍수와 가뭄의 피해를 줄여 주며 토양의 침식을 막는 역할을 한다. 그리고 토양과 식생 간의 영양물질 순환효율을 안정시키고 보호하며 나무의 증발산을 통해 기온을 조절하고 이산화탄소를 소모함으로써 대기정화의 역할을 한다. 동시에 열대림은 기후에도 영향을 끼친다. 그리고 열대림은 야생동식물의 서식지를 제공함으로써 세계유전자원의 50% 이상이 서식하는 생물학적 다양성의 보고로 기능하고 있다. 또한 인간과의 관계에서 봤을 때도 아주 중요한 역할을 수행한다. 산림은 다양한 식생으로 이루어진 숲과 야생동물, 계곡, 강 등이 어우러진 경관적인 아름다움을 제공하며, 깨끗한 물과 맑은 공기를 제공하여 좋은 휴식처가 되는 한편 야생동물관찰 등과 같은 야생동물 관련 휴양활동과 산악자전거 등 스포츠 활동의 장소로도 이용되어 인간의 복지에도 큰 기여를 한다. 또한 생물학적 다양성을 창출하고 보존하고 있는 열대림은 인간에게 식량과 의약품 및 산업에 쓰이는 물질을 제공하며 과학적 연구와 교육을 위한 살아 있는 실험실로서 기여한다.

이처럼 인간과 자연의 생존에 필수적인 열대림의 파괴가 심각하다. 브라질정부는 세계 열대림 면적의 1/4 이상을 차지하고 있으며 그 방대한 산소방출능력으로 인해 '지구의 허파'라 불리는 아마존의 파괴속도가 2003년 2.1% 증가했다고 밝혔다. 브라질 환경부의 통계에 따르면 아마존에서 벌목이 자행된 면적은 2002년 8,983제곱마일에서 2003년 9,170제곱마일로 증가하였다. 구미의 환경보호단체는 선진국 다국적 기업의 진출을 '햄버거-커넥션'이라고 하면서 선진국의 자원낭비와 환경파괴를 비난하고 있다. '햄버거-커넥션'이란 값싼 햄버거용 소고기를 생산하기 위해 중남미의 열대림을 불태우는 것을 말한다. 즉 소의 목초지를 형성하거나 소의 사료인 대두 생산지를 만들기 위해 열대림을 파괴하는 것이다.

동남아시아에서 열대림 파괴가 가장 심한 곳은 보르네오섬의 북서쪽에 위치한 말레이시아령 사라와크이다. 말레이시아는 세계 제일의 목재수출국이나 그 대부분이 사라와크의 열대림에서 벌채되고 있다. 전 세계 동식물의 6%가 서식하고 있고 아직도 새로운 종이 발견되고 있는 보르네오섬의 열대림은 1996년 이래 일년에 2백만 헥타르의 숲이 줄어들고 있고 현재는 원래 면적의 절반만 남은 상태이다. 현재 속도로 파괴가 계속되면 2010년이 지나면 거의 모든 숲이 사라질 것이라고 한다. 아프리카 열대림 국가인 코트디부아르는 매년 15%씩 밀림이 유실되고 있고 나이지리아의 경우 거의 모든 열대림이 사라져 버렸다. 2010년 독일 환경부에 따르면 매년 지중해국가 그리스의 크기에 해당하는 1,300만 헥타르의 숲이 사라지고 있으며 열대관목림의 35%는 지난 20년 사이에 파괴되었다.

2) 열대림 파괴의 원인과 결과

열대림은 자연재해로 인해 파괴될 수도 있지만 오늘날 문제는 인위적 요인에 의해 파괴가 이루어지고 있다는 것이다. 그 원인으로는 ① 경작 또는 가축방목을 위한 벌목, ② 인간주거를 위한 벌목, ③ 개발을 위한 벌목, ④ 연료용, 건축용 또는 미국, 서유럽, 일본 및 한국으로의 여러 가지 용도를 위한 수출용 목재를 위한 벌목 등이 지적된다. 그런데 그 파괴의 주원인이 무엇인가에 대해서는 선진국과 개발도상국의 견해가 다르다. 선진국가들은 빈곤 및 인구증가를 열대림 파괴의 주원인으로 보고 있다. 즉 토지를 가지지 못한 사람들이 열대림에서 연료용 목재를 벌채하려 하거나 환전을 통해 농작물을 경작하는 것으로 인해 열대림이 파괴되므로 인구증가에 의한 현지주민의 소전행위가 파괴의 주원인이라고 보고 있다. 이에 반해 개발도상국가들은 선진국가의 열대 활엽수에 대한 요구를 충족시키기 위한 상업적 벌목을 주원인으로 주장한다. 1980년대 중반 동남아시아는 전체 열대림의 약 25%를 차지하고 있었으나 모든 열대 활엽수 수출의 80%를 차지하였다. 그러나 실질적으로 열대림 파괴는 이러한 요인들이 복합적으로 작용하고 있다. 다시 말해 열대림을 보유한 국가들의 인구증가와 그로 인한 경작지 확장, 부존자원을 활용해 경제개발을 이루려는 개발도상국의 정책, 선진국가 국민들의 변화된 소비형태에 맞추기 위한 목재조달을 목적으로 향상된 벌채기술과 새롭게 개발된 벌채장비를 활용해 엄청난 속도로 열대림을 파괴하고 있는 다국적 기업의 산업주의, 여기에 원자재의 저렴한 가격이 맞물리면서 열대림 파괴가 자행되고 가속화되고 있다. 선진국 = 수입·소비국, 개발도상국 = 수출·생산국이라는 국제 구도 속에서 공산품으로 전환된 상품가격의 1/17이라는 시장가격으로 원목을 수출할 수밖에 없는 개발도상국들은 어쩔 수 없이 근시안적 정책을 수행할 수밖에 없기 때문에 지구환경을 지키기 위한 선진국가들의 더 많은 책임이 요구된다. 지구상의 30%에 해당되는 동식물종의 보금자리이며 중요한 의약품의 산지인 아마존지역의 파괴원인도 다른 지역과 마찬가지로 인구증가와 현지인의 빈곤에 근거한 농경지 또는 목장지의 조성과 광범위한 화전 실시, 그리고 선진국의 진출에서 찾을 수 있다.

산림 파괴는 많은 부정적 결과를 가져온다. 우선 지구온난화에 큰 기여를 하며 기후변화에 중대한 영향을 미친다. 산림 파괴는 열의 유동률, 강우, 달, 행성이 반사하는 태양광선의 반사율에 변화를 줌으로써 지역적인 기후에 영향을 미친다. 또한 육상생태계에 저장된 전체 탄소량의 약 40%를 가지고 있는 산림 식생과 산림토양의 많은 부분은 북반구의 한대림과 남미와 아프리카의 열대림에 저장되어 있다. 그래서 산림이 파괴될 때에는 이산화탄소 배출이 증가한다. 따라서 현재와 같은 열대림 파괴가 계속된다면 이산화탄소의 방출은 증가되고 더 적은 이산화탄소를 흡수함으로써 대기 중의 이산화탄소 농도를 높여 기후변화와 함께 지구온난화 문제를 가중시키게 된다. 또한 열대림은 동식물종의 다양성이 가장 풍부한 지역이기 때문에 열대림의 파괴는 생물종의 멸종과 감소, 그리고 세계생물자원의 고갈을 초래한다. 만약 산림 파괴가 현재의 비율로 진행된다면 21세기에는 현재 지정되어 있는 보호지역의 열대림만 남게 되고 식물은 60%, 조류는 69%가 사라질 것이라고 한다. 뿐만 아니라 산림 파괴는 생태계의 기본기능을 해치고 토양계의 대규모 노출로 인하여 더욱 많은 침식을 유발한다. 인간사회에도 심각한 영향을 미치는데, 열대림 파괴로 인해 수억의 인구가 홍수, 토양침식, 수로침식, 가뭄, 목재부족, 그리고 사회문화적 혼란으로 영향을 받고 있으며 이러한 혼란은 대규모의 환경난민을 초래할 수 있다.

3) 열대림 파괴를 막기 위한 국제레짐

열대림 파괴가 심각함에도 불구하고 열대림 보호를 위한 강제규범은 없다. 열대림을 포함하여 전 세계 모든 산림의 보전 및 지속가능한 관리에 관한 논의가 본격적으로 시작된 것은 1992년 리우회의에서이다. 리우회의에서 모든 형태의 산림에 대한 관리, 보전, 지속가능한 개발을 위하여 산림원칙성명을 발표하였으나 이는 강제성을 가진 협약이나 의정서가 아닌 구속력 없는 선언에 불과하였다. 원래 강제적 의무규정을 가진 산림협약이 채택될 예정이었으나 말레이시아 등 열대림 개발도상국가들이 강력하게 반대하여 구속력 없는 선언이 발표될 뿐이었다. 리우회의에서 쟁점은 산림보전을 위한 강제적 법규범화, 산림국가의 자원개발권, 무역규제, 그리고 기술 및 재정지원 등이었다. 그렇지만 환경문제에 관한 국제적인 협상에서처럼 리우회의 중에도 선진국과 개발도상국 간의 이해관계가 첨예하게 대립되었다. 즉 선진국가는 산림보호가 다른 환경 분야에 미치는 영향을 고려하여 강제력 있는 법규범으로 의정서를 채택할 것을 요구하였으나, 열대지역 개발도상국가들은 자국 관할권 내에 있는 산림자원에 대한 절대적인 개발권을 주장하고 강제적 산림보호의무를 부담하게 되는 것을 회피코자 산림보호요구에 반발하였다. 또한 선진국들은 산림을 훼손하는 방식으로 생산된 산림제품에 대해 무역규제를 시도하였으나 개발도상국들은 이에 반대하고 관세철폐 등 선진국 시장에 대한 접근을 보장하도록 요구하였다. 기술 및 재정지원에 대해서도 선진국들은 확실한 보장을 회피하는 한편 개발도상국가들은 벌목감축에 따른 수입 손실액의 보상과 재정적 지원, 산림의 효과적 보전을 위한 기술이전 등을 요구하였다. 이러한 입장차이로 인해 협약이나 의정서의 채택에는 실패하고 말았다. 산림원칙성명의 주요내용은 다음과 같다. ① 산림은 인간의 육체적·정신적·경제적·사회적·문화적·환경적·영적 생활에 이르는 광범위한 기능을 가지고 있다. ② 각국 정부는 산림면적을 감소시켜서는 안되며 산림의 존속을 위해 녹화운동을 적극 추진하고 선진국은 재정적·기술적 지원을 강화해야 한다. ③ 산림의 모든 생물자원에 대한 각국의 주권을 인정하며 당사국 간의 쌍무협정에 따라 자원에 대한 이익은 균등하게 분배되어야 한다. ④ 임산물 관세는 감축 또는 철폐하여 자유무역을 지향하며 산림의 환경가치는 시장가격에 반영하여 내부화시키며 임산물 교역조건은 지속가능한 산림경영을 할 수 있는 수준이어야 한다.

5. 유해폐기물 교역

1) 유해폐기물의 정의

폐기물이란 쓰레기, 분뇨, 폐건전지, 동물시체 등의 오물로 경제적 가치가 없어 버려지는 물질을 말하며, 유해폐기물이란 다양한 유해성분을 함유하고 있는 폐기물이 처리될 때 인간과 자연환경에 위해를 주는 물질을 총칭한다. 유해폐기물의 국가 간 이동 및 처리 통제에 관한 바젤협약은 '폐기물'을 '각 국내법 규정에 의거하여 처리되거나, 처리가 의도되거나, 처리가 요구되는 물질 또는 물건'으로 정의하고 있으며, '유해폐기물'에 대해서는 유해폐기물에 대한 한 가지 정의를 채택하기보다는 유해하다고 판단되는 폐기물을 45개의 범주로 나누어, 이를 폐기물 배출(의료 폐기물, 광유, 천연석유, PCB 등) 18가지와 일정 구성성분(수은, 납, 유기시안, 할로겐화 유기 용매제 등)을 가지는 27가지 폐기물로 구분하고 있다. 그러나 폐기물을 유해하다고 분류하기 위해서는, 한 가지 또는 그 이상의 유해성질(가연성, 산화성, 유독성, 전염성, 부식성 또는 생태유해성)을 가져야 한다.

우리나라 폐기물관리법 제2조는 '폐기물'을 "쓰레기 · 연소재 · 폐유 · 폐산 · 폐알칼리 · 동물의 사체 등 사람의 생활이나 사업활동에 필요하지 아니하게 된 物質"로 정의하고 있으며, 구체적으로 생활폐기물, 사업장폐기물, 지정폐기물 그리고 감염성폐기물로 나누어 설명하고 있다.

2) 유해폐기물 교역 실태와 원인

산업화와 경제성장은 끊임없는 대량생산과 대량소비, 대량폐기물 처리의 연속이다. 가정과 기업, 소규모 작업장과 쓰레기 매립장, 병원, 공공시설 등 폐기물이 발생하지 않는 곳이 없다. 세계적으로 지난 10년간 매년 4억 톤 이상의 유해폐기물이 발생하였는데, 전 세계 유해폐기물의 80% 이상이 선진공업국에서 발생한다. 미국은 세계 최대 폐기물 발생국으로 1998년에는 그 양이 2억 6천만 톤으로 추정되었다. 개발도상국의 폐기물 발생문제 역시 갈수록 심각해지고 있다. 유엔환경계획에 따르면 2020년까지 개발도상국의 폐기물 발생량은 전 세계 발생량의 약 1/3을 차지할 것으로 예측된다. 문제는 이처럼 엄청난 양의 유해폐기물을 어떻게 처리할 것인가 하는 것이다. 유해폐기물은 그 처리과정에서 상당한 환경오염이 예측되기 때문에 선진국가들은 유해폐기물을 개발도상국가에 수출하고 있다. 유해폐기물 교역은 선진공업국가들이 주로 아프리카, 라틴 아메리카, 동남아시아의 개발도상국가로 수출 또는 불법교역하면서 일어나고 있으며, 선진국과 선진국 간에도 이동이 이루어지고 있다. 매년 4억 톤 이상의 유해폐기물 중 10% 이상이 국가 간 이동하고 있다. 유럽에서만도 연간 10만 회 이상이 행해지고 있다. 선진국가들이 유해폐기물을 개발도상국에 이전시키는 이유는 ① 비용적 측면에서 봤을 때 국가마다 폐기물 처리비용이 달라 선진국의 처리비용이 개발도상국보다 훨씬 비싸기 때문이다. 미국은 톤당 2,500달러, 유럽은 톤당 75~1,500달러의 처리비용이 들어가지만 개발도상국은 그 비용이 톤당 2.5~40달러 정도이다. 예를 들어 PC 1대 폐기비용은 미국이 20달러이지만 인도는 2달러에 불과하다. ② 법규제적 측면에서는 선진국의 법적규제가 엄격하여 유해폐기물의 처리가 힘든 반면 개발도상국의 규제는 상대적으로 느슨하기 때문이다. ③ 개발도상국의 임금이 낮아 폐기물 처리과정에서 문제가 발생하였을지라도 그에 따른 사망, 부상 등의 피해에 대한 보상이 낮기 때문이다. 한편 개발도상국가들이 폐기물의 수입으로 인해 심각한 환경문제와 자국민의 건강상 위험이 일어날 수 있음에도 불구하고 폐기물을 수입하는 이유는 ① 매립지를 비롯한 처리대가로 벌어들일 외화가 필요하며 ② 폐기물 수입의 대가로 제공되는 기술이전 등이 자국의 경제발전과 고용창출에 기여할 수 있으며 또한 ③ 오늘날 문제가 되는 전자쓰레기를 수입하여 재활용하거나 전자제품으로부터 금, 은, 철, 알루미늄, 크롬, 니켈과 같은 금속을 추출하여 수입을 올릴 수도 있기 때문이다. 선진국과 개발도상국가 간의 이해관계가 일치하여 유해폐기물의 교역이 일어나고 있지만 개발도상국의 유해폐기물 처리 기술 수준, 감시, 규제하는 능력을 고려해 볼 때 이는 많은 위험을 야기한다. 다시 말해 유해폐기물의 처리와 규제능력이 부족한 개발도상국가에서 일어나는 환경적 · 인명적 피해는 국제적으로 아주 불합리한 결과를 초래하게 되기 때문에 유해폐기물 교역문제는 국제적으로 해결되어야 할 문제인 것이다.

많은 종류의 유해폐기물 중에서 오늘날 특히 문제가 되고 있는 것은 휴대폰, 컴퓨터 모니터, TV 등과 같은 전자쓰레기이다. 개발도상국으로 가는 중고제품의 모니터가 유리부족난을 메우기도 하지만, 대부분 재사용이나 수리가 불가능하여 개발도상국이 전자쓰레기 하치장으로 전락하고 있기 때문이다. 버려지는 전자제품은 처리과정에서 많은 오염물질이 배출되어 인간과 자연환경에 심각한 영향을 끼치는데, 컴퓨터 모니터 1대에는 인체에 유해한 3.6kg의 납, 플라스틱, 카드뮴 등의 중금속과 화학물질이 포함되어 있다. 바젤협약에 따라 유해폐기물의 교역이 금지되어 있기 때문에 미국이나 일본 등 전자쓰레기를 수출하는 나라는 이를 '재활용 금속'이라는 명목으로 개발도상국가에 수출하고 있다.

한편 유해폐기물의 단순한 교역을 넘어 폐기물 문제를 고려해 볼 필요가 있다. 세계화의 흐름을 타고 민간기업의 해외진출과 대외직접투자가 증대되고 있는 상황에서 주로 공해산업이 해외, 특히 환경규제가 다소 느슨한 개발도상국에 공장을 건설하면서 개발도상국에서 다양한 환경파괴가 발생하고 있기 때문이다. 개발도상국의 경우 선진국과 같은 공해방지시설을 설치하지 않아도 공장설립 입지조건만 충족되면 공장의 건립이 용이하기 때문에 선진국은 해외직접투자를 통해 많은 공해산업을 개발도상국에 이전하고 있다. 이러한 관점까지 고려했을 때 유해폐기물 교역의 환경오염원인으로 유해폐기물의 교역뿐 아니라 공해산업의 이전과 그로 인한 위험하고 유해한 공정의 이전 등의 문제도 같이 고려할 필요가 있다고 여겨진다.

3) 유해폐기물이 일으킨 환경오염

1980년대 이후 심각한 문제로 인식되고 있는 유해폐기물의 처리 및 국경이동과 관련된 환경문제를 몇 가지 살펴보자. 먼저 유해폐기물이 적절히 처리되지 않은 경우 발생한 환경오염으로는 미국의 러브캐널(Love Canal)사건을 들 수 있다. 1892년 윌리엄 러브는 나이아가라 폭포 주변에 발전소와 운하를 건설 중이었으나 1910년 미국의 경제불황과 새로운 전력생산방식으로 중단되고 길이 1.6km, 깊이 3~12m의 웅덩이만 남게 되었다. 그후 1942년 후커 케미컬이라는 화학회사가 이 지역에 공장을 건설하였고 공장에서 버리는 화학물질을 철제 드럼통에 넣어 이 웅덩이에 매립하였는데, 이때 매립된 화학물질은 PCB, 린덴, 다이옥신, 트리클로로페놀, 핵사클로로시클로펜타디엔 등 매우 유독한 물질이었다. 후커사는 8년간 2만여 톤의 화학물질을 운하에 매립하였다. 1953년 후커사는 이곳을 포함한 주변지역을 시교육위원회에 기증하였고, 교육위원회는 이곳에 초등학교와 주택을 건설하였다. 10년이 지난 후부터 이 지역에서 하수구에 검은 액체가 가득하고 지하실에서 정체불명의 액체가 새어 나왔으며 주민들은 피부병과 두통이 자주 발병하였다. 1976년 큰 홍수가 있은 후 가로수와 정원의 꽃이 죽어 갔고,

연못에서는 유해한 화학물질이 다량 검출되었으며, 토양에서도 유독물질을 포함한 물이 표면으로 스며 나왔다. 뉴욕주 보건당국이 실시한 조사결과 1973~1978년 사이 이 지역 출생아의 절반 이상이 정신박약이나 심장질환을 가진 선천적 기형아로 태어났고 유산율이 다른 지역에 비해 높았다. 문제의 심각성을 깨달은 미국 연방환경처는 1978년 8월 미국 역사상 처음으로 이 지역을 환경재난지역으로 선포하고, 거주하던 주민들에게 즉시 떠날 것을 요구하였으며 학교를 폐쇄하였다. 연방환경처는 계속 조사를 실시하여 1980년 주변 80여 가구를 환경재난지역으로 추가하였다. 그 후 이 지역을 정화하기 위해 1억 달러 이상을 소모하였으나 지금까지 아무도 들어가지 못하는 유령도시로 남아 있다. 이 사건을 계기로 미 연방정부는 1980년 슈퍼펀드법(Super Fund)을 제정하였다. 이 법은 연방정부가 기금을 조성하여 오염자를 찾아내기 힘들거나 오염자가 정화비용을 부담할 수 없을 때 오염시설을 정화하는 것을 목적으로 하고 있다. 처음 5년 동안 러브캐널과 같은 유해지역에서 발생하는 문제점을 신속히 처리하기 위해 160억 달러 상당의 연방기금을 조성하고 유해지역의 조사와 처리, 보상을 시작한 결과 2만 766개 유해지역을 찾아내었고 507개 지역에서 제거작업을 실시하였다. 이 법은 1986년에 다시 연장되어 85억 원의 기금이 추가되었다. 이 러브캐널사건은 환경에 관한 무지가 얼마나 큰 재해와 경제적 손상을 가져오는가를 잘 보여 주고 있다.

인도 보팔시의 참사는 선진국의 공해산업이 그들 국가의 엄격한 안전관리시설과 공해방지시설 기준을 피해 환경규제가 약한 지역으로 이전할 경우 어떠한 재앙이 일어날 수 있는가를 보여 준 사건이다. 1984년 12월 3일 인도 보팔시에 있는 미국계 다국적 회사인 유니언 카바이드사의 비료공장에서 다량의 메틸이소시안염(M.I.C : Methyliso-cyanate)이 누출되는 사고가 일어났다. 메틸이소시안염은 무색 무취의 독성물질로 호흡기 장애, 중추신경 장애, 면역체계 이상, 실명 등의 치명적인 피해를 일으키는 화학물질인데, 이 유독가스 40톤은 순식간에 보팔시 전체로 퍼져 나가 3,500명 이상이 숨지고 50만 명이 부상당했으며, 후유증으로 15,000명이 사망한 것으로 집계되었다. 불과 두 시간 동안 누출된 독가스로 인해 인구 75만 명의 보팔시 전체가 처참한 피해를 입은 사상 최악의 산업재해 중 하나로 손꼽히고 있다. 사고 당시 유니언 카바이드사는 비용절감을 위해 검증되지 않은 기술을 사용하였으며 밸브파열에 대비한 안전장치가 되어 있지 않았고 조기경보체제 등 여섯 개의 안전장치도 작동하지 않았다. 이 사고로 피해를 입은 보팔시민들은 유니언 카바이드사를 상대로 30억 달러의 민사소송을 제기하였으나 유니언 카바이드는 1989년 4억 7천만 달러의 보상금을 지불하는 조건으로 합의를 하였으며, 형사책임을 끝까지 회피함으로써 국제사회의 지탄을 받았다.

한편 유해폐기물의 국제적 이동으로 인해 발생한 오염 역시 상당수에 달한다. 1987년 10월 아이티정부는 비료수입허가서를 발부하였으나 실제 수입된 것은 미국 필라델피아주의 독성 도시폐기물 소각로에서 발생된 약 14,000톤의 소각재였다. 1988년 1월 아이티정부는 이 소각재를 국외로 반출하도록 명령하였으나 이행되지 않고 해변에 방치되어 약 3,000톤의 소각재가 해수에 흘러들어가 해변을 오염시킨 사건이 발생하였다. 1988년 4월에는 기니의 무인도에서 나무들이 급격히 말라죽기 시작하였다. 정부가 조사한 결과 정부계 기업이 미국으로부터 1톤당 50달러의 조건으로 받아들여 매립한 1만 5천 톤의 유해폐기물이 그 원인이었음이 밝혀졌다. 나이지리아에서는 1988년 6월 유럽의 10개 기업 방사성 산업폐기물을 건설용 화학제품이라는 이름으로 이탈리아에서 불법 수입하여 매립하려다 적발되었다. 그리고 콩고에서는 1988년 5월 유해폐기물을 받아들일 목적으로 차린 유령회사가 적발되어 정치고문과 정부직원 5명이 체포되었다. 이들은 미국대사관과 매년 420만 달러의 조건으로 3년간 1백만 톤의 폐기물을 수입하려 하였다.

4) 유해폐기물 처리에 관한 국제레짐 : '유해폐기물의 국가 간 이동 및 처리 통제에 관한 바젤협약 (Basel Convention on the Control of Transboudary Movements Hazardous Wastes and Their Disposal)'

위의 사례에서 본 것처럼 유해폐기물의 불법교역과 선진국 유해산업의 개발도상국으로의 진출로 선진국보다 안전시설이 부족하고 법적 규제가 제대로 이루어지지 않는 개발도상국들은 항상 사고의 위험에 노출되어 있으며 심각한 환경문제 역시 일어나고 있다. 이러한 문제가 국제화되면서 이를 방지하기 위한 국제협력의 필요성이 대두되었다.

유엔환경계획(United Nations Environment Programme, UNEP)은 1987년 유해폐기물의 안전관리와 국가 간 교역통제에 관한 협약을 만들기 위한 사전작업으로 유해폐기물의 환경적으로 건전한 수송·관리·처분에 관한 지침서인 카이로선언을 채택하였다. 이후 1988년부터 1989년 3월까지 5차례의 실무회의를 거쳐 1989년 3월 22일 스위스 바젤에서 '유해폐기물의 국가

간 이동 및 처리 통제에 관한 바젤협약(Basel Convention on the Control of Transboudary Movements Hazardous Wastes and Their Disposal)'을 탄생시켰다. 바젤협약은 20번째 국가의 비준 90일 후인 1992년 5월 5일 발효되었고, 전문, 본문 29조 및 부칙 6조로 구성되어 있다.

바젤협약은 폐기물의 폐기경로와 함유된 물질, 이 두 가지 관점에서 유해폐기물의 범위를 정하고 있다. 유해폐기물의 범위는 바젤협약 부속서 Ⅰ에 규정되어 있는데, 유해폐기물을 생산하는 폐기경로로 의료폐기물 등 18개 경로(Y1-Y18)가 지정되었고, 중금속 등 함유성분 27개(Y19-Y45)가 지정되었다. 부속서 Ⅰ에 속하는 폐기물 중 부속서 Ⅲ에 규정된 유해특성을 가진 폐기물이 국가 간 이동 규제대상이 된다. 부속서 Ⅲ에 규정된 유해의 특성은 폭발성, 인화성, 산화성, 독성, 부식성, 유독가스 발생, 생태독성 등으로 분류된다. 특별한 고려를 요하는 폐기물 2개가 유해폐기물 이동 규제대상으로 추가되는데 가정폐기물(Y46)과 가정폐기물의 소각폐기물(Y47)이다. 하지만 부속서 Ⅰ의 폐기물 중 부속서 Ⅲ의 유해 특성을 가진 것으로 규정하는 것은 실제 적용에 난점이 있다고 문제가 제기되어 1998년 2월 말레이시아에서 개최된 제4차 당사국회의에서 규제대상 폐기물 목록을 작성하였다.[35] 통제대상 폐기물은 부속서 Ⅷ 목록A로, 무해한 비통제 대상폐기물은 부속서 Ⅸ 목록B로 규정하였다.

바젤협약은 유해폐기물과 기타 폐기물의 발생, 국가 간 이동 그리고 관리에서 발생하는 부작용으로부터 인간의 건강과 환경을 보호하는 데 그 궁극적인 목적을 두고 있지만, 무엇보다 선진국이 유해폐기물을 개발도상국에 이전하여 처리하는 것을 금지시키는 것이 주요 목적이다. 환경적으로 건전하고 효율적인 관리라는 목적을 이루기 위해서는 첫째, 유해폐기물의 국가 간 이동은 최소한으로 줄이고, 협약에 의거하여 허가된 국가 간의 이동은 관리·감독하며, 둘째, 폐기물의 양과 유해폐기물의 양을 최소화하고, 발생한 폐기물은 폐기물이 발생한 장소에서 가능한 가까운 곳에서 처리되어야 하며, 셋째, 개발도상국이 발생시키는 유해폐기물과 기타 폐기물이 환경적으로 건전한 관리가 되도록 도와야 한다. 이러한 목표를 위해 바젤협약은 제4조에서 협약 당사국의 일반적인 의무사항을 다음과 같이 명시하고 있다. 첫째, 협약 당사국은 유해폐기물의 수입을 금지할 수 있는 권한을 행사할 수 있다. 둘째, 협약 당사국은 유해폐기물

35) 김영생, 2002, 186.

의 수입 금지를 선언한 당사국에 수출을 금지해야 한다. 셋째, 수입국이 특정 수입에 대하여 서면으로 동의하지 않으면 당사국은 유해폐기물과 기타 폐기물의 수출을 허가하지 않거나 금지해야 한다. 넷째, 각각의 협약 당사국은 해당 폐기물이 환경적으로 건전하게 관리되지 않을 것이라고 판단할 만한 이유가 있다면 유해폐기물의 수입을 금지할 수 있다. 다섯째, 어떤 협약 당사국도 당사국이 아닌 나라와 관련하여 유해폐기물의 수입이나 수출을 허가하지 않는다. 여섯째, 협약 당사국은 남극 대륙에 처리의 목적으로 유해폐기물을 수출하지 않는다. 바젤협약은 당사국 간 유해폐기물과 기타 폐기물의 국가 간 이동이 가능한 경우로는 첫째, 수출국이 문제의 폐기물을 환경적으로 건전하고 효율적인 방식으로 처리하기 위한 기술적 역량과 필요한 시설·용량 또는 적당한 처리장을 가지고 있지 않는 경우, 둘째, 문제의 폐기물이 수입국의 재활용 또는 회수산업의 원료로써 필요한 경우로 제한하고 있다. 이외에도 바젤협약이 규정한 수출입을 제한하는 주요 내용으로는 첫째, 협약 당사국은 바젤협약의 기준보다 더 엄격한 기준을 적용하여 수입을 제한할 수 있으며, 둘째, 협약 당사국은 비당사국으로부터 유해폐기물을 수입할 수 없지만, 바젤협약의 규정보다 높은 기준의 양자 간, 다자간 및 지역협정의 폐기물 처리규정이 있는 경우에는 당사국은 이 규정을 따를 수 있으며, 셋째, 유해폐기물과 기타 폐기물의 국제적 이동에 있어 포장, 라벨링, 운송 등과 관련하여 국제적 규정과 기준이 적용되어야 하며, 넷째, 모든 이동서류는 유해폐기물과 기타 폐기물의 이동 시작 지점으로부터 처리 지점까지를 명기하여야 한다는 점 등을 들 수 있다. 또한 바젤협약은 유해폐기물의 불법거래를 금지하고 있으며, 불법거래로 간주되는 경우 수출국은 불법거래 통지를 받은 날로부터 30일 이내에 폐기물을 회수하여야 하며 회수조치가 불가능하면 협약이 규정한 다른 방법으로 처리하여야 한다.

이러한 목적과 내용을 가진 바젤협약은 대부분의 환경관련 국제협약이 미국, 유럽연합 등 선진국 주도로 이루어진 것과는 달리 아프리카 등의 개발도상국이 선진국의 폐기물 처리장이 되어서는 안 된다는 위기의식이 발동하여 이루어졌다는 점에서 그 의의를 찾을 수 있다. 그리고 폐기물 양의 꾸준한 증가로 인해 폐기물의 불법거래 역시 증가하고 있기 때문에 바젤협약도 더 구체화되고 더 강한 대응을 할 필요가 있다고 하겠다.

〈표 5〉 바젤협약의 규제대상 폐기물의 범위

(1999년 7월 현재)

<table>
<tr><td>폐기경로</td><td>Y1. 의료폐기물
Y2. 의약제품의 제조 및 조제과정 발생폐기물
Y3. 불용의 의약품 및 약제
Y4. 살생물제 및 식물약제의 제조, 조제, 사용과정에서 발생하는 폐기물
Y5. 목재보호물질의 제조 및 조제과정 폐기물
Y6. 유기용제의 제조, 조제 및 사용과정 발생 폐기물
Y7. 시안화물이 함유된 열처리과정 폐기물
Y8. 부적절 사용 발화물 기름
Y9. 물/기름, 탄화수소/물의 혼합, 제폐기물
Y10. PCBs, PCT 또는 PBBs로 오염되어 있거나 함유한 물질이나 물품
Y11. 정류, 증류과정이나 열분해과정에서 발생한 타르함유 폐기물
Y12. 잉크, 염료, 안료, 페인트, 락카 바니쉬 등의 제조과정이나 사용과정에서 발생한 폐기물
Y13. 수지, 라텍스, 가삭제 및 접착제의 제조, 조제 및 사용과정에서 발생한 폐기물
Y14. 연구개발, 교육과정에서 발생하는 미지의 물질 또는 새로운 물질로서 인체와 환경 영향성이 아직 미지인 폐기물
Y15. 다른 법률로 규제되지 않은 폭발성 폐기물
Y16. 사진용 약품 및 제판제의 제조공정과 사용상에 발생한 폐기물
Y17. 금속과 합성수지의 표면처리과정에서 발생하는 폐기물
Y18. 산업폐기물 처리공정 잔유물</td></tr>
<tr><td>함유된 성분</td><td>Y19. 금속카보닐
Y20. 베릴륨과 그 화합물
Y21. 6가크롬화합물
Y22. 도오하합물
Y23. 아연화합물
Y24. 비소와 그 화합물
Y25. 셀레늄과 그 화합물
Y26. 카드늄과 그 화합물
Y27. 안티모니와 그 화합물
Y28. 텔레늄과 그 화합물
Y29. 수은과 그 화합물
Y30. 탈륨과 그 화합물
Y31. 납과 그 화합물
Y32. 형석을 제외한 무기불소화합물
Y33. 무기시안
Y34. 산성용액과 고체상산
Y36. 아스베스트(분진과 섬유질)
Y37. 유기인화합물
Y38. 유기시안화물
Y39. 페놀과 클로로페놀을 함유한 그 화합물
Y40. 에테르
Y41. 할로겐화 유기용매
Y42. 헬로겐화 용매를 제외한 유기용제
Y43. PCDF(polychlorinated dibenzo-furan)와 동종물질
Y44. PCDD(polychlorinated dibenzo-p-dioxin)와 동종물질
Y45. 기타 할로겐화유기물</td></tr>
<tr><td>특별처리요 폐기물</td><td>Y46. 가정폐기물
Y47. 가정폐기물의 소각폐기물</td></tr>
</table>

출처 : 바젤협약 부속서 Ⅰ, Ⅱ; 김영생, 2002, 199-189에서 재인용.

6. 토양오염과 사막화

1) 토양의 정의

'토양'은 어떤 건물이 서 있는 기반으로서의 "땅", 어떤 결정의 토대로서 "사실의 근거", 지역과 재산으로서의 "땅과 대지", 생산수단과 부의 근원으로서의 "비옥한 대지"를 비롯해, 불안정을 표현한 "발아래 땅이 무너진다", 종교적 가치와 문화의 원천지로서 "신성한 대지" 등과 같이 생활상에서 많은 의미와 결합되어, 토양이 삶의 원천이자 터전이며 인간과 토양이 하나임을 보여 준다. 그런데 이런 다양한 의미는 오히려 토양에 대한 명확한 개념정의를 힘들게 하여 토양보호라고 할 때 그 대상이 무엇인가에 대한 혼란을 초래한다. 보호대상으로서의 토양을 규정하기 위해 토양학의 관점에서 정의를 내려 본다. 그리고 대표적인 토양문제 중의 하나가 사막화이므로 토양오염에 대해 알아본 다음 사막화에 대해 논의해 보기로 한다.

토양학에서 토양은 지각의 가장 위층으로 정의되는데, 달리 말해 암석층, 수권(Hydrosphare), 대기권, 그리고 생물권이 겹쳐지는 지표면의 얇은 경계영역을 나타낸다. 이는 토양이 동물, 식물, 그리고 토양유기체에 의해 살아 있는 대륙지표면의 최상층이고 지상에서 흐르는 물의 표면이며, 생물체가 없는 지하 역시 토양에 속한다는 것을 의미한다. 토양은 복잡한 생성과정을 – 어떤 암석이 일정한 기후와 특징적인 유기적 공동체를 가진 식물의 존재 아래 뇌우, 미네랄 합성과 생성, 유기체 원소의 분해, 부식질 생성, 구조변화 그리고 화학적 원소이전을 통해 모양을 변화시킴 – 거쳐 만들어지는데, 이렇게 만들어진 토양은 미네랄, 공기, 물을 함유하고 있으며, 공기교환, 물의 저장과 흐름 및 다양한 토양유기체의 생활공간으로 기능하는 공기구멍 시스템을 가진 부식질로 구성되어 있다. 생성조건에 따라 물리적, 화학적, 그리고 생물적인 특성이 서로 다르며 토양생성의 밀도나 기간에 따라 수 센티미터에서 수 미터에 이르는 다양한 깊이를 가지고 있다. 요약컨대 토양은 지하자원과 종종 지하수를 포함하고, 지표의 가장 바깥에 있으며 대부분 연한 지표면의 층으로, 물리적으로 볼 때는 공기와 물이 드나드는 공기구멍을 가진 상이하게 딱딱한 물질들의 혼합물이고, 화학적으로는 생물적 활기를 띤 다양한 원소들의 결합체이며 생물학적으로는 식물과 토양유기체가 상호작용하는 생존공간이다.

2) 토양의 기능과 토양오염 실태

토양의 기능을 독일 연방토양보호법의 분류에 따라 토양의 자연적 기능, 자연과 문화, 역사의 기록으로서의 기능, 그리고 유용기능으로 나누어 살펴보자.

① 자연적 기능 : 이 기능에는 a) 인간, 동물, 식물, 그리고 토양유기체의 삶의 토대이자 생활공간, b) 특히 물과 영양소의 순환체계를 가진 자연계의 구성요소, c) 독성을 중화시키는 필터, 완충지, 화학 작용 매체 그리고 기후안정요소로서의 토양이 속한다. 토양은 무수한 토양유기체, 식물, 동물, 그리고 인간의 삶의 토대이고 생활공간이다. 서로 다른 기후조건에서의 생성된 토양은 다양한 토양유기체와 동식물을 번성시켰다. 다시 말해 자연스런 상태에서 나타나는 토양유기체와 식물의 놀랄 만한 다양성이 생태계 안정뿐 아니라 토양이 건강함을 보여주는 것이다. 건강한 토양은 물저장과 토양미생물에 의한 생물학적 분해를 통해 식물과 토양유기체에 물과 영양소를 공급한다. 그리고 이 과정에서 유독 물질은 분해되고 질병유발인자는 살균되는 등 극단적인 조건들은 균형을 회복한다. 또한 토양 내 공기구멍에 저장된 물은 토양의 정화작용을 거쳐 지하수가 되며 최종적으로 이용가능한 물과 수돗물이 획득된다. 이런 다양한 기능을 바탕으로 토양은 물, 공기, 유기적인 미네랄 원소를 순환시키면서 자연상태를 조절하며, 물저장능력을 통해 농업용수의 조절자로도 작용한다. 또한 식물이나 풀과 같은 토양표면의 보호막이 기온의 급격한 변화를 막아 주어 토양 내 물의 증발이 안정적으로 이루어짐으로써 기후안정에 기여하기도 한다.

② 자연과 문화, 역사의 기록으로서의 기능 : 토양은 보존하는 특성을 통해 자연과 문화, 역사를 위한 기록을 나타낸다. 오랜 세월에 걸쳐 형성된 토양층을 연구함으로써 세월의 측정과 옛날의 기후연대, 나아가 생명체가 살 수 있는 지구가 되기까지의 변화과정에 대한 추측이 가능해진다. 또한 토양은 과거 유물의 보존으로 문화사적 인식도 허락하는 한편 사회구조가 형성되는 토대를 제공하였다. 토양의 상태에 따라 농경과 목축이라는 경제형태, 그리고 그에 기인한 정착과 이동이라는 주거양식이 결정되며, 이는 그 각각의 형태에 따라 사회구조와 종교적 토대, 나아가 종교적·문화적 행동양식도 결정한다. 또한 토지의 소유는 곧 사회경제적 권력을 의미하는데, 국가차원에서 이 권력에 대한 욕구는 종종 전쟁으로 이끌어졌으며 항상 전쟁원인이 될 수 있는 영토에 대한 분쟁을 야기하였다. 이렇게 볼 때 토양은 인간의 역사와

문화의 기본적인 토대이기도 한 것이다.

③ 유용기능 : 이 토양의 기능은 인간에게 유용성을 제공한다는 관점에서 요약된다. 이런 점에서 토양은 "지하자원 저장소, 주거지와 휴식지, 농·산림적 사용을 위한 지역, 그 외의 경제적이고 공적인 사용, 교통, 물품공급과 쓰레기 처리를 위한 지역"으로 기능한다. 토양은 농업과 산림의 생산을 위해 사용된다. 그 생산력으로 인해 식량과 목재, 천연섬유와 같이 지속적으로 성장하는 자원들이 만들어진다. 또한 토양은 경제활동의 기본요소인 광석, 철, 석유, 천연가스 같은 지하자원의 공급자로, 주거, 교육, 교통, 공장, 상업, 휴식 등을 위한 장소로서 인간과 관계를 맺고 있다. 나아가 가정, 가게와 공장, 정수시설과 동물사육으로부터 나오는 쓰레기는 토양표면이나 깊은 층에 저장된다. 토양의 이러한 유용한 기능은 인간에게 필수적이면서도 토양이 파괴되고 비옥한 토양이 사라지며 자연순환으로부터도 멀어지게 되는 주원인이 된다. 왜냐하면 그 과정에서 토양이 근본적으로 변화하고 자연적 기능들은 완전히 배제되기 때문이다.

3) 토양오염의 원인

토양오염을 그 원인에 따라 두 영역, 즉 화학물질에 의한 오염과 토지사용에의 지나친 요구와 물리적 손상으로 나누어 살펴본다.

① 화학물질에 의한 오염 : 화학물질에 의한 오염의 관점에서 보면 토양에 유입되는 모든 물질이 중요한데, 그것들이 화학적 변화를 야기하기 때문이다. 유입된 원소들이 토양의 정상적인 기능을 저해하고 초월할 경우 소금화, 오염, 영양소 소실, 산성화, 결국에는 토양생산성 감소와 같은 위험한 변화가 뒤따른다. 이런 의미에서 토양기능을 손상시키는 모든 원소는 그것이 영양성분이든 유해성분이든 환경위험원소들로 표현될 수 있다. 대표적인 토양오염물질로는 중금속, 농약, 유류, 유기화학물질, 영양물질 등이다. 영양성분은 농경지, 주거지, 화원 등에서 거름이나 비료를 지나치게 많이 사용하기 때문이다. 지나치게 많거나 적은 몇몇 영양성분은 토양의 알칼리화 또는 산성화를 유발하여, 이 때문에 식물은 다른 영양소의 섭취가 어려워지고 이 과잉성분은 비를 통해 지하수와 나무뿌리로 흘러가며, 또 온실가스의 형태로 토양에서 빠져나가는 결과를 초래한다. 특히 산성화는 중요한 영양소를 토양 밖으로 유실시키고 토양유

기체를 죽이고 영양성분이 풍부한 미네랄을 파괴하고 자연스런 부식질의 형성을 방해하여 토양의 생산성을 감소시킨다. 또한 산성화로 인해 숲이 손상되면 토양침식방지라는 숲의 기능이 이루어지지 못하기 때문에 토양오염을 촉진시킨다. 과잉영양으로 인한 토양오염은 토양의 화학적 손상의 절반이상을 차지하고 있다. 오염물질은 무엇보다 살충제, 제초제를 비롯한 식물보호제, 쓰레기 매립과 흙탕물이나 썩은 액체비료를 통해서 유입된다. 그리고 대기오염물질도 비나 눈을 통해 토양으로 스며든다. 이 유해성분은 한편으로는 토양을 오염시키고 먹이사슬로 들어가며, 다른 한편으로는 지하수로 스며들어 상수도원에 도달한다. 특히 대도시와 그 주변지역에서 토양은 아주 심각하게 오염되어 있다. 도시 정원의 토양과 농촌 경작지를 비교한 독일의 한 연구는, "농경지로 사용되는 농촌의 토양은 기본적으로 암석층에 조건 지워진 중금속을 보여 주는 반면 도시주변의 토양은 인위적인 오염의 결과로 더 많은 중금속을 함유하고 있다"는 결과를 보여 준다. 화학물질에 의한 오염과 관련하여 주목하여야 할 또 하나의 문제는 토양과 지하수에 대한 관심없이 부적절한 곳에 버려지거나 매립된 폐기물로 인한 오염이다. 시민생활공간에서뿐만 아니라 특히 우리나라에서는 미군기지의 오염 사례에서 볼 수 있는 것처럼 군사기지에서의 오염이 심각하다.

② 토지사용에의 지나친 요구와 물리적 손상 : 토양에 대한 지나친 요구와 물리적 손상은 특히 토양의 유용기능과 관련되는데, 주로 주거지, 공장지, 도로의 확충과 같은 도시공업적 토지사용의 집중화와 과도한 농업적 사용과 연계된다. 그렇기 때문에 이 문제는 특히 도시화가 진행되는 대도시와 그 주변지역에서 심각하다. 1993년에서 1997년까지 독일의 토지사용변화를 보면 농지는 1993년 195.112km^2에서 1997년 193.136km^2로 1%가량 줄어든 반면 주거지와 도로교통 면적은 1993년 40.305km^2에서 1997년 42.052km^2로 약 16% 증가했음을 보여 준다. 주목할 만한 것은 주거지와 교통지역의 증가율이 전체 토지사용 증가율의 대부분을 차지하고 있다는 사실이다. 그런데 주거지나 상·공업지, 도로망의 확충 등과 같은 도시공업적 목적을 위한 토지사용의 증가는 산업화·도시화, 즉 경제발전과 밀접한 관련을 맺고 있음을 보여 주는 것으로 두 관계의 분리가 그 중요성을 더해 간다고 하겠다. 토지사용에 대한 지나친 수요는 한편으로는 이미 주거나 휴양 또는 상공업적으로 사용되었던 토양이 오염되어 사용이 불가능해지면서 새로운 녹지가 요구되고, 다른 한편으로는 이러한 용도의 토양 대부분이 과잉

건축을 통해 밀집화·시멘트화한다는 문제점을 낳고 있다. 토양침식은 오늘날의 토양문제 가운데 가장 심각한 것 중 하나이다. 바람과 물에 의한 자연스런 현상임에도 불구하고 토양침식은 인간 활동으로 인해 촉진되고 있다. 이 회복불가능한 토양손실의 의미는 그것의 생성과 비교해 볼 때 두드러지는데, 습한 기후지역에서 매년 1ha당 토양생성은 1~2톤, 즉 0.1~0.2mm 두께에 불과하기 때문이다. 이러한 토양의 물리적 변화로 인해 토양의 자연기능은 총체적으로 손상되고, 그 토양에 존재하는 토양유기체를 포함해 그 지역 토양에 근거하는 다양한 생물종이 사라지며, 토양의 부식질이 소멸하며 홍수위험이 증가하고 지하수질이 악화되며 지하수 생성이 어려워지는 등 다양한 문제가 발생한다.

4) 사막화의 원인과 실태

사막화는 토양기능의 상실로 인해 야기되는 토양 파괴의 극단적인 형태이다. UNEP는 사막화를 건조지대와 반건조지대, 건조습윤지대에서의 기후변동, 인간 활동 등과 같은 여러 요인들로 인해 발생하는 토지의 황폐화 현상으로 정의하고 있다. 토지는 토양, 수자원, 지표면, 식생 또는 농작물로 구성되고, 황폐화는 바람이나 물에 의한 토양침식, 퇴적 또는 자연식생의 장기적인 감소 및 수확량 감소, 토양의 알칼리화·산성화를 가리키고 있다. 문제는 사막화는 한 번 시작되면 가속화되므로 되돌릴 수 없는 현상이라는 것이다. UNEP에 따르면 지구 전체 육지 면적의 47.2%가 건조지역에 포함된다. 건조지역은 초건조, 건조, 반건조, 건조 반습윤의 4단계로 구분할 수 있는데 초건조에서 건조로 분류되는 지역이 일반적으로 말하는 사막이다. 사막은 전체 육지 면적의 20%를 차지하고 있으며 대개 위도 15도에서 35도 사이의 아열대지역에 집중되어 있다. 현재 사막화가 진행되고 있거나 위험에 처해 있는 지역은 초건조지역주변에 위치한 약간 습윤한 지역이다. 전체 육지 면적의 35%가 사막화 위협에 직면해 있으며 농경에 사용되는 건조지의 약 70%가 사막화와 토질저하에 큰 영향을 받고 있다. 아시아 면적의 22%, 전 세계 육지 면적의 6.5%를 차지한 중국은 국토의 약 30%가 사막이며 지금도 매년 24만 ha의 국토가 사막화되고 있다. 몽골의 경우 연간 평균 강수량이 400mm 이하로 사막화가 진행되기 적당한 기후이다. 게다가 유목에 의존하는 국민생활로 인해 산림이 초지화되면서 산림과 토양생태계가 파괴되어 사막화가 되고 있다. 몽골 남부지방의 고비사막은 동쪽으로 확산되어 가는 상태이다.

이처럼 토지가 황폐화·사막화되는 것은 한편으로는 자연적인 현상이다. 지구의 대기순환의 변화에 따라 고기압대와 저기압대가 변동하는데 고기압대가 위치한 곳에서 비가 오지 않게 되어 사막화가 된다. 사하라사막은 기원전 5,000년경에는 현재보다 평균기온이 1℃ 정도 높았고 비도 많이 내렸다고 한다. 알제리 남서부 산악지역의 암벽화에는 하마나 악어 같은 대형 수생동물이 그려져 있어 당시 사하라사막은 물로 덮여 있었음을 알 수 있다. 그러나 현재는 사하라사막 상공의 고기압이 이동하지 않아 비가 오지 않기 때문에 결국 사막이 되어 버린 경우이다. 자연적인 현상이기도 한 사막화가 오늘날 심각한 문제가 되고 있는 것은 토양의 산성화, 적절하지 못한 관개와 그로 인한 수자원 고갈, 지나친 방목이나 경작, 삼림의 벌채, 그리고 지구온난화와 같은 인위적인 원인에 의해 사막화가 진행되기 때문이다. 사막화가 진행되면 식생 파괴, 토양침식, 모래의 집적 등 사막화 특유의 여러 현상이 나타나고 결국에는 생존과 식량생산의 기반 그 자체가 파괴되어 식량난을 비롯한 혼란이 야기된다. 아프리카 사하라사막 아래에 위치한 사헬지대의 사람들은 늘어난 인구의 식량공급을 위해 지나친 방목을 하였고 많은 경작지가 개간되었으며 땔감을 마련하기 위해 무차별적으로 산림이 벌목되었다. 게다가 1968년부터 시작된 장기간의 가뭄은 농작물을 거의 절멸시켰으며 50~70%의 가축을 죽게 했고, 토양표면의 침식은 가속화되어 황폐해졌다. 1972년에는 비가 전혀 오지 않았으며, 1974년 8월 말에서 9월 초에 가뭄이 일단 끝났으나, 1983~85년 다시 한번 극심한 가뭄이 닥쳤다. 그 기능이 상실된 토양은 수분저장도 불가능하므로 비가 오면 침식은 오히려 가속화되었고, 결국 사헬지대는 사막화되었다. 토지개간이 사막화를 불러온 예로는 타클라마칸 사막 동쪽의 롭노르 호수를 들 수 있다. 1942년 서울의 4~5배에 달하는 이 호수는 1970년대 들어 완전히 고갈되었는데, 이유는 타클라마칸 사막을 가로질러 이 호수에 물을 공급하는 타림강의 상류지역에서 급격한 토지개간이 일어나 물 사용이 증가하면서 이 호수로 물의 유입이 끊어져 버렸기 때문이다. 우리나라는 특히 봄에 황사로 인한 피해를 많이 보고 있는데 황사 역시 사막화가 진행되고 있음을 보여 주는 증거이다.

5) 사막화방지를 위한 국제레짐: '심각한 한발 또는 사막화를 겪고 있는 아프리카지역 국가 등 일부 국가들의 사막화를 방지하기 위한 국제연합협약(United Nations Convention to Combat Desertification in Those Countries Experiencing Serious Drought and/or Desertification, Particularly in Africa)'

토양오염을 방지하고자 하는 목적의 국제레짐은 아직 존재하지 않고 토양오염의 한 형태인 사막화를 방지하고자 하는 국제레짐으로 '심각한 한발 또는 사막화를 겪고 있는 아프리카지역 국가 등 일부 국가들의 사막화를 방지하기 위한 국제연합협약(United Nations Convention to Combat Desertification in Those Countries Experiencing Serious Drought and/or Desertification, Particularly in Africa, 이하 사막화방지협약이라 칭함)'이 있다. 1977년 케냐의 나이로비에서 열린 유엔사막화대책협의회에서는 사막화에 대한 대책을 논의하여 사막화퇴치 행동계획을 마련하였고, 이후 1992년 리우회의에서 사막화방지결의안이 채택되면서 사막화방지협약 준비위원회가 구성되어 5차례에 걸친 협상을 행한 결과 1994년 6월 17일 파리에서 사막화방지협약이 체결되었다. 그리고 이 날을 기념하기 위하여 매년 6월 17일은 사막화방지의 날로 지정되어 있다.

2009년 현재 193개국이 가입하여 활동하고 있는 이 협약의 목적은 기상이변, 산림황폐 등으로 심각한 한발 및 사막화의 영향을 받고 있는 국가들의 사막화를 방지하여 지구환경을 보호함에 있다. 사막화방지협약은 그 원칙으로 사막화방지 프로그램의 이행, 소지역적·지역적·국제적 협력 증진, 지역·정부·비정부 기구 사이의 협력을 내세우고 있다. 또한 협약은 양·다자협정을 통한 사막화방지 장기전략 수립, 빈곤퇴치전략과 사막화방지사업의 연계, 재원동원을 위한 기존의 양·다자간 재정체계 및 협정 활용 장려를 선진국과 개발도상국 공통의 의무로 규정하고 있다. 선진국의 의무로는 개발도상국 피해 회원국, 특히 아프리카 국가와 최빈국의 사막화방지 활동 지원, 실질적 규모의 자금 및 기타 형태의 원조 제공, 지구환경금융(Global Environment Facility, GEF)을 통한 추가적이고 새로운 재원동원 촉진, 피해 개발도상국의 사막화방지 기술 습득 조장·촉진 등을 명시하여 개발도상국에 대한 적절한 고려를 강조하고 있다.

제2부

환경정치

제4장

세계환경정치

1. 세계환경정치의 발전

이 장에서는 환경문제가 세계적, 그리고 정치적 차원에서 어떻게 다루어졌는가를 논의해 보도록 한다. 세계환경정치의 특징은 경제적, 문화적 분야에서의 선진국과 개발도상국 간의 갈등 양식이 환경문제에 있어서도 그대로 보인다는 점이다. 자연환경의 보전이라는 당위성 앞에서는 모든 국가가 의견일치를 보이지만 구체적인 방법에 있어서는 심각한 갈등을 보이고 있다. 북쪽의 선진국과 남쪽의 개발도상국 간의 환경갈등 양상에 대해 알아보고 세계환경회의사를 통해 세계환경정치의 발달을 살펴보도록 한다.

1) 환경문제에 대한 남북관계의 성격

환경문제에 관한 선진국과 개발도상국의 남북관계는 몇 가지의 특성을 갖는다.[1)]

첫째, 환경문제의 양상이 선진국과 개발도상국의 경우가 각기 다르게 나타난다는 점이다. 선진국에 있어서의 환경문제는 과잉소비가 주요 원인으로 산업화로 인해 야기되는 자원의 낭비, 공업화로 인한 오염, 산성비, 폐기물처리 등이 주된 환경문제이지만, 개발도상국에 있어서는 빈곤과 인구증가로 인해 나타나는 수질오염, 산림의 벌채, 도시집중화와 이로부터 야기되는

1) 이하는 천정웅, 1995, 111-129를 요약한 것으로 자세한 논의는 천정웅, 1995를 참조할 것.

질병 등과 같은 환경문제가 심각하며 이러한 환경문제가 다시 빈곤을 촉진시킨다. 환경문제의 양상이 이처럼 다르기 때문에 선진국과 개발도상국 간에 주장하는 환경문제의 주요 원인 또한 다르다. 북의 선진국가들은 환경위기가 주로 개발도상국의 토양, 산림, 해양생물, 다양한 생물종과 같은 자연자원에 대한 지나친 요구에서 야기된다고 본다. 반면 남의 개발도상국가들은 선진국의 화석연료와 광물자원과 같은 자연자원의 과도한 소비와 이에 기인한 온실가스 급증, 오존층 파괴, 화학물질을 흡수할 수 있는 지구대기능력의 상실 등이 환경위기의 원인인 것으로 본다. 현재 가장 심각한 문제로 여겨지는 온실가스의 경우를 보자면, 2억 3천만 미국인이 개발도상국 40억 인구와 같은 양의 온실가스를 방출하고 있고, 화석연료 연소로 배출되는 온실가스의 1인당 배출량을 보면 세계평균은 1인당 1.08톤인 데 비해 미국은 1인당 5.03톤으로 세계최고수준이다. 따라서 현재의 환경위기에 선진국가들은 명백한 책임이 있다는 사실은 부인할 수가 없다. 또한 현재 온실가스배출량이 가장 많은 중국이나 인도 등과 같은 개발도상국가들을 볼 때 이들 국가의 산업 역시 통제될 필요가 있다.

둘째, 환경문제에 대한 기본 인식도 차이가 나는데, 선진국은 환경우선인 데 비해 개발도상국은 개발을 우선시하고 있다. 경제성장을 이룩한 선진국의 국민들은 쾌적한 생활환경을 요구하기 때문에 환경보존을 주장하는 반면 개발도상국은 경제발전으로 생존문제를 해결하는 것이 급선무이며 환경보존을 통한 장기적 이익은 부차적 고려사항으로 보고 있다. 이러한 선진국과 개발도상국 간의 인식의 차이는 '자연 대 채무교환' 정책을 통해 극복될 수 있다. 이 전략은 1992년 유엔환경개발회의에서 말레이시아의 수상 모하메드 마하티르(M. Mahathir)의 언급에 잘 나타나 있다. "우리는 우리의 개발을 절대로 희생시킬 수가 없다. 만약에 우리가 나무를 자르지 않는 것이 선진국의 이익에 부합된다면 선진국들은 우리가 나무를 팔아서 얻는 이익을 잃게 되는 데 대한 보상을 해야 한다."[2] 이 정책은 생태학적 보호구역을 설치하여 관리하겠다고 하는 채무국에 대해 대외채무를 탕감해 주는 정책으로 선진국들의 환경적 관심과 개발도상국들의 외채부담 축소라는 경제적 관심이 결합된, 지구환경보전에 아주 중요한 전략이다. 그러나 브라질, 볼리비아, 코스타리카, 에콰도르, 필리핀 등 여러 나라에서 시행되고 있는 이 정책은

---

2) 천정웅, 1995, 113-114.

‘야수니-ITT 이니셔티브’[3]에서 볼 수 있는 것처럼 그 시행이 쉽지는 않다. 이 전략에 대해 첫째, 선진국과 개발도상국의 생태학적 상호의존성이 이를 매개로 채권국에 대한 채무국의 종속으로 전도되고 있으며, 둘째, 그 규모에 있어서 개발도상국의 경제적 상황이나 생태학적 상황을 개선시킬 수 없는 수준이며, 셋째, 선진국의 개발도상국에 대한 내정간섭을 초래하는 원인으로 작용할 수 있다는 반발과 비판이 제기되고 있다.

셋째, 환경과 관련한 남북관계에서 핵심적인 문제는 환경오염의 책임소재에 있다. 책임소재가 중요한 것은 환경문제의 해결을 위한 비용부담문제와 직결되기 때문이다. 선진국은 개발도상국이 개발을 위해 산림파괴 등 환경문제를 일으키고 있다고 주장하는 반면 개발도상국은 환경위기의 책임이 선진국의 산업화에 있다고 주장한다. 또한 개발도상국은 환경보전에 필요한 과학기술과 자본도 선진국이 소유하고 있으므로 선진국이 환경보전에 대한 일차적 의무가 있다고 보는 한편 선진국이 지구환경문제를 순수한 환경문제로 보기보다는 선진국 주도의 현 국제경제질서를 유지하면서 제한된 지구의 자원을 계속 지배하려는 전략으로 이용한다고 간주하고 있다. 이러한 이유에서 개발도상국가는 선진국과의 공동책임을 인정하면서도 선진국의 역사적 책임에 따른 ‘주된 책임’을 강조하며 선진국가들의 재정지원과 기술이전을 모든 협상문제와 연계시키고 있다.

결국 환경문제의 해결을 위해 모든 국가들이 ‘지속가능한 발전’이라는 기본 가치에는 합의하면서도 이를 달성하기 위한 실행방법과 수단에 있어서는 국가 간 입장이 대립되는 양상을 보이고 있다. 개발도상국의 인구증가와 빈곤이 자연환경 파괴의 주요한 원인임을 고려한다면 개발도상국의 경제발전은 불가피한 면이 있다. 그리고 개발도상국의 경제발전방식이 지속가능한 방식으로 개선되지 못하면 선진국의 많은 환경보호 노력도 성과를 얻기가 어려워지므로 선진국의 더 많은 지원이 필요하다고 여겨진다.

---

3) ‘야수니-ITT 이니셔티브’에 대해서는 한겨레신문 2010. 1. 27. 참조. 한겨레신문의 보도에 따르면, ‘야수니-ITT 이니셔티브’란 에콰도르정부가 수많은 희귀생물이 서식하고 있는 에콰도르 동북쪽 야수니 국립공원 북쪽에서 발견된 이시핑고-탐보코차-티푸티니(ITT)유전을 개발하지 않고 환경을 보전하는 대신, 개발수익의 절반을 국제사회가 보상해 달라고 제안한 협상이다. 지원을 약속한 독일, 스페인, 프랑스, 스웨덴 등은 지원조건으로 지원금 활용처에 대한 발언권 등의 조건을 달았는데 에콰도르 대통령이 이 조건을 거부하면서 협상이 잘 진행되지 못하고 있다고 한다.

2) 세계환경회의사

1960년대의 심각한 환경문제와 악화되는 환경상태들로 인해 정치권에서도 환경문제에 관심을 가지게 된다. 국제적인 차원에서 환경문제에 관심을 가지게 되고 국제환경회의가 남북 갈등의 장이 된 배경으로는 지구자정능력과 자원의 한계, 그리고 '제3세계'의 세계정치경제로의 진입을 들 수 있다. 산업혁명 후, 특히 제2차 세계대전이 끝나고 난 후 급격하게 증가된 경제활동은 자연에 대한 고려 없이 이루어졌으며 그 결과 1960년대 들어 지구가 가진 자정능력은 한계를 드러내기 시작하였다. 즉 산성비로 인한 숲의 파괴가 증가하고 대기 중 이산화탄소 농도의 증가는 지구 평균온도의 상승을 가져오는 등 여러 문제들이 심각성을 더해 가고 있었다. 또한 자원소모적인 경제방식은 일부 가용자원 매장량의 고갈을 가져오기도 하였다. 이러한 문제에 직면하여 자연 자원이 빈약한 대부분의 선진국들은 대체자원의 발굴, 인공적 신소재 개발 그리고 환경오염방지기술의 개발 및 시장의 가격기구를 활용한 환경비용의 내부화 정책 개발에 힘쓰는 국민들의 깨끗한 환경에 대한 요구의 증가로 환경보호정책을 실시하게 된다. 그리고 주로 과거에 식민지를 경험한 국가들은 미국과 소련 중심의 어떠한 진영에도 가입하지 않으면서 독자적인 노선을 걷기 위해 중국, 인도, 유고슬라비아 등이 중심이 되어 1955년 '제3세계'를 결성하였다. 이들 '제3세계'의 국가들은 1950~60년대 본격적으로 경제발전을 추진하였다. 1964년에는 그들의 경제적 이해관계를 대변하는 유엔무역개발회의(Uited Nations Conference on Trade and Development, UNCTAD)가 설립되고 1972년 중공이 유엔안전보장이사회의 상임이사국으로 진입하는 등 그들의 위상 역시 강화되었다. 이러한 선진국가들과 제3세계의 개발도상국가들의 상이한 정치적·경제적 배경 하에서 세계환경회의가 개최되었기 때문에 회의에서는 선진국과 개발도상국 간의 갈등이 그대로 표출되어, 자연환경보호라는 당위성에 대한 모든 국가의 공감에도 불구하고 합의를 도출하기가 힘들었던 것이다.

(1) 1972년 유엔인간환경회의(United Nations Conference on the Human Environment, UNCHE)

1972년의 유엔인간환경회의는 스웨덴의 수도 스톡홀름에서 개최되어 스톡홀름회의라고도 불린다. 1968년 5월 유엔경제사회이사회에서 당시 산성비의 피해가 심각했던 스웨덴이 제안하여 개최된, 지구환경위기가 최초로 논의된 국제회의이다. 113개국 1,200여 명이 참가하여

'하나의 지구'라는 슬로건 아래 지구를 환경파괴로부터 보호하고 천연자원이 고갈되지 않도록 국제적인 협력체제를 만든다는 목적을 가지고 회의를 진행하였다. 스톡홀름회의에서는 처음부터 환경보호와 경제발전에 관한 선진국과 개발도상국 간의 첨예한 의견대립이 있었다. 선진국은 지구적 차원의 생태계 파괴나 자원고갈문제의 중요성을 내세우며 개발도상국의 인구폭발과 자원민족주의에 대한 대처에 중점을 둔 반면, 개발도상국가들은 경제발전의 우선순위를 주장하며 선진국의 환경보호주장이 그들을 발전을 저해하여 과거 식민지 상태로 묶어두려는 술책이라고 강하게 비난하였다. 이러한 반목은 인간환경선언문과 UNEP[4]의 본부를 나이로비에 둔다는 결정 등을 통해 외형적으로는 봉합되었지만 그 갈등은 이후 국제환경회의에서도 그대로 보인다. 스톡홀름회의의 의의로는, 26개 원칙의 인간환경선언문과 109개 항으로 구성된 행동지침의 채택, UNEP의 설치를 들 수 있다. 스톡홀름선언이라 불리는 인간환경선언은 지구환경문제 중에서도 자원고갈문제를 특히 강조하고 있는데, 26개 원칙 중 자정능력으로서의 환경파괴에 대해서는 두 조항(원칙 6, 7)만을 언급하였으나 자원에 대한 보호와 관리는 8개 조항(원칙 2~5, 12~13, 17, 21)에서 강조하고 있다. 이는 로마클럽 보고서『성장의 한계』에서의 경고처럼 당시의 자원고갈상태를 반영한 것으로 여겨진다. 원칙 21은 자원개발에 대한 주권을 인정하고 있으며 원칙 22는 환경오염문제에 대한 국제적 협력을 강조하고 있다. 그러나 이러한 원칙들은 이후 구체적 행동과 연결되지 못하여 상징적인 의의만을 가지고 있다고 하겠다. 스톡홀름회의의 가장 큰 성과는 UNEP의 창설이라고 할 수 있다. 환경분야에서 국제적 협력을 촉진하기 위해 설립된 UNEP는 이후의 많은 환경협약을 탄생시키는 중요한 역할을 하였다. 그리고 스톡홀름선언을 이행하기 위한 기구로 UNEP의 설치를 결의하면서 그 본부를 케냐의 수도 나이로비에 두었다는 사실은 선진국가들이 개도국을 고려하였음을 보여 주는 것으로 제3세계의 강화된 위상을 입증하고 있다. UNEP는 많은 유엔기구 중에서 본부가 개발도상국에 있는 유일한 국제기구이며, 이사국의 수도 56석 중 38석을 차지하고 있다.

4) UNEP에 대해 잠시 살펴보자. UNEP는 환경문제를 의제화하고 해결지침서와 지구환경상태에 대한 연례보고서를 작성하는 한편 유엔 내 여러 기관들의 환경관련업무를 조정하고 다양한 프로젝트가 환경요소를 배려하도록 개입·조정하는 기능을 주로 담당하고 있다. UNEP는 많은 국제협약을 탄생시키는 등 그 업적이 상당하지만, 인적·물적 자원이 유엔 내 기구 중 가장 작은 편에 속하며 따라서 환경협약을 국제규범체제로 연결 지을 수 있는 교섭 및 협상능력은 부족하다는 평가를 받고 있다.

스톡홀름회의는 최초의 국제환경회의라는 의의는 지니지만 선언문을 비롯한 결의사항들을 실현시켜 나가기 위한 구체적인 계획을 세우지 못한 한계를 지니고 있다.

(2) 1982년 유엔환경계획(UNEP) 특별총회와 유엔총회

1980년대의 환경회의로는 1982년 UNEP가 나이로비에서 개최한 특별총회와 같은 해 열린 유엔총회를 들 수 있다. 1972년 스톡홀름회의 10주년을 기념하여 개최된 나이로비회의에서는 나이로비선언이 채택되었다. 나이로비회의는 스톡홀름회의 후 10년간 환경의식이 성장하고 각국이 환경법을 마련한 것 등에 대해 긍정적 평가를 내리는 한편, 나이로비선언은 무분별하고 무계획적인 인간 활동이 열대림 파괴, 토양유실, 사막화, 기후변화, 그리고 해양오염 등을 야기하였다고 지적하면서 사전예방적인 행위로서의 환경관리와 환경영향평가 도입의 필요성을 명시하고 환경적으로 건전하고 사회경제적으로 지속가능한 발전을 언급하였다. 또한 환경문제의 성격이 국제적임을 다시 인식하고 국가 간 자문을 통한 국제행동의 강화와 과학적인 연구와 환경관리의 결합을 권고하였다. 1982년의 유엔총회에서는 「세계자연헌장」이 채택되었다. 이 헌장은 다음과 같은 두 가지 특징을 가지고 있다. 하나는 자연보호원칙으로 제시된 24개 항목이 인간의 도덕적 의무와 그 당위성에 호소하고 있다는 것이다. 즉 인간은 자연의 한 부분임이며, 문명은 자연에 뿌리를 두고 있으므로, 인간 이외의 모든 형태의 생명은 독특하며 존중되어야 하고 인간은 이러한 인식에 합당한 도덕적인 행위규범에 의해 지도되어야 한다고 선언하고 있다. 또 하나는 자연세계의 파괴 및 악화의 원인을 지나친 소비와 자연자원의 오용, 부적절한 경제질서로 규정하면서 지금의 환경오염책임이 선진국에 있음을 암시하고 있다는 점이다.

한편 유엔은 선진국과 후진국 간의 갈등을 극복하고 환경보호를 위한 새로운 전략을 개발하기 위해 1983년 세계환경개발위원회(World Commission on Environment and Development, WCED)를 설치하였다. 세계환경개발위원회는 1987년 보고서 『우리 공동의 미래(Our Common Future)』를 유엔에 제출하였는데, 이 보고서에서 세계환경개발위원회는 선진국과 개발도상국의 상이한 입장을 '지속가능한 발전(Sustainable Development)'이라는 이념으로 봉합하였다.

(3) 1992년 유엔환경개발회의(United Nations Conference on Environment and Development, UNCED)

1987년 WCED의 보고서 『우리 공동의 미래』가 세계적 환경위기의 원인을 현재의 경제방식으로 규정하는 한편 '지속가능한 발전'이라는 이념을 문제해결의 근본원칙으로 제시하면서 이에 대한 논의를 하기 위한 제2차 유엔차원의 환경회의 개최가 1989년 유엔총회에서 결정된다. 1989년부터 네 차례에 걸친 준비회의를 거쳐 1992년 6월 브라질의 리우데자네이루에서 세계 178개국의 국가정상 및 정부대표단들이 참가한 유엔환경개발회의가 개최되었다. 다른 환경회의에서처럼 이 회의에서도 선진국과 개발도상국 간의 입장차이는 상당했으며 준비과정 중에 합의된 사항에 대한 미국의 입장번복이나 반대 역시 심하였다. 예를 들어 리우선언(Rio Declaration)은 원래 리우헌장(Rio Charta)으로 발표될 예정이었으나 선언으로 채택되었다. 이는 헌장이 의무성을 동반한다는 점에서 미국의 애초 입장과 달리 헌장으로의 채택을 반대하였기 때문이다. 이 때문에 법적 구속력이 없는 선언으로 채택되었던 것이다. 남북국가 간의 다양한 면에서의 입장차이는 다음과 같이 요약될 수 있다. 개발도상국가들은 ① 환경문제의 책임은 선진국에 있으며, ② 따라서 환경보전을 위해 개발도상국에 대한 재정지원과 기술이전이 이루어져야 하며, ③ 남북 간 빈부격차가 항구화되어서도 안 되며, ④ 국제환경규범이 개발도상국의 경제발전에 저해요인이 되어서도 안 되며, ⑤ 선진국들의 환경을 기준으로 한 무역규제는 개발도상국 경제발전을 제약하기 때문에 환경을 기준으로 하여 무역규제를 강화해서도 안 되며, 또한 ⑥ 환경보전이 선진국 민간기업의 독점적 이윤추구의 기회로 이용되어서는 안 된다는 점을 강조하였다. 선진국은 ① 지구환경보전을 위한 책임을 인정하고, ② 재정과 기술지원 등 후진국의 환경보전노력을 지원할 의사가 있으며, ③ 환경보전의 책임은 공동책임이라는 원칙적인 입장을 보였다. 재정지원과 관련해서 개발도상국들은 별도의 환경기금 설치를 요구한 반면, 선진국들은 기존의 공공개발원조의 증액과 이미 운영중인 지구환경기금의 확대개편안을 제시하였다. 이러한 제안에 대해서도 남북 간의 이견은 물론 특히 선진공업국 사이에 이견이 존재하며, 미국이 불참을 선언함으로써 실천되지는 못하고 있다. 환경기금에 대한 협상에서 남북국가군은 선진국의 주장을 토대로 "가능한 한 2000년까지 GNP의 0.7%를 공공개발원조에 기탁하도록 노력한다"는 합의를 도출하였다. 기술이전에 관해서 개발도상국은 환경기술은 '인류공동의 유산'이기 때문에 이의 남북 간 공유가 규제에 우선해야 하므로 기술이전을 해야 한다고 주장한 반면 선진국은 기술협력을 주장하였다. 선진국은 지적 소유권의 절대적 보호를 주장하면서도, 지적 소유권자가 권리를 남용하는 예외적인 경우 특허기술의 강제실시를 인정한다는 조항에도 합의하였다. 강제실시란 소유권자의 양허 없이도 제3자(정부)가 적정한 보상으로 특허기술을 취득해 사용할 수 있는 것을 말하는데, 이는 지구 전체 환경보전을 위해서는 현실적으로 지적 소유권을 얼마간 양보해야 한다는 개발도상국의 주장이 받아들여진 것이다.[5)]

회의 결과 총 5개의 문건이 채택되었다. 리우선언과 그 행동지침인 의제21, 기후변화협약과 생물다양성협약, 그리고 산림원칙성명이 그것이다. 그 외에도 사막화방지를 위한 국제회의 준비와 이후 각국의 의제21 시행을 점검하고 그 결과를 유엔경제사회이사회에 보고하는 임무를 가진 지속가능발전위원회(Commission on Sustainable Development, CSD)의 유엔 내 설치 등이 결정되었다.

리우선언은 지구환경보존과 경제적 개발을 동시에 고려하는 지속가능한 발전 체제를 만드는 27개의 원칙으로 구성되어 있다. 주요한 것으로는, 빈곤이 개발도상국에서 환경파괴의 주원인이라는 점을 고려하여 다른 나라에게 피해가 발생하지 않는 한 모든 국가는 자연자원에 대한 주권을 가진다는 점을 선언하고 있다(원칙 2). 또한 모든 국가의 공통된, 그러나 차별화된 책임을 강조하는 한편 선진국가들이 세계적인 환경위기에 있어 책임이 있다는 사실을 최초로 국제문서에 언급하면서 선진국의 재정적·기술적 지원을 촉구하고 있다(원칙 7). 그 외에도 효과적인 환경법제정(원칙 11), 개방적인 세계경제체제의 중요성(원칙 12), 지속가능한 발전을 위한 여성과 청소년의 역할(원칙 20, 21), 지역사회와 토착원주민의 권리(원칙 22), 그리고 환경비용의 내부화와 경제적 수단 도입(원칙 16) 등이 강조되고 있다.

의제21(Agenda 21)은 38개의 의제를 4개 분야로 나누어 40개 조, 115개 항으로 설명한 리우선언의 행동지침이다. 제1분야에서는 빈곤, 인구증가, 소비습관의 변화, 건강과 주거 등과 같은 사회·경제적 차원의 문제를 다루고 있고, 제2분야는 대기보호, 자원관리, 종의 다양성 유지, 사막화 방지, 산림보호, 폐기물 등과 같은 중요한 자연환경문제, 제3분야는 여성, 원주민, NGO 등 사회적 행위자그룹의 참여강화 문제, 마지막 제4분야에서는 위의 조치를 시행하기

---

5) 천정웅, 1995, 121-123.

위한 수단으로 재정지원, 기술이전, 연구, 교육, 국제협력 등을 언급하고 있다. 의제21은 선진국가들에게는 에너지, 교통, 농업 정책의 변화를 요구하고 개발도상국에게는 국가 차원의 환경프로그램 입안과 환경문제를 다루기 위한 제도적·법적 능력의 강화를 요구하고 있다. 의제21의 실행을 위해 1995년 중국 북경에서 세계여성회의, 1996년 터키 이스탄불에서 유엔인간정주회의 등 다양한 종류의 국제회의가 이후 개최되었다.

다양한 환경문제에 대해 강제성을 띤 규범으로 겨우 2개의 협약만이 채택된 것을 볼 때 리우회의는 실패이다. 그러나 다른 한편으로는 187개국의 정상이 환경문제를 논의하기 위해 모였다는 사실은 전 세계인이 환경문제에 관심을 가지게 된 좋은 계기였다는 점에서 본다면 리우회의는 성과여부를 떠나 회의 개최만으로 큰 의미를 지닌다고 하겠다. 또한 스톡홀름회의에서부터 첨예하게 대립하여 구체적인 합의를 도출하기가 어려웠던 선진국과 개발도상국 간의 갈등이 리우회의에서 원칙적으로나마 극복되었다는 사실 또한 국제적 환경정치의 발전을 위해 아주 중요하다. 즉 두 국가군의 요청을 담은 '지속가능한 발전(Sustainable Development)' 개념을 모든 참가국이 21세기의 지도이념으로 선언함으로써 이론적 차원에서 두 국가군은 합의를 이루어 냈으며 실질적으로는 선진국가들 GNP의 0.7%를 개발도상국에게 지원하겠다는 합의에 도달하는 성과를 올린 것이다.

(4) 2002년 지속가능발전 세계정상회의(World Summit Sustainable Development, WSSD)

일명 리우+10회의 또는 요하네스버그회의라고도 불리는 지속가능발전 세계정상회의가 2002년 8월 남아프리카공화국의 요하네스버그에서 개최되었다. 1997년 제19차 유엔특별총회는 1992년 리우선언 및 의제21에 대한 국제사회의 지난 10년간 추진실적을 종합평가하고 2002년 이후 지속가능한 발전을 위한 실천방안을 마련하기 위한 목적으로 WSSD 개최를 결정하였다. 104개국의 국가정상급 인사와 정부대표, 비정부기구(NGO), 16개 유엔전문기구, 67개 국제기구, 언론인 등 총 193개국에서 6만여 명이 참석한 사상 최대의 환경회의로 '인간, 지구 그리고 번영(People, Planet and Prosperity)'라는 주제로 세계의 환경과 빈곤문제 해결을 목표로 진행된 회의였다. 이 회의의 쟁점은 크게 세 가지로 요약할 수 있다.[6] 첫째, 공적개발원조(ODA) 문제이다. 1992년 리우회의에서 선진국들은 ODA를 GNP의 0.7%로 올리기로 합의하였으나, 덴마크, 네덜란드, 스웨덴, 노르웨이 등의 나라만 GNP의 0.7%를 넘겼을 뿐 독일이나 미국은 0.4% 정도에 불과하는 등 이 합의는 지켜지지 못하였다. 이에 대해 개발도상국들은 목표액수의 달성시기를 선언문에 명기하자고 주장하는 반면 선진국은 재원부담을 이유로 난색을 표하였다. 결국 선진국에게는 GNP 0.7%의 ODA를 위해 노력을 촉구하고 개발도상국에게는 ODA의 효율적인 사용을 권장하는 수준에서 합의를 이루었다. 둘째, 교토의정서 비준문제이다. 교토의정서에 대해 미국과 호주만이 개발도상국의 참여 없이 일방적으로 선진국만 배출가스감축의무를 지는 것은 부당하다며 반대하였다. 결국 "의정서비준을 강력히 권고한다"는 문안을 이행계획에 담는 것에 그쳤다. 셋째, 에너지 문제이다. 화석연료 사용억제와 재생가능한 에너지 사용확대가 에너지 분야의 중점과제로 논의되었다. EU는 2010년까지 화석연료 의존도를 10% 감축하고 2015년까지 풍력, 태양열 등 비수력 부문의 대체에너지를 15%까지 확대하자는 안을 내놓았으나 미국과 산유국이 주도한 G77의 반대로 이 안은 채택되지 않았다. 이 문제 역시 화석연료 관련기술과 재생에너지 기술 등의 기술이전과 에너지공급다양화, 재생에너지 비율의 확대와 같은 원칙적인 수준의 합의에 그쳤다.

이 회의에서는 37개 항의 요하네스버그 선언문과 이행계획이 채택되었다. 지속가능한 발전을 위한 각국의 의지가 담긴 요하네스버그 선언문의 주요내용은 다음과 같다.

- 지속가능발전의 중추인 환경보호, 경제발전, 사회발전의 상호의존성 강화를 위한 공동의 책임(선언 5)
- 빈곤퇴치와 인류발전을 이룩할 가시적인 계획안 마련(선언 7)
- 빈곤퇴치, 소비 및 생산패턴의 변화, 자연자원의 보호·관리 등이 지속가능발전의 핵심사안임을 인정(선언 11)
- 선진국과 후진국 간의 빈부격차가 세계의 번영과 안정 위협의 주요요인(선언 12)
- 깨끗한 물·위생시설·주거지의 보급, 에너지, 건강, 식품안전성 등과 같은 기본조건의 충족과 생물다양성보호를 위한 구체적인 목표와 시한 결정과 이를 위한 상호협조(선언 18)
- 그 외에도 여성(선언 20), 토착민(선언 25), 기업(선언 27) 등 주요 그룹의 역할이 중요하다

6) 유현석, 2009, 297.

는 것과 지속가능발전을 위한 유엔의 역할을 지지(선언 32)하고 요하네스버그 이행계획을 실천(선언 36)할 것을 강조하고 있다.

요하네스버그 이행계획은 10개의 장으로 구성되어 있으며 주요내용은 다음과 같다.

- 서론(제1장) : 리우선언의 '공통의, 그러나 차별화된 책임' 원칙이 이행계획의 주요원칙
- 빈곤퇴치(제2장) : 빈곤퇴치를 위한 세계연대기금(World Solidarity Fund) 설치, 2015년까지 위생시설을 이용 못하는 인구를 1/2로 감축, 국제노동기구(ILO)의 '작업장 원칙 및 권리선언' 고려
- 소비 및 생산패턴 변경(제3장) : 지속가능 소비 · 생산으로의 전환을 위한 10개년 계획 수립(10-year framework of programmes), 정책개발 시 전과정 분석 활용(Life-cycle approach), 에너지공급원의 다양화 및 재생에너지 공급 비율 대폭 증가, 사전 예방적 접근(Precautionary approach)을 고려하여 2020년까지 화학물질이 인체와 환경에 미치는 부정적 영향 최소화
- 자연자원 보호 및 관리(제4장) : 고갈어족자원을 가능한 한 2015년까지 회복, 공해상 어족자원 배분문제 관련 연안국의 권리, 의무와 개도국의 특별한 필요 고려, 교토의정서 비준 촉구, 지구환경금융(GEF) 지원 분야로 토지 황폐화 지정 및 사막화방지협약의 재정체계화 촉구, 2010년까지 생물다양성 상실 추세 대폭 감소, 유전자원 활용에 따른 국제적 이익의 균등분배 체제를 마련하기 위한 협상촉구
- 세계화와 지속가능발전(제5장) : 도하협상의 성공적 마무리 및 몬트레이 합의 이행 지지
- 건강(제6장) : 의료시스템(health-care systems) 기능 강화
- 군소도서국가 지원(제7장) : 2004년까지 '육상에 원인이 있는 해양오염방지 행동계획(GPA)' 이행 이니셔티브 착수, 연안 · 배타적 경제수역(EEZ) · 대륙붕의 경계 획정과 관리 지원, 지역수산기구 지원(카리브, 중서부태평양)
- 아프리카 지원(제8장) : 기후변화 대응을 위한 재원 지원, 2005년까지 식량안보전략 개발 및 이행
- 이행수단(제9장) : 선진국에 공적개발원조(ODA)로 GNP의 0.7% 제공목표 달성 촉구, 과다 채무빈국에 대한 신속하고 효과적이며 전면적인 외채탕감, 무역관련으로 개발도상국에 다양한 우대규정의 효과적 운영 검토, 환경에 부정적인 보조금 개혁 권고

- 지속가능발전 관리체제(제10장) : 건전한 경제정책, 민주제도, 자유, 평화, 안전, 안정, 인권, 개발권, 법치, 남녀평등, 시장정책, 정의롭고 민주적인 사회 수립, 2005년까지 지속가능발전 국가전략의 수립 및 이행

요하네스버그회의에 대한 평가는 상당히 부정적이다. 개별국가들의 이해관계와 기업의 로비 등에 의해 많은 의제들이 충분히 다루어지지 못하고, 합의사항도 '권고'나 '촉구'와 같은 타협에 그쳤을 뿐 구체적이고 구속력 있는 규범을 만들어 내지 못했기 때문이다.

2. 세계환경정치의 쟁점 1 : 지속가능한 발전

1) 환경문제와 '지속가능한 발전(Sustainable Development)' 개념 등장

1970년대는 환경 분야에 있어서 중요한 시기였다. 1969년 출간된 레이첼 카슨의 『침묵의 봄』이 반향을 일으킴과 동시에 노르웨이의 철학자 아르네 네스가 근본생태주의를 주창하는 등 환경·생태문제에 대한 다양한 관심이 일기 시작했던 것이다. 경제 분야에서도 자원의 소모를 통한 지속적인 성장과 복지향상을 목표로 하는 선진공업국가들의 경제모델에 대해 생태적 관점에서 비판이 일어나기 시작하여, 1972년 스톡홀름회의 이후 환경문제를 다룬 연구서들이 쏟아지면서 국경이 없는 환경위기는 세계정치의 주요관심사로 떠올랐다. 문제를 파악하는 학문적·정치적 관점에도 변화가 오기 시작하여, 환경과 개발의 문제가 인간과 자원, 그리고 사회적·자연적 주변환경 사이의 복잡한 관계망 속에서 파악되었다. 이후 성장의 한계에 대한 문제가 제기되었고 원전사고와 같은 기술적·산업적인 위험에 관한 인식이 증가하였다. 점점 증가하는 다양한 종류의 위험과 환경오염의 주요 원인으로 공업화방식이 지적되었다. 선진공업국가에서 특히 문제가 되는 이 방식은 자연생태적 균형을 깨뜨리고 나아가 지구상에서의 생존을 위협시키기에 더 이상 진행될 수 없는 것이었다. 따라서 선진공업국가의 모델로서의 성격에 대해 근본적으로 의문이 제기되면서, 북쪽 선진국가군의 생산, 소비, 그리고 환경오염의 일인당 기준은 지구적·생태적 이유에서 현재에도 미래에도 일반화되어서는 안 된다는 사실은 점점 더 명확해져 갔다. 이러한 인식으로 인해 북의 잘못된 공업발전을 수정하고 다른 한편 제3세계의 저발전국가들에게 대안을 제시해 줄 수 있는 해결전략이 요구되는데, 그 대안모델로

경제발전과 환경보전, 그리고 사회정의를 통합적으로 고려하는 '지속가능한 발전(Sustainable Development)' 개념이 등장하게 되었다.

'Sustainable Development'는 이 개념을 사용하는 분야의 성격에 따라 다양하게 번역된다. 'Sustainable'은 '지속가능한', '지탱가능한'으로 가장 많이 번역·사용되고 있으나, '지속가능하고 환경친화적인', '미래지향적인', 또는 '지속적이고 미래지향적인' 등의 형용사로도 사용되고 있다. 'Development'는 개발 또는 발전으로 번역·사용되고 있다. 이처럼 다양한 용어로 사용되고 있다는 사실은 곧 그 개념이나 중점을 보는 관점이 상이함을 보여 주는 것이다. 예를 들어 경제 분야에서는 경제성장의 토대 위에 사회가 지속가능하게 발전할 수 있다고 주장하는가 하면, 근대의 모든 발전이 자연환경뿐 아니라 소수민족 같은 인간들의 존재마저 사라지게 만들었기 때문에 근대를 벗어나 전통으로 돌아가는 길만이 인류가 지속가능한 사회를 이루는 유일한 길이라는 논리도 존재하고 있다.[7] 그러나 이 개념의 탄생이 환경문제의 심각성에서 유래하였다는 사실은 잊은 듯, 이러한 아전인수격의 해석은 결국 'Sustainable Development'를 아무런 의미가 없는 공허한 개념으로 전락시킬 위험이 존재한다. 모든 것을 담을 수 있는 개념은 결국 아무 것도 아닌 것이 되어 버리기 때문이다. 이러한 위험으로부터 벗어나서 그 본질을 파악하기 위해서는 우선적으로 '지속가능한 발전' 개념이 어떠한 배경에서 탄생되었는가에 대한 이해가 선행되어야 할 것이다. 또한 그 본질적 토대 위에서 이 개념을 현실화하기 위한 전략을 수립하여야 진정한 의미의 지속가능한 사회가 될 수 있을 것이다. 이러한 인식 하에 우선적으로 이 개념 탄생의 역사적 배경과 이 개념의 용례를 살펴봄으로써 '지속가능한 발전'의 본질에 접근해 보고, 그 본질에 대한 이해 위에 지속가능한 발전의 현실화를 위한 전략을 논의해 보도록 한다.

2) '지속가능한 발전' 개념의 유래와 정의

'지속가능한 발전' 개념이 등장하게 된 배경에서 알 수 있듯이 이 개념의 근본토대를 형성하는 것은 경제발전과 자연생태계보전의 관계이다. 이 둘의 관계는 데일리(Daly)가 그의 Steady-

7) '지속가능한 발전' 개념에 관한 다양한 담론에 대해서는 Arts 논문이 일목요연하게 잘 정리해 놓고 있다.

State-Economy(SSE) 이론에서 강조하는 것처럼, 경제발전은 자연생태계의 범위 내에서, 즉 경제발전의 정도가 자연의 수용한계 내에서 투입과 산출이 균형을 이루면서 자연과의 조화 아래 이루어져야 한다는 것으로 요약할 수 있다. 이들의 관계를 잘 보여 주는 것이 이 개념을 'nachhaltige Entwicklung'으로 가장 많이 번역하는 독일에서의 이 개념의 역사적 유래이다. 독일에서 이 개념은 상당히 오랜 전통을 가지고 있는데, 봉건시대 영주와 대지주들의 재산관리의 기본원칙이었다. 그들은 그들의 산림에서 벌목을 할 때의 기준으로, 나무가 성장할 수 있을 정도의 범위에서 벌목이 이루어져야 한다는 원칙을 따르고 있었던 것이다. 이 기준의 준수가 중요했던 것은, 이러한 기준을 초월하여 벌목했을 경우 당시 에너지원이었던 나무의 공급에 차질이 생기면서 결과적으로 그들은 경제적 불이익을 감수해야 하기 때문이다. 이러한 사실은 경제적 이익을 위한 그들의 활동이 곧 생태적 한계 내에서 이루어지고 있었음을 보여 주는 것이다. 경제와 환경자원사용과의 관계를 정의한 독일에서의 이 전통에서 오늘날 사용하는 '지속가능한 발전' 개념의 본질을 파악할 수 있다. 영어 개념 역시 이러한 관계를 보여 주고 있다.

Ecological sustainability + Economic development = Sustainable development[8)]

이 용어 역시 '지속가능한 발전' 개념이 경제와 생태가 통합된 하나의 체제요소로, 상호관련된 하나의 복합체로 이해된다는 사실을 보여 주며 생태적이면서 경제적인 요구를 담고 있다.

이러한 본질을 고려할 때 가장 문제되는 분야는 경제발전의 방식이다. 지금까지의 경제방식은 자원소모적인 생산과 자연의 수용능력을 초월한 쓰레기의 배출 등과 같이 투입과 산출에 있어 자연의 능력을 전혀 고려하지 않았기 때문이다. 그렇다면 이러한 경제우선주의가 경제와 환경이 통합되는 관점으로 변하기까지의 과정을 살펴보면서 '지속가능한 발전' 개념을 정의 내려 보기로 한다.

현대에서 이 개념은 최초의 국제환경회의로 1972년 당시 산성비로 피해를 보고 있던 스웨덴의 스톡홀름에서 개최된 제1차 유엔인간환경회의에서 유래한다. 이 회의에서 선진공업국가군과 개발도상국가군 사이에는 아주 날카로운 논쟁이 있었다. 개발도상국가들은 환경보호를

---

8) Huber, J., 1995, 32.

주장하는 선진국가들에 대해 세계적인 환경보호조치로 제3세계의 개발을 저지하면서 계속해서 그들의 경제적 종속상태에 두려고 한다고 맹렬히 비난하였다. 이러한 대립 속에서 가장 중요한 문제는 환경보호조치를 제3세계에게 절실한 경제개발과 어떻게 조화를 이루도록 하느냐는 것이었다. 그래서 이후의 국제협상에서는 환경보호의 새로운 문제는 특히 제3세계 국민들의 사회적·경제적 요구에 대한 고려 없이는 해결될 수 없다는 점이 인정되었다. 이처럼 유엔인간환경회의에서의 핵심주제가 오히려 환경이 아니라 인간이 됨으로써 환경보호를 위한 국제적인 노력은 성과를 거둘 수 없었다.

세계적으로 생태학에 관한 담론은 환경의식을 일깨운 로마클럽의 보고서 『성장의 한계(The Limits to Growth)』를 통해서 시작되었다. 산업화, 폭발적 인구증가 그리고 재생불가능한 자원의 희소성과 계속되는 환경파괴의 관점에서 생활방식의 변화가 시급함을 강조하고 있는 이 보고서에서도 지속가능성에 대한 개념을 발견할 수 있다 : "It is possible to alter these growth trends and to establish a condition of ecological and economic stability that is sustainable into the future."[9)]

'지속가능한 발전(Sustainable Development)'은 1980년 출판된 국제자연보호연맹(Inernational Naturschutz Union, IUCN)의 "세계보전전략(World Conversation Strategy)"에서 처음으로 사용되었으나, 브룬트란트보고서 『우리 공동의 미래(Our common Future)』를 통해 세계적인 생태담론의 주도적 위치를 차지했으며 미래환경정치의 지도이념이 되었다. 보고서는 "지속가능한 발전은 미래 세대의 욕구를 충족시킬 수 있는 능력을 위태롭게 하지 않고 현 세대의 욕구를 충족시키는 발전을 의미한다"[10)]고 정의하고 있다. 이 정의에 있어서 두 가지 핵심개념으로 '욕구'와 '제한'을 들 수 있다. 선진국가들과 개발도상국가들 간의 논쟁을 결합시키고 있는 이 두 개념은 개발도상국가 국민들의 기본욕구 충족을 위해서 물질적인 최소수준이 보장되어야만 하며, 다른 한편 선진국가들에서는 생활수준이 적절한 상태에서 유지되어야 한다는 것이다. 이러한 관점에서 브룬트란트보고서는 'Sustainable development'라는 경제발전과 사회정의, 그리고 생태계보전이라는 세 요소를 동시에 고려하는 고유한 개념으로 개발도상국가에게는 새로운 대안을 제시하

---

9) Meadows, 1974, 24.

10) 세계환경발전위원회, 1994, 75.

고 동시에 잘못 발전된 선진공업국가들에게는 방향의 선회를 주장했다. 이처럼 '지속가능한 발전(Sustainable Development)' 개념은 경제방식을 포함한 사회 전반의 구조가 지속가능하지 못하다는 반성적 평가 위에 미래에도 지속가능한 사회를 이루기 위해서는 우선적으로 인간 삶의 토대가 되는 자연환경이 보존되어야 하며 환경용량의 범위 내에서 경제발전과 사회정의가 이루어져야 된다는 것을 의미한다. 그런데 브룬트란트보고서가 지속가능하고 미래지향적인 발전의 전제조건으로 자연환경의 보존과 경제적·사회적 생활조건의 개선을 통합적으로 고려할 것을 강조하는 것은, 이들이 개별적으로 분리되어 존재하는 것이 아니라 상호 연관 속에서 악순환의 고리를 맺고 있기 때문이다. 세계환경발전위원회(WCED)는 이들의 관계를 "많은 형태의 발전이 막상 그 토대를 이루는 환경을 침식하고, 환경악화는 경제발전을 잠식하고 있다. 빈곤은 지구 환경문제의 주요한 원인이자 결과"[11]로 언급하고 있다. 이 세 분야의 복합성, 경제활동, 생산과 무역관계, 생활태도와 소비습관, 그리고 이들과 연결된 자원소모와 환경오염은 개별적인 노력만으로는 도달될 수 없기 때문에 지금까지와는 다른 방향의 변화가 필수적으로 요구되는 것이다. 이렇게 봤을 때 브룬트란트보고서의 요구사항 중에서 가장 중요한 것은 인류가 세계적인 생태계를 파괴하지 않으면서 장기적으로 적용되는 경제방식을 발견해야만 한다는 것임을 알 수 있다.

그러나 '환경'과 '발전'의 이상적인 통합에도 불구하고 '지속가능한 성장', 심지어 "선진공업국가에서뿐 아니라 개발도상국가에서도 더 빠른 경제성장"[12]을 강조하는 모순을 보이고 있다. 이처럼 경제문제에 초점을 맞추었다는 것은 결국에는 이 보고서가 인간중심적이고 전형적으로 성장지향적이며 인간을 경제적 존재로 제한하고 있다는 것을 보여 주는 것이라 할 수 있다. 여기에서 착취를 위한 자원의 집합체로 여겨지는 자연은 아무런 가치도 의미도 가지지 않는다. "보고서의 유일한 도덕적 언급은 자연자원이 현재 세계국민과 미래세대 인류에게 동등하게 분배되어져야 한다는 것뿐이다."[13] 그러나 자연에 대한 고려가 곧 사회의 여러 문제에 대한 무관심을 의미하는 것은 아니며, 인간사회의 모든 문제도 결국 생태적 시선의 부족에서 기인하기

11) 세계환경발전위원회, 1994, 31.
12) Brundtland-Bericht, 1987, 92.
13) Worster, D., 1994, 109.

때문에 인간을 포함한 생태계에서 모든 요소들의 관계성을 강조하는 생태적 관점에 대해 강조하기 위해서임은 두말 할 필요가 없다. 이러한 경제우선주의적 관점으로 인해 경제성장이 어느 정도 시급한가 또는 어떠한 질적인 발전이 이루어져야 되는가 등에 관한 의문은 해결되지 않은 채 문제가 많은 경제우선정책은 그대로 유지·시행된다. 결국 지속가능성의 개념이 전혀 새로운 것은 아니지만 지속가능성을 강조한 브룬트란트보고서가 중요한 것은 환경파괴와 분별없는 자연자원의 착취문제를 남-북 관계라는 큰 관련 속에서 파악하고 있기 때문이라고 할 수 있다.

1992년의 리우회의에서 각국 정상은 지속가능하고 미래지향적인 발전을 21세기의 지도이념이자 사회의 핵심미래과제로 선언했다. 참가국들은 환경문제가 경제적·사회적 발전으로부터 분리되어서는 안되며 통합적인 관점이 요구된다는 점에 인식을 같이하였다. 심각한 환경오염의 원인으로 선진국가의 경제발전방식이 최초로 서류상에 언급되면서 선진국가들의 책임이 강조되었으며 선진국과 개도국 간의 논쟁거리였던 개발도상국가들의 발전에 대한 권리도 리우선언에서의 언급을 통해 인정하고 있다. 그러나 이러한 일치된 인식에도 불구하고 리우회의는 실패로 평가받고 있다. 왜냐하면 환경문제 해결을 위한 특별협정이 체결된 것이 아니라 '지속가능한 발전'의 중요성을 강조하면서 광범위한 문제를 나열하고 일반원칙을 언급한 리우선언과 의제21, 이 두 개의 선언만이 서명되었기 때문이다. 실질적인 의미에서의 실패보다 리우회의의 상징적인 의미를 강조할 필요가 있다. 187개국의 정상이 모여 환경과 발전의 문제를 다루었다는 점에서 리우회의는 세계인의 환경에 대한 인식을 새롭게 하였으며, '지속가능한 발전'이 21세기의 핵심과제로 선언됨으로써 각국은 지속가능한 사회건설을 위한 혁신의 노력을 계속하고 있기 때문이다.

3) '지속가능한 발전'의 현실화전략

이상의 논의에서 알 수 있는 것처럼, 세 요소를 통합적으로 고려하여 지속가능한 발전을 추구한다는 이 개념의 이상은 좋지만 상당히 추상적이고 애매하며 막연하기 때문에 여기에서 구체적인 행동전략을 이끌어 내기란 불가능한 것으로 여겨진다. 따라서 가장 시급한 과제는 이 개념을 현실화시킬 수 있는 적절한 내용으로 채우는 것이라 하겠다. 그러나 이하에서는 다양한 내용을 채우는 것보다는 그러한 내용들이 우선적으로 고려해야 하는 기본원칙과 방향에 대해 논의하고자 한다.

이미 언급한 것처럼 지속가능한 발전을 위한 논의에서 핵심 분야는 경제성장과 환경보전의 관계이다. 이와 관련하여 두 가지 논의가 이루어질 수 있다. 하나는 선진국가들이 이룩한 자원소모적이고 자연환경의 희생 위에 이룩된 경제발전방식은 지속가능하지 못하기 때문에 어떤 환경적 기준에 의해 경제성장을 제한할 것인가 하는 문제이며, 또 하나는 문제의 근원인 경제발전방식을 어떤 방식으로 수정할 것인가 하는 것이다. 그러나 이 두 논의는 결국 하나로 모아지는데, 왜냐하면 수정된 경제방식 역시 환경적 원칙의 테두리 내에서 이루어져야 하기 때문이다.

첫 번째 문제는 경제성장은 GNP라는 수단으로 그 정도를 측정하고 목표를 제시할 수 있는 반면 자연환경보전이란 구체적인 지표로 표현할 수 없기 때문에 환경요소의 사용에 관한 지속가능성의 원칙을 정립해야 한다는 것이다. 이 논의와 관련하여 독일 연방의회의 앙케트위원회는 자연환경의 기능에 대한 인식 위에 자연환경을 보존하고 자연자원을 지속적·효율적으로 사용하기 위한 자연환경 분야의 기본원칙으로 다음과 같은 것을 제시하고 있다.[14) ① 재생가능한 자원의 이용 : 재생가능한 자원의 이용은 그 자원의 재생비율을 초과해서는 안 되며 각 생태계의 기능을 위협해서는 안된다. ② 재생불가능한 자원의 이용 : 재생불가능한 자원의 이용은 시간을 초월하여 항상 보존되어야 한다. ③ 오염물질 배출지로서 자연환경의 이용 : 오염물질의 배출은 환경요소와 생태계의 수용능력을 초월하지 않아야 한다. ④ 시간의 범위 : 환경에 대한 인위적인 조작은 자연환경의 반응능력에 중요한 영향을 미치는 시간적 범위 내에 이루어져야 한다. ⑤ 인간의 건강유지 : 인간적 조작을 통해 인간의 건강에 해로운 위험과 잠재적인 위험요소들은 제거되어야 한다. 그 외에도 칼스루에연구소(Forschungszentrum Karlsruhe)는 아래와 같은 내용을 추가하고 있다.[15)] ⑥ 기술적 위험 : 환경재앙을 불러올 수 있는 기술적 위험은 사용이 중지되어야 한다. ⑦ 자연의 문화적 기능 : 문화와 자연의 고유성과 아름다움은 보존되어야 한다. ⑧ 자연환경이용의 분배 : 자연환경의 이용은 모든 관련자의 공정한 참여 아래 정의의 원칙에 따라 분배되어야 한다.

---

14) Enquete-Kommossion, 1998, 46.
15) Joerissen, J. 외, 1998, 65.

두 번째 문제는 현재의 사회·경제적 구조를 어떻게 수정할 것인가 하는 것인데, 지속가능한 발전을 위해 핵심적으로 논의되어야 할 문제이다. 이러한 구조수정에 대한 현실적인 전략으로 생태적 현대화와 생태적 구조변화를 들 수 있다. 이 두 관점은 세계적인 환경오염이 산업화의 결과이며 빈곤과 인구증가로 인해 그 정도가 심각해지고 있다는 사실에서 출발하고 있으며, 결국에는 생산이나 소비유형의 변화와 같은 행동의 생태적 변화를 통해 지속가능성이 현실화될 수 있다는 점에서는 같은 입장을 가지지만, 현재와 앞으로 예상되는 환경문제에 대해서 서로 다른 인식을 가지고 있기 때문에 환경문제의 해결방안에 대해서는 상이한 입장을 보이고 있다. 그러나 두 전략 모두 사후보수전략과는 달리 사전예방적 입장을 취하고 있으며, 연속성의 입장에서 서로 무시할 수도 있고 상호보완적일 수도 있다.

(1) 생태적 현대화

생태적 현대화의 주장은 환경과 개발에 대한 요구를 조화시키는 문제가 위협적이기는 하지만 기술혁신을 통해, 그리고 사전예방적 환경정치와 생태적 경제정책의 도움으로 현재생산과정을 친환경적으로 형성하여 마침내 경제성장을 자원소모와 환경오염의 고리로부터 벗어나게 할 수 있다는 것으로 요약할 수 있다. 따라서 '지속가능한 발전'의 해석에 있어서 지금까지 주도적인 지위를 차지하고 있는 이 전략에서 가장 중요한 과제는 자원소모의 수준과 환경오염으로부터 자유로운 경제성장을 이루기 위해 효율성증가, 대체자원개발, 재활용을 통해 자원을 절약하는 것과 이러한 경제성장을 통해 개발도상국에 대한 부채탕감 같은 원조이다. 즉 생태문제는 현존하는 정치체제와 북쪽 국가군의 사회모델 내에서 효율성 증가나 대체자원개발과 재활용과 같은 기술혁신을 통해 해결가능하며 구조의 변화는 필요하지 않다고 주장한다. 이런 관점에서 생태적 현대화의 지지자들은 자원절약형 자동차, 친환경 가스난방, CFC 없는 냉장고, 그리고 재생가능한 에너지사용과 같은 자원을 절약하고 위험한 자원의 사용을 금지하는 효과를 가지는 최근의 기술적 성과들을 그들의 논거로 삼으면서 기술발전은 미래의 질적으로 향상된 성장을 보장하며 특히 제3세계를 위해서도 필수적이라고 주장한다. 이 전략은 꾸준한 인간자원의 개발로 자연자원의 한계를 극복할 수 있다는 '약한 지속가능성'의 입장을 띠고 있으며 자연보전과 경제발전 가운데 경제발전 우선론의 입장으로 성장을 강조하는 한편 자연환경문제의 해결에 직접적으로 개입하여 이를 통제하는 방식을 개발하자는 입장이라 하겠다.

필터기술의 발전과 같은 과학기술의 발전이 가져온 환경문제해결의 긍정적인 면들을 고려할 때 이들의 주장은 일리가 있으며, 성장의 강조와 기술혁신에의 믿음은 브룬트란트보고서가 국내의 새로운 변화를 위해 언급한 전략적 요구사항과 일치한다. 또한 제3세계를 위해서도 재분배를 가능하게 하는 경제성장이 중요한 의미를 지님은 부정할 수 없다. 그것은 '지속가능성'의 입장에서 보면 확실히 중요한 주장이지만 그것이 내포하고 있는 위험을 감안한다면 결코 지속가능하지 않다는 결론에 도달하게 된다.

과학기술의 발전과 성장에의 믿음이 지닌 가장 큰 위험은 '지속가능한 발전' 슬로건 아래 현재의 경제·생활방식의 실패가 개발도상국에서도 되풀이될 수 있다는 것이다. 세계인구의 10%를 차지하는 북쪽 국가군은 그들의 생활수준을 유지하기 위해 세계자원의 90%를 소비하고 있다. 이러한 그들의 경제구조와 사회모델은 오늘날 그들의 생활방식을 유지하기 위해 소모되는 자연자원의 양과 기술발전을 위해 지금까지 소비된 것보다 더 많은 자연이 희생되어야 한다는 사실을 숨기고 있다. 또한 성장을 뒷받침하는 생산은 자연환경에 많은 부담을 줄 것이다. 예를 들어 중국이 현재의 경제방식으로 미국수준으로 발전할 것이라고 가정한다면 지구환경은 더 이상 지탱하지 못할 것이라고 어렵지 않게 결론 내릴 수 있다. 이러한 발전과 관련하여 베커(Becker)는 아래와 같이 경고하고 있다 : "아마도 계속해서 더 어렵고 더 위험한 개발의 문제는 가난한 남쪽에 있는 것이 아니라 부유하고 자본주의적인 산업국가들에게 있을 것이다 : 소비와 생활방식이 기본적으로 바뀌어야 할 뿐 아니라 생산방식 역시 전체적으로 달라져야만 한다."[16] 기술산업혁명과 연관된 경제적·정치적 관련에 토대를 둔 착취시스템 아래에서 이 전략은 소위 "Never enough Societies"와 "Ever enough Societies"라는 세계의 분할전략에 가깝다 하겠다.

서구선진국가의 모델이 일반화될 수 없다면 이제 문제는 '생태적 한계를 초과하지 않으면서 어떤 복지수준이 실현가능한가?'이다. 이러한 비판과 문제에 처한 생태적 현대화 전략은 그 해결책으로 선진국가들의 높은 생활수준을 정당화시킬 기술발전을 추구한다. 이러한 선진국가

16) Amini, 1996, 26.

군의 자기방어를 하보스(Harboth)는 다음과 같이 비판하고 있다 : "생태적 현대화에 대한 강조는 지구상의 선진국을 위한 방어적 기능을 하고 있다는 사실이 간과되어서는 안 된다."[17] 지속가능한 발전의 의미를 살리기 위해서는 자원사용의 감소를 위해 기술적으로 효율을 증가시키는 것과 경제성장의 결과들은 이미 언급한 것처럼 국제대부나 광범위한 부채탕감과 같은 방법으로 개발도상국가들을 도우는 것으로 이어져야 할 것이다.

(2) 생태적 구조변화

경제발전을 우선시하는 생태적 현대화와는 달리 자연환경 우선론적 관점을 취하는 생태적 구조변화 전략은 자연환경의 오염문제를 해결하기 위해 생산체계를 포함한 경제방식이나 사회제도 등의 체계를 전환시키자는 입장이다. 생태적 현대화 전략보다 훨씬 더 광범위하게 문제를 다루는 이 전략은 생태문제는 경제적·정치적 구조의 잘못된 발전에서부터 비롯되었기 때문에 다양한 문제에 대한 책임이 선진국가들, 특히 그들의 경제방식과 생활방식에 있다고 본다. 이 전략에 의하면 인간 행동은 특정한 자연적·물리적 한계에 제한을 받기 때문에 이러한 한계를 인정하는 토대 위에서 구조변화와 생태적 조건에의 적응을 위한 조치들이 필수적으로 이루어져야 하며, 생태적 파괴는 오로지 문제를 만들어 내는 구조의 제거를 통해서만 해결될 수 있다. 동시에 구조변화는 제3세계를 위한 재분배과정으로 연결되어야 한다. 생태적 현대화와는 달리 생태적 구조변화는 이처럼 공격적인 성격을 가진다. 그 목표는 상황에 따라 구조를 개선·제거하기 위하여 문제를 만들어 내는 구조를 파악하는 것이다. 그래서 이 전략은 '후발발전'의 모델에 대해 문제를 제기하는 것에 그치지 않고 지속가능한 경제성장('sustainable growth')이 주장하는 발전과 진보를 일반적인 검증대상으로 제기한다.

기본적으로 성장자체를 비판하는 입장을 취하고 있는 이유는 50년 이래 선진국의 지금까지의 성장이 제3세계 대부분의 국가들에게는 아무런 혜택도 가져다주지 못했으며 또한 '지속적인 성장'은 제한된 지구공간에서는 실현될 수 없다는 인식에 토대를 두고 있기 때문이다. 선진국의 지금까지의 성장이 제3세계 국가들에게 아무런 혜택도 주지 못하였다는 점은 "2차 대전 이후

17) Meyers, R./Waldmann, J., 1995, 295.

세계경제체제 속에서 경제개발은 식민주의를 대체해 왔다. 그러나 식민지시대와 마찬가지로 지금도 총 자본의 남쪽 국가로부터 북쪽 국가로의 유출은 지속되고 있다. 심지어 북쪽 국가 GNP의 1퍼센트에도 못 미치는 구호자금조차도 전문적인 자문과 기술장비의 대가로써 거의 대부분이 시혜자에게로 되돌아가고 있다"[18]는 언급에서도 확인할 수 있을 뿐 아니라 현실적으로 남북 국가군의 경제적 격차가 더 심해지고 있음을 보여 주는 여러 통계에서도 확인할 수 있다. 또한 제한된 지구공간에서의 불가능한 지속적 성장과 관련하여 데일리(Daly)는 "인간경제는 성장하지 않는 제한된 세계적 생태계의 하부구조이기 때문에 경제성장이 오랜 시간에 걸쳐 지속될 수 없다는 사실은 명백하다. 따라서 지속적인 성장의 개념은 저급한 위트로 거절되어야 한다"고 말하고 있다. 나아가 이러한 개발행위에 대한 가장 주요한 비판은 날로 증가하고 있는 환경파괴를 무시하고 있다는 점이다. UNCED 기간 동안 북쪽 정부들은 그들의 생산과 소비 양상을 변화시킬 필요성을 인정했다. 현재의 세계경제체제를 '녹색화'해야 할 필요성도 명백히 인식되었다. 그럼에도 경제성장 극대화라는 본질적으로 지속불가능한 경제구조가 그대로 유지되고 현재 경제구조의 근본적인 변화는 일어나지 않은 채, 원자력 발전소 건설이나 남쪽 국가의 인구억제와 같은 단순한 해결책이 실행되고 있다.

이 전략에서는 생태가 모든 정치적인 행동의 중심에 놓이고 경제적·사회적 문제해결도 생태적 현대화보다 훨씬 강력하고 광범위하게 생태와 연결된다. 그래서 '지속가능한 발전'은 이 전략에서는 생태-사회적 대안으로 나타난다. 이러한 이유에서 생태적 구조변화 전략은 제3세계에서 선호된다. 생태적 구조변화 전략에서 제3세계 국가들은 무엇보다 산업적 과잉사회의 문제점들에 관심을 집중하여 '지속적인 발전' 개념이 생태적으로 보장되기 위해 제3세계의 빈곤에 더 많은 관심이 필요하다고 주장한다. 북쪽의 개발·문화모델의 근본적인 위기 때문에 남쪽의 NGO들은 가장 우선적으로 소모적인 복지모델을 고치고 남쪽에서 '지속가능한 발전'의 실현이 쉬워지는 선진공업국가들의 생태적 구조변화를 광범위하게 요구하고 있다. 구조적 생태화의 관점은 문제해결에 있어서는 더 적절한 방법이라고 여겨지지만 현재의 정치적 논쟁에서 큰 지지를 받지 못하기 때문에 실현되기는 어려울 것으로 보인다.

---

18) 브라이도티 외, 1995, 55.

4) '지속가능한 발전' 현실화에 있어서 정치적 어려움

'지속가능한 발전'이 많은 정부의 프로그램에 받아들여지긴 했지만 지금까지 이 개념을 현실화하기 위한 필수적인 내용이나 행위자, 관심, 그리고 잠재적인 갈등과 같은 깊이 있는 분석은 행해지고 있지 않는 것 같다. 독일이나 한국에서 수립된 정책들의 대부분은 우선적으로 성장에 초점을 맞춘 것들이며, '지속가능한 발전'의 실현을 위해 UNCED가 실천전략으로 제시한 지방의제21 또한 그 프로그램을 분석해 보면, 실천분야나 전략 등이 구체적으로 명시되지 못하는 등 지방정부 차원에서는 형식적으로 만들어진 듯하다. 그렇다면 이 이념이 단지 립서비스로만 머무를 것인지, 행동의 주체인 정치가 가지고 있는 어려움을 정리해 보자. 첫째, '지속가능한 발전' 개념을 실현가능한 내용으로 채우는 것이 가장 시급하다. 행동그룹, 지역행정, 그리고 학제적인 연구소가 내용의 형성에 기여한다. 그러나 현대화 전략이든 구조변화 전략이든 환경을 고려하는 전략은 자연환경의 희생 위에 이루어진 지금까지의 경제성장전략과는 달리 비용이 많이 든다. 그리고 이 비용은 국민이 감수해야 되는 부분이다. 그런데 권력을 지향하는 정치는 단기적인 사고를 하며 선거로부터 자유롭지 못하다. 그래서 그들은 여러 제안들을 실현하고 '지속가능한 발전'을 위한 '포기'의 전략을 유권자들에게 가져가는 것을 주저하고 있다. 둘째, 세계환경정치 역시 어려움을 가지고 있다. 국제적인 차원에서 '지속가능한 발전' 개념은 아직 다듬어지지 못하고 있다. 국가들 간의 경제적, 사회적, 문화적, 지리적 차이 때문에 단일한 문제해결전략은 받아들여지기 어렵다. 그렇다면 국제법적으로 의무를 강제할 수 있는 기구가 이 문제를 다루어야 할 것이다. 그러나 또 다른 문제는 국제법적인 의무로 여겨질지라도 그 규정의 준수를 보장 또는 감시할 수 있는 메커니즘이 존재하지 않는다. 국제적 조약정치의 또 다른 문제는 기후변화협약에서 보는 것처럼 국제환경정치의 성과물은 오랜 과정을 거친 후에야 비로소 탄생될 수 있다는 것이다. 오랜 논의 과정을 거쳐 협약을 탄생시켰음에도 불구하고 미국 부시 정부의 교토의정서 비준 거부에서 볼 수 있는 것처럼 각 국가가 인류의 공동문제에 대한 고려 없이 자국의 이해관계에 따라 개인이나 집단처럼 이기적으로 행동한다는 사실 또한 큰 문제이다. 그리고 마지막으로 지속가능성을 저해하는 가장 큰 문제점으로 지적할 수 있는 것은 일상의 정치가 세계화와 그에 따른 국제시장의 탈규제와 자유화로 특징지어진다는 사실이다. 경제의 세계화는 '지속가능한 발전'의 목표 – 생태계 유지, 사회복지

보장과 분배의 정의의 실현, 또 문화적 다양성과 정체성의 보존 – 를 고려하지 않고 이윤의 최대화라는 원칙을 따라 빠르게 진행되고 있다. 세계적으로 이동하는 자본은 새로운 투자와 일자리를 위해 국내적으로 필수적인 자본을 빨아들이고 있다. 이렇게 해서 지역경제뿐 아니라 지역의 고유한 문화도 사라진다. 이러한 조건 하에서 지역사회, 지역경제, 그리고 문화적 다양성을 전제조건으로 하는 '지속가능한 발전'은 전혀 가능하지 않다. 세계화 과정에서 정치는 세계경제의 변화와 발걸음을 맞출 것이다. 그렇다면 '지속가능한 발전'은 정치적·경제적 우선순위에서 아래로 밀려나게 된다. 결국 정치는 세계적인 환경과 개발문제의 요구를 올바로 반영하지 못하고 있다고 하겠다. 이런 상황에서 정치적 결정권자와 사회이익집단이 얼마나 진지하게 '지속가능한 발전'의 현실화에 관심이 있는가에 이 개념의 현실화 성공여부가 달려 있다고 할 수 있다.

3. 세계환경정치의 쟁점 2 : 그린라운드

세계가 하나의 시장으로 되는 과정에서 가장 큰 희생자는 노동 분야와 환경 분야라고 한다. 자유화가 모든 것의 장벽을 허무는 반면 노동자들의 자유로운 이동은 아직 많은 제약을 받고 있기 때문이며, 환경은 경제발전과 근본적으로 긴장관계에 서 있어 경제의 세계화가 진행될수록 환경문제의 심각성은 더해질 수밖에 없기 때문이다. 특히 국제무역의 영역에서 그 심각성은 더할 수 있는데, 상품의 교역을 위한 수송거리의 확장, 수출품 경작을 위한 농경지의 무리한 사용, 산업폐기물수송 등은 국제무역이 환경에 어떤 심각한 영향을 미칠 수 있는지를 선명하게 보여 준다 하겠다. 또한 손상·오염된 환경을 복구하고 환경을 보호·보존하기 위한 정치적 결정은 경제적 비용에 다시 영향을 끼치며 종종 그로 인해 경쟁력이 약화되고 생산지로서의 매력이 사라지지는 않을까 하는 두려움을 야기한다. 이처럼 자유화되어 가는 국제무역과 환경보호는 양립하기 힘든 관계이기 때문에 세계화된 환경오염에 관한 정치적 논쟁에서는 국제무역과 환경보호라는 문제에 관심이 집중되고 있다. 상품교역의 증가를 동반하는 국제무역이 환경에 미치는 영향을 분석하고 관세와 무역에 관한 일반협정/세계무역기구(General Agreement on Tariffs and Trade/World Trade Organization, GATT/WTO) 규정을 환경보호의 목적에 적용시키기 위한 노력에서 그 관심을 엿볼 수 있다. 또한 환경기준을 근거로 하여 무역을 규제하는 규범을 만드는 협상, 즉 그린라운드에 대한 논의 역시 활발하다. 이하에서는 자유무역과 환경보호의 관계에 대해 대표적 자유무역체제 주창자인 바그와티(Bhagwati)와 환경경제학자 데일리(Daly)의 주장을 들어 보고, 그린라운드, GATT 규정과 국제환경협정에 근거한 국제환경분쟁 그리고 개별국가들의 환경과 관련한 무역규제에 대해 살펴보도록 한다.

1) 자유무역과 환경보호의 관계에 대한 이론적 논의

(1) 자유무역옹호론

자유무역의 옹호론자인 바그와티는 GATT/WTO체제 하에서 무역자유화의 확장을 주장한다. 그는 환경주의자들이 자연의 자율성을 주장하는 반면 대부분의 경제학자들이 자연을 인간에의 봉사자로 간주하는 것과 같이 양자 간에는 결코 화해할 수 없는 철학적 차이가 존재하지만, '성장에는 한계가 없다'는 논리를 펴면서 자유무역이 경제성장을 촉진하지만 삶의 토대를 손상시킨다는 환경보호론자들의 두려움은 근거가 없다고 주장한다. 자유무역을 옹호하는 그의 중요한 논거는 아래와 같다[19] :

① 성장은 세금을 통한 정부 세수입의 증가를 가져오고 많은 사업에 대한 재원을 확보하는 것을 가능하게 하는데, 이 재원은 환경보호를 목적으로 하는 사업들을 위해서도 필수적이다 : 이 주장은 그의 논리의 핵심이다. 즉 부의 증가는 깨끗한 환경에 대한 수요를 확대시키고 무역에서의 이익은 환경보호를 위해 사용될 수 있다는 것이다. 이 주장은 일면 타당하다고 할 수 있다. 손상된 환경의 복구 또는 사전예방을 위한 재원마련은 가장 우선적으로 해결되어야 할 문제로, 그러한 수입이 없다면 가장 숭고한 동기들도 거의 도달할 수 없기 때문이다. 또한 서방선진국가 국민들의 환경의식이 높다든가 선진국가에서 환경문제의 해결을 위해 활동하는 그룹이 가난한 나라들에서보다 많다는 사실은 부의 상태와 환경보호의 밀접한 관계를 보여준다 하겠다.[20] 이러한 관점에서 봤을 때 자유무역활성화 조치들은 환경보호의 의미에서 이익이

---

19) Bhagwati, 1994.

20) 1970년대와 1980년대에 NGO의 수는 폭발적으로 증가하였는데, 1980년대 초 선진국에는 약 13,000개의 환경 NGO, 개발도상국에는 약 2,230개의 환경 NGO가 활동하고 있다고 추산되었다. 도일/맥케이컨, 2002, 108 참조.

될 수 있다. 그러나 성장위주의 정책이 야기하는 환경적 문제는 생산품의 증가가 자원소모량의 증가와 오염물질의 배출증가를 동반한다는 것이다. 이 문제에 대해 그는, 생산량의 증가가 자연환경에 어떻게 작용하는가 하는 것에 대해서 진단하고자 한다면 그것이 유해원소들의 확산에 영향을 미치는지 여부를 고려해야 한다고 언급한다. 환경오염의 증가는 자유무역으로부터 나오는 것이 아니라 무엇보다도 생태적 실제효과가 일어나는 생산의 방식에 달려 있다. 예니케(Jaenicke), 묀히(Moench), 빈더(Binder)는 경제성장과 환경문제의 연관성을 연구하였는데, 그에 의하면 이들 간에는 일정수준에 도달한 후 경제성장이 환경에 부담이 되는 경우(자동차 또는 소규모의 난방시설에서 불완전연소되는 일산화탄소를 예로 들 수 있다), 경제성장으로 환경오염이 심해지는 경우(자동차의 증가로 산화질소의 배출증가), 그리고 경제발전과 더불어 환경오염이 감소되는 경우(에너지원으로 사용되고 배출되는 이산화황) 등 3가지 관계가 존재한다.[21] 그러니까 도시의 황산오염은 일반적으로 경제성장과 발전의 결과 줄어드는 것이다. 이러한 사실들을 고려한다면 자유무역이 환경오염을 증가시킨다고 일방적으로 주장하는 것은 무리가 있으며 오히려 자유무역으로 인한 경제발전이 환경보호에 기여하는 바가 크다고 그는 주장한다. 그의 주장은 일면 타당하지만, 자유무역을 위한 생산의 증가가 곧 환경오염을 심화시킬 수도 있다는 사실과 자원소모적인 현재의 생산방식으로 인해 경제성장이 환경에 부담을 야기하는 문제에 대한 해결책은 제시하지 못하고 있다. 예를 들어 경제활동에 가장 중요한 요소인 에너지 생산량을 보면 신재생에너지 생산량은 전 세계 총 에너지 생산량에 비해 아주 적다. 화석연료가 77%, 핵발전이 6%, 수력 및 바이오매스가 15%인 반면 신재생에너지비율은 2%에 불과하다.[22] 수력과 바이오매스를 합쳐도 17%에 불과한 상황이며 환경선진국이 많은 유럽연합이 설정한 2010년까지 재생에너지 공급비율목표도 22%이다.[23] 이러한 에너지구조가 바꾸지 않는다면 경제성장이 환경에 부정적 영향을 끼치는 문제는 해결하기 어려워 보인다.

② 친환경기술과 환경상품의 확산이 자유무역을 통해 이루어지는 것처럼 자유무역은 생태적으로 많은 긍정적인 효과들을 가진다 : 환경친화적인 생산품과 기술의 확산은 무역 없이는

21) 자세한 내용은 Jaenicke/Moench/Binder, 1996 참조.
22) 월드워치연구소, 2003, 129.
23) 월드워치연구소, 2003, 154.

불가능할 것이라는 점 역시 그의 중요한 논거에 속한다. 예를 들어 에너지사용에 있어서 황이 많이 함유된 자국의 석탄을 쓰는 것보다 황이 적은 수입석탄에서 나오는 전기와 열을 사용하는 것이 더 환경친화적이다. 또한 무역장애가 환경에 악영향을 미칠 수 있음을 보여 주는 좋은 예는 미국과 일본 간의 자동차수입문제이다. 80년대 미국이 일본산 자동차의 수입을 제한했을 때 일본은 이에 대항해서 전체적인 수출량 감소에도 불구하고 연료소모량이 많은 대형차(Wagen)의 수출량을 늘렸다. 결국 보호주의적인 이 조치가 미국 내 수입차로 인한 평균 공기오염을 심화시켰다는 사실을 고려할 때 그의 주장은 설득력이 있다고 하겠다. 그러나 자유무역을 통해 친환경상품만이 교역되는 것이 아니라 환경위해적인 저가의 상품 또한 교역량이 늘어난다는 사실을 반론으로 제기할 수 있다. 또한 환경기준이 낮은 국가들로 생산공장이 이동하고 있으며, 특히 환경기준이 낮은 중국의 대외무역액 비중은 세계 전체의 수출입에서 1990년의 1.65%, 1995년의 2.89%에서 2000년에는 3.64%로 증대되어 세계 7위의 무역대국으로 성장한[24] 사실은 자유무역을 통한 친환경기술과 환경상품의 확산효과를 감소시키고 있다고 하겠다.

③ 자연환경과 관련되는 업종이나 노동조합 같은 많은 단체·사람들이 환경기준을 높일 것을 요구한다 : 그에 의하면, 노동조합은 환경기준이 낮은 나라들로 공장이 이전하고 그로 인해 자국 내 일자리가 감소할 것이라는 두려움을 갖고 있으며 자유무역을 촉진하려는 GATT 규정들이 자국 환경을 보호하려는 그들의 논의를 위법한 것으로 여기면서 제한한다고 비판한다. 기업가들도 경쟁력 약화를 우려하여 엄격하지 않은 규정들을 가진 국가들의 환경기준을 그들과 같은 수준으로 요구하며, 환경관련 직업에 종사하는 사람들 역시 자국의 약화된 경쟁력이 국내기준의 약화를 가져오고 힘들게 도달한 환경보호조치들을 폐기시킬 수 있기 때문에 무역자유화에 앞서 환경기준이 강화되기를 원한다. 이러한 우려와 요구를 언급하면서 바그와티는 소위 사회덤핑으로 취급받는 낮은 환경기준은 불공정한 수출전략이며 수입관세를 통해 보상되어야 하기 때문에, 각 국가는 환경기준을 완화하기보다는 고유한 환경기준을 적용할 것이며 나아가 세계적으로 환경기준이 강화될 것이라고 주장한다. 그러나 이 논리는 타당하지 않음이 금방 드러난다. 현실적으로 기업은 경쟁력강화를 위해 환경기준이 낮은 국가들로 생산지를

24) 신태용, 2002, 5.

옮기고 있으며 이로 인해 세계적으로 환경기준은 오히려 낮아지고 있음은 환경기준이 낮은 중국과 동남아시아 국가들이 세계의 공장 역할을 하고 있는 현실이 보여 주고 있는 것이다. 이 문제를 해결하기 위해서는 세계적인 환경기준을 설정해야 하지만 현재까지 그에 관한 논의는 이루어지지 않는 상태이며 오히려 유럽연합과 같은 환경선진국의 높은 환경규제를 개발도상국가들은 생태제국주의로 비난하고 있다.

④ 각 나라에서는 상대적으로 오염효과가 다른 나라들보다 적은 분야가 있다. 따라서 그러한 분야에서 상품생산이 이루어진다면 그 국가의 환경은 더 잘 보존될 수 있으며, 국제무역이 없다면 환경오염은 더 심해질 것이다 : 그러므로 특정한 환경요소의 손상이라는 부정적 결과를 무조건 비판할 수는 없다. 이처럼 부정적 결과를 일방적으로 비판만 할 수 없는 상반된 면이 있기 때문에 공정한 무역이 이루어져야 한다고 그는 말한다. 예를 들어 특정기업에 대한 국가보조금이 종종 불공정한 무역행위로 여겨지는 것과 같이 비효과적인 유해물질 통제도 불공정한 무역관행으로 여겨져야 한다는 것이다. 일면 타당한 그의 이 논리는 그러나 현실을 무시하고 있으며 상당한 위험을 내포하고 있다. 오늘날 국제분업체제는 개별국가의 환경상태가 아니라 낮은 생산비용이라는 기준에 따라 형성되고 있으며, 또한 제3세계의 많은 국가들은 선진국의 수요에 부응하기 위해 그들의 환경상태는 무시한 채 환금작물을 재배하고 있는 실정이다. 그리고 유해물질 통제를 불공정한 무역관행으로 여겨야 한다면 유해물질 수입국가의 환경은 더 심하게 파괴될 것이며 유해물질 수출국은 유해물질의 감소를 위한 기술개발을 소홀히 하는 결과를 가져올 것이다. 이런 점들을 고려할 때 그의 이 논리는 현실을 적절히 설명하는 데 한계를 보이고 있다.

(2) 자유무역반대론

환경경제학자 데일리는 자유무역의 반대의견을 개진한다. 그의 주장의 요지는 다음과 같다.

① 자유무역이 근거하고 있는 비교우위논리는 오늘날의 세계에는 유효하지 않다 : 자유무역은 리카르도의 비교우위론에 이론적 토대를 두고 있다. 한 나라가 생산수단과 노동력의 희소성으로 인해 다른 나라보다 상대적으로 가격우위를 가지는 상품의 생산을 전문화시키고 다른 상품은 자유무역을 통해 얻는다면 무역에 참가하는 모든 국가는 그로부터 이득을 볼 수 있다는

요지이다. 데일리 주장의 핵심은 비교우위논리 그 자체가 문제가 아니라, 자본이 한 국가에서 다른 국가로 이동하지 않는다는 리카르도의 중요한 가정이 고려되지 않는 것이 문제라는 것이다. 데일리는 자본이 이동한다면 자본은 최소비용, 즉 절대우위를 따르고, 이런 극단적인 경우 자본을 가진 A국은 절대가격이 낮기 때문에 마침내 모든 것을 생산할 수 있고 B국가는 아무것도 생산하지 못하게 된다는 논리로 자유무역의 토대인 비교우위론을 무너뜨리고 있다. 수백만 달러가 빛과 같은 속도로 국가 간을 오가는 오늘날의 세계에서 이 기본적인 조건은 지켜지지 않는다. 자본이 이동하지 않는다는 가정이 무너져 내리면 기업은 생산비용이 낮은 지역으로 이동할 것이고 그렇다면 국가 간의 절대적인 비용차이는 비교우위론에서는 아무런 역할을 하지 못한다. 자유무역에 참여하는 모든 국가가 이윤을 얻는다는 비교우위론 역시 무너진다. 빈익빈 부익부 현상이 심화되고 국경이 사라지는 작금의 자유화시대, 자본의 세계화 시대에 비교우위론의 한계는 어렵지 않게 알 수 있다.

② 자유무역체제에서 기업은 사회·환경기준이 높은 나라에 기준완화라는 압력을 행사하여 환경기준을 낮추거나 비용의 외부화를 강요한다 : 기업은 환경보호, 작업장에서의 안전, 임금, 산업재해보장 등의 기준을 낮추고 그들 비용의 일부를 소비자에게 떠넘기면서 생산비용을 절감하고 이윤의 극대화를 꾀하는 것처럼 항상 비용을 외부화할 것을 추구한다. 이런 이유에서 기업은 가장 낮은 생산기준을 가진 생산지를 찾고 자유화의 이념은 이 나라들로의 공장이전을 가능하도록 만들며, 해외투자를 유치하기 위해 각국 정부는 사회·환경기준을 낮추고 있다. 또한 그는 환경비용의 내부화가 서로 다른 나라들 간의 무역은 불공정하며 내부화에 따른 차이를 보상하는 관세가 필요하다고 주장한다. 환경기준의 강화와 비용의 내부화 주장은 환경의 관점에서는 정당하지만 기업의 이익에 반하기 때문에, 경제적 논리가 최우선시되는 오늘날의 자유화시대에 쉽게 받아들여지기 어려우리라 여겨진다.

③ 자원소모의 관점에서 제기된 문제, 즉 전 세계의 모든 국민이 오늘날 선진국 수준의 자원을 사용한다면 어떻게 될 것인가 라는 질문이 자유무역 옹호론자들에 의해 무시된다 : 그는 '안정상태경제(Steady-state-Economy)'이론[25]에 따라 대안을 제시하면서 자유무역옹호론

25) 자세한 내용은 Daly, 1996, 31-44 참조.

자들의 성장에 한계가 없다는 논리를 비판한다. 'Steady-state-Economy'에 따르면 자원과 에너지의 투입과 폐기물 배출의 최고치는 정해져 있어야 한다. 즉 투입과 배출은 환경재생능력을 초과하지 않고 자연의 수용능력을 넘어서지도 않는 일정수준에 머물러야 한다는 것이다. 왜냐하면 국민경제는 유한하고 성장하지 않으며 닫힌 생태시스템의 열린 하부체계이기 때문이다. 열린 시스템은 자연으로부터 원료와 에너지를 취하여 쓰레기의 형태로 그것을 돌려준다. 유기체가 영양소의 섭취와 배설을 통하여 생존하듯이, 모든 경제도 자연을 일정정도까지는 착취하고 오염시킨다. 지구라는 이 유한하고 닫힌 시스템에서 경제성장이 이 수준을 넘어서서 자연의 재생과 수용능력을 초과한다면 생태적 복구비용은 생산이윤보다 더 빨리 성장할 것이다. 그러면 우리는 부유해지는 것이 아니라 오히려 더 가난해진다. 따라서 투입량과 산출량은 일정수준에 머물러야 하며 그렇다면 경제성장 역시 한계가 있을 수밖에 없다는 것이다. 지금까지의 성장방식은 지속가능하지 않은 서구경제발전모델의 개발도상국으로의 확장을 통해서만 지속될 수 있는데, 이러한 방식은 자원소모의 지속적인 증가를 불러올 것이다. 이런 이유에서 데일리는 국제무역은 일반적으로 제한되어야 하며 국내경제의 보호가 우선되어야 한다고 강조한다. 자원소모와 관련하여, 꾸준한 인간자원의 개발로 자연자원의 한계를 극복할 수 있다는 대체가능설과 대체불가능설, 그리고 일부대체설과 같은 이론적 논의[26]가 있고 산출물의 소비와 처리에 관해서도 다양한 기술적인 논의가 있지만, 그럼에도 불구하고 궁극적으로 지구의 제한적이고 닫힌 시스템을 고려할 때 투입과 산출에 있어서 유동적인 균형이 이루어져야 한다는 그의 주장은 타당하다 하겠다.

④ 데일리는 '성장 없는 발전이 지속가능하다'는 대안을 제시하고 있다.[27] 안정된 경제는 자원사용량의 증가가 아니라 자원을 더 효율적으로 사용하고 사회시설을 개선하고 윤리적 우선권을 명확히 정의하면서 계속해서 인간욕구의 만족을 위해 그들의 능력을 향상시킬 수 있다고 그는 말한다. 또한 자유무역에 있어서 경제성에 대한 단순한 이해를 수정할 것을 요구한

---

26) 단적인 예로, 난방원료로서 목재가 인간이 개발한 히터와 같은 난방기구로 대치되는 것처럼 자연자원 역시 인간의 기술이 발전할수록 대체가능하다는 입장, 이와 달리 자연자원의 대체는 한계가 있기 때문에 자연자원은 보존되어야 한다는 입장, 그리고 자원의 종류에 따라 대체가능한 것과 가능하지 않은 것이 있으며 대체가능하지 않은 자원은 보존되어야 한다는 중도적 입장도 있다. 이들 입장에 대해서는 정대연, 2002, 251-251; Joerissen 외, 1999, 63-65; Vitor/Hanna/Kubursi, 1998, Arts, 1994 참조.

27) 데일리는 성장을 양적인 의미에서의 팽창이라는 의미로, 발전은 질적인 수준의 향상이라는 의미로 사용하고 있다.

다. '역동적인 경제성'을 주장하는데, 예를 들어 폐기물에 관해서 자유무역은 비용이 적게 드는 곳으로의 매립을 허용하는 단순한 경제성을 촉진시킨다. 그에 비해서 역동적으로 이해되는 경제성은 폐기물 수출의 금지를 규정함으로써 생산과정에서 폐기물이 발생하지 않도록 생산방식을 바꾸거나 폐기물을 제거하는 기술발전으로 유도된다는 것이다. 이처럼 다양한 논의를 통해 환경보호를 주장하는 그의 논리는 경제논리만이 아닌 폭넓은 사고를 요하는 것으로, 쉽지 않지만 인류가 지속가능한 사회를 건설하기 위해서는 반드시 이루어져야 할 것으로 여겨진다.

2) 그린라운드

(1) '그린라운드'의 개념 및 찬반입장

1991년 미국의 상원의원 막스 바우커스가 처음 사용하면서 등장한 '그린라운드'는 환경을 상징하는 'green'과 GATT의 다자간 무역협상을 뜻하는 'round'를 합성한 용어이다. 환경보전을 위하여 국제무역을 규제하기 위하여는 국제환경기준을 명확히 할 필요가 있다. 그린라운드는 국제환경기준을 보다 명확하고 투명하게 하기 위한 다자간 협상을 뜻하는 한편, 국제환경협정과 각국의 입법을 통한 환경기준 및 제도강화로부터 발생되는 생산, 소비, 무역 등 관련 분야에서의 환경규제에 대한 논의를 칭하기도 한다. 무역과 환경의 연계를 가장 먼저 제기한 나라는 미국이다. 미국은 자국의 산업이 국제경쟁에서 상대적으로 불리한 것은 국가 간 환경기준의 차이, 노동여건의 차이, 경쟁정책의 차이라는 점을 제기하였다. 그러므로 공정한 경쟁을 위해서는 경쟁여건이 동일하고 공통의 게임법칙이 있어야 한다고 주장하였다. 즉 그린라운드의 등장에는 자국산업의 경쟁력 약화를 우려하는 미국의 보호주의적 목적이 깔려 있었으나 세계적으로 환경보호의 중요성이 대두되는 상황에서 환경보전이라는 대의명분과 결합됨으로써 세계적인 이슈가 된 것이다.

환경보전 그 자체에 이의를 제기할 사람은 아무도 없지만 그것이 제품의 생산, 소비, 폐기 그리고 교역에 영향을 미치고 경제활동을 제약하게 된다면 환경보전에 대한 시각도 달라진다. 개별국가들의 경제적·환경적 상황이 다른 상태에서 일반적 기준을 설정하는 것은 무의미하며 국가 주권에 대한 침해일 수 있다는 그린라운드 자체에 대한 비판도 있다. 그린라운드를 바라보는 입장을 이에 찬성하는 선진국과 환경론자, 반대하는 개발도상국과 무역론자로 나누어 그들의 논리를 잠시 살펴보자. 환경관련 기술을 확보하고 있고 환경기준이 높은 선진국은 그린라운드로 인해 경제적 이익을 보호하고 개발도상국에 의한 수출을 제한하는 보호무역장벽으로 그린라운드를 이용할 수 있다는 이점이 있다. 그리고 환경론자는 주로 환경기준이 낮은 나라에서 환경오염을 야기하는 물질 혹은 이를 포함하거나 사용하여 생산된 제품이 가격경쟁력을 가져 수출에 유리하기 때문에 각국의 환경기준이 저하되고 있다고 주장하면서 GATT는 이러한 상품의 교역뿐 아니라 상품생산과정의 환경기준에 대해서도 적절한 제재를 가해야 한다고 주장한다. 한편 개발도상국은 그린라운드는 세계환경오염의 책임이 있는 선진국이 이제 산업화를 시작하려는 개발도상국가들에게 그 책임을 전가하고 환경문제를 통해 개발도상국가들의 경제개발을 저해하여 선진국의 생태학적 지배구조를 유지하려는 환경제국주의적 형태라고 비난한다. 무역에 환경적 가치를 결부시키는 것은 북쪽 선진국들의 세계질서 장악을 위한 하나의 전략이므로 환경이 새로운 비관세 무역장벽화해서는 안 된다는 주장을 하고 있다. 그리고 무역론자는 무역질서의 안정성이 가장 중요한 세계경제질서에서 무역과 환경의 연계는 각종 환경조치가 교역을 부당하게 제약하는 요인으로 작용할 가능성이 높고 또한 환경을 이유로 한 무역조치가 오용되거나 남용되어 보호무역주의적 목적으로 사용될 수 있다고 그린라운드를 비난하고 있다.

(2) 환경관련 무역규제의 수단

환경과 관련하여 무역을 규제하는 수단으로는 관세장벽과 비관세장벽이 있다. 관세장벽으로는 환경기준이 높은 국가가 환경기준이 낮은 국가의 수출품에 대해 상계관세를 부과하는 경우가 있고, 비관세장벽으로는 특정제품 및 성분의 사용제한 또는 금지조치, 특정 제조공정·생산방식 규제 또는 금지조치가 있다. 그리고 교역상대국 간의 환경과 관련된 각종 표준, 제품성능에 대한 검사방식, 표지제도, 인증·승인 등에 대한 요건 및 절차 등이 상이한 경우 무역장벽으로 이용할 수 있고, 제품의 제조·사용·폐기 등 전 생애주기에 걸쳐 환경친화상품에 환경마크를 부착하는 제도에 대한 부여기준을 높일 경우 간접적인 무역제재효과로 작용할 수 있다. 이를 좀 더 자세히 살펴보자.

① 관세장벽으로는 환경상계관세가 있다. 환경상계관세는 환경규제가 엄격한 국가가 그렇지 않은 국가로부터 수입되는 상품에 대해 환경규제 수준의 격차에 따른 생산비의 차이를 상쇄시키기 위해 부과하는 관세를 말한다. 각국의 환경기준은 나라별 환경상태에 따라 다르기 때문에 환경기준 역시 다를 수밖에 없다. 환경기준의 차이는 환경기준준수비용의 차이를 유발하기 때문에 제품의 생산원가 및 가격경쟁력에서의 차이를 불러온다. 이러한 이유로 환경기준이 상대적으로 엄격한 미국 등 선진국은 엄격한 환경규제로 인한 자국상품의 경쟁력상실이라는 불이익을 해소하기 위해 개발도상국의 느슨한 환경기준을 일종의 환경보조금으로 간주하여 이에 대해 상계관세를 부과해야 한다고 주장하고 있다. 수입품에 대해서는 생산과 소비 및 처리과정에서 사용된 에너지에 대해 세금을 부과하거나 유해한 화학물질을 포함하거나 그것이 오염을 유발할 경우 과세하는 방법(미국의 슈퍼펀드법) 등이 있다.

② 비관세장벽으로는 우선 환경피해 및 오염을 유발하는 제품 및 성분의 사용을 규제하는 방식이 있다. 환경유해제품과 물질의 사용 및 판매금지, 멸종위기에 처한 종의 사용 또는 판매제한·금지, 유해폐기물의 이동 및 교역의 제한과 금지, 오존층 파괴물질의 규제 등이 있다. 이러한 규제를 담고 있는 협약으로는 대표적으로 유해폐기물의 이동 및 교역을 제한하고 금지하는 바젤협약, 프레온을 포함하여 기타 오존층 파괴물질을 함유한 제품의 수입을 금지하는 몬트리올의정서, 그리고 멸종 위기에 처한 야생동식물의 국제거래에 관한 협약을 들 수 있다.

둘째, 공정 및 생산방식 규제 또는 금지조치가 있다. 공정 및 생산방식(Process and Production Methods, PPMs)에 대한 규제란 교역제품 자체가 아닌 그 제품을 생산하는 생산방법 및 공정을 규제하는 것인데 특정한 공정 및 생산방식이 인간건강과 환경에 영향을 미치기 때문이다. 예를 들어 호르몬을 투여하여 성장한 소의 경우 그 호르몬은 소 자체보다 쇠고기의 소비자인 인간에게 해롭기 때문에 수입을 규제할 수 있으며, 오존층 파괴물질을 사용하여 생산된 제품은 지구환경에 악영향을 미치기 때문에 수출입에 규제를 가할 수 있다. 유럽연합의 경우는 포획방법이 잔인하다는 이유로 덫을 사용하여 포획한 동물의 모피수입을 금지하는 등 직접적으로 제품과 관련 없는 PPMs에 근거하여 무역제한조치를 취하고 있다. PPMs와 관련하여 무역을 규제하는 국제환경협약의 대표적인 사례는 오존층 파괴 방지를 위해 채택된 몬트리올의정서를 들 수 있다. 몬트리올의정서는 오존층 파괴물질을 함유하고 있지는 않으나 생산과정에서 특정

물질을 사용한 제품에 대해서는 무역규제를 할 수 있도록 규정하고 있다. 그러나 자유무역을 원칙으로 삼고 있는 WTO는 멕시코의 유자망 조업방식을 인정한 1990년 미국과 멕시코 간의 참치 분쟁에서 볼 수 있는 것처럼 무역제한을 원칙적으로 해당제품에 한하여 적용하며 PPMs와 관련하여 발생한 환경문제는 원칙적으로 무역제한의 근거로 인정하지 않았다. 그러나 최근 들어서는 제품과 무관한 PPMs에 의한 수입규제를 제한적으로 인정하고 있다. 환경과 관련한 무역규제가 점점 강화되고 있는 경향으로 봐서 PPMs에 의한 규제는 앞으로 더 강화될 것으로 보인다.

셋째, 국제규격과 관련한 규제도 있다. 국제표준화기구(International Organization for Standardization, ISO)에서 제정을 추진하고 있는 환경경영국제규격은 환경경영, 환경감사, 환경표지, 생애주기분석 등 7개 분야에 걸쳐 심사하여 환경친화적인 체제를 구축한 사업체에게 부여된다. 따라서 적용대상은 원료의 조달에서부터 생산, 유통·판매, 그리고 폐기처분에 이르기까지 제품의 전 생애가 되고 적용 분야도 제조업뿐만 아니라 병원, 백화점과 같은 서비스 분야로 확대되고 있다. 환경보호에 대한 관심의 증가로 각 국가는 환경관련규격을 재정하게 되는데 이들 규격의 국제적 조화를 도모하기 위해 도입된 국제규격제도는 그 규격을 따라야 하는 강제성은 없으나 국제규격을 획득한 제품에 대한 신뢰성이 제품 구매에 영향을 미친다. 국제규격의 제정은 국제표준화기구로부터 인증을 받지 못한 제품의 경우 (특히 선진국의) 환경의식이 높은 국민들이 구매를 꺼려 수출에 지장을 주므로 무역장벽으로 작용하는 것이다.

넷째, 환경마크·포장 등 제품요건과 관련한 규제도 무역장벽으로 작용할 수 있다. 환경마크제도는 환경친화적 상품에 대한 소비자의 수요를 충족시키고 환경친화적 상품의 생산 및 구입을 유도하기 위해 상품의 제조, 사용, 폐기 등 전 주기에 걸쳐 환경에 부담이 적은 상품에 환경마크를 부착하게 하는 제도이다. 환경마크에 대한 소비자의 관심이 높아져 가는 상황에서 환경마크를 부착하지 않은 제품은 불이익을 받을 가능성이 높기 때문에 수출국에서는 국가마다 상이한 환경마크 기준에 맞는 제품을 생산하여야 한다. 환경마크제도 역시 환경보호를 위한 자발적 조치이지만 소비자의 제품 구매에 큰 영향을 미치기 때문에 환경마크 기준을 따라야 하는 수출국에게는 간접적인 무역장벽이 된다. 또한 포장에 관한 요건 역시 간접적인 무역제한 효과가 있다. 포장재를 환경에 유해한 재질을 사용해서는 안된다는 규정, 포장폐기물의 무료회수와 회수된 폐기물을 재이용 또는 재생가능하도록 처리하거나 생산자에게 반환해야 한다는 규정 등도 수출국 기업에게는 적응비용의 증가를 가져와 경쟁력 약화를 가져오는 무역장벽이 된다.

3) GATT/WTO의 환경관련 무역규제

(1) GATT의 환경보호를 위한 예외규정

세계무역질서를 이끌고 있는 GATT에 의한 무역규제는 환경과 무역에 관한 그린라운드 논의에서의 가장 핵심적인 문제이다. 즉 자유무역시대에 환경보전을 목적으로 하는 수출입의 규제 및 금지조치 등의 환경규제가 어디까지 'GATT의 예외사항'으로 용인되는가 하는 것이 핵심인 것이다. 우선 GATT의 탄생부터 알아보자. GATT는 국제상품교역의 긍정적 효과를 실현하기 위해 세계무역의 자유화라는 목표를 가지고 1947년 23개 국가에 의해 체결되었다. 다양한 협상에서 회원국들은 관세인하, 비관세장벽의 철폐, 그리고 서비스업의 자유화에 대해 논의하였으며, 현재는 1995년 창설된 WTO가 GATT 사무국을 대신하여 세계무역의 자유화를 이끌고 있다. WTO의 지붕 아래 GATT는 더 광범위하게 적용되고 있다.

환경보호[28] 개념은 GATT 내용에는 등장하지 않는다. 그러나 90년대 들어 환경오염의 위험성에 대한 논의와 함께 멕시코와 미국의 참치-돌고래분쟁을 계기로 무역과 환경에 관한 연계논의가 활발해지자 GATT는 1991년 처음으로 환경무역 작업반회의를 소집하고 1992년 유엔환경개발회의(United Nations Conference on Environment and Development, UNCED)에 무역과 환경보고서를 제출하는 등 환경문제에 관심을 보였으나, 기본적으로는 환경보호 목적으로 자유무역이 방해해서는 안 된다는 입장을 취하고 있었다. WTO는 "상이한 경제발전단계에 있는 각국이 자국의 필요와 우선순위에 따라 환경을 보호·보전하도록 노력하고 이를 위한 수단을 강구하며, 지속가능한 개발목표에 부합되도록 자원을 적절히 이용"할 것을 협정전문에 명시함으로써 환경보호에 관한 관심을 나타냈다. 또한 1994년 WTO 각료회의 산하에 무역

28) GATT 규정집에서 '환경' 개념은 1979년 동경라운드에서 탄생된 '무역에 관한 기술장벽협정(Agreement on Technical Barriers to Trade, TBT)'에 처음으로 등장한다. 이에 따르면 인간과 동식물의 생명과 건강의 보호와 환경·기후·지리 상태를 유지하기 위한 기술규정이나 표준은 허락된다. 그 외에도 각 국가는 환경보호를 위해 국제기준보다 더 엄격한 국내기준을 적용시킬 수 있다.

및 환경위원회(Committee on Trade and Environment, CTE)를 설치하여 무역과 환경에 관한 문제를 검토하기로 하였다. 그러나 이러한 언급과 노력에도 불구하고 WTO가 환경관련 무역정책에서 환경보호를 우선적으로 고려하지 않는 것은, WTO는 '자유무역확대'라는 목표 아래 무역정책을 수립하는 무역기구이지 환경정책을 결정하는 기구가 아니기 때문이며 따라서 환경보호노력에 한계가 있기 때문이라 할 것이다.

환경보호를 위한 원칙으로 자유무역을 지원하는 상호주의, 관세인하와 시장개방의 원칙, 그리고 수출보조금과 덤핑 금지의 원칙 외에도 최혜국대우의 원칙(1조)과 비차별원칙과 내국인대우의 원칙(3조)이 환경보호조치의 수립을 위해서는 특히 중요하다. 최혜국대우의 원칙은 모든 국가는 최고의 조건에서 수출하는 기회를 가져야 한다는 것을 의미하며, 내국인대우 원칙은 수입상품은 국내의 동종상품에 비해 차별을 받아서는 안 된다는 내용이다. 즉 무역상대국이 차별을 받아서도 안 되고 그 나라의 상품이 동종상품일 경우 차별을 받아서도 안 된다.

그렇지만 GATT의 다른 조항들에 위배될지라도 자유무역보다 더 중요한 정치적 목표를 위해 무역제한을 허용하는 조건들은 예외규정(20조)으로 존재한다. 환경보호라는 주제는 이 예외규정의 적용을 받는데, 특히 20조 b항과 g항이 의미를 가지는데, 그 내용은 다음과 같다. 20조 b항 : 개별국가는 인간과 동식물의 생명과 건강을 보호하기 위한 조치를 취하는 데 있어서 방해를 받아서는 안 된다. 20조 g항 : 한 국가가 자국의 생산과 소비를 제한하면서 유한한 자연자원을 지키기 위한 조치를 취할 때 이 조치는 정당하다. 그 외에도 21조 규정에 따르면 환경보호조치가 가능할 수도 있다. 21조는 안전과 국제평화 유지를 위한 조치를 허락하고 있기 때문이다. 이 조항들은 환경요소를 무역을 제한할 수 있는 예외요소로 명시적으로 언급하고 있지는 않지만 그에 필요한 조치는 허용된 것으로 인정된다. 그리고 이러한 원칙과 예외조항을 적용할 수 있는 대전제는 무역을 제한하는 조치들이 자의적이고 불공정한 차별적 수단이거나 또는 보호무역을 숨기려는 위장된 제한의도를 가져서도 안 된다는 것이다.[29)]

그런데 이 조항들은 살펴본 것처럼 명확하게 설명되지 않고 있기 때문에 이 예외규정들이 실질적으로 환경보호라는 목적에 적합한지의 여부에 관해서는 WTO 분쟁위원회의 패널이

29) 환경보호를 위한 규정과 원칙들은 농업협정, WTO설립협정, 위생과 검역협정과 같은 GATT 부속협정의 규정들을 통해 보충된다는 사실 또한 언급해야 한다.

결정한다. 문제는 분쟁위원회 결정에 있어서 환경에 대한 고려는 거의 이루어지고 있지 않다는 사실인데, 이는 WTO가 기본적으로 자유무역 촉진을 최우선 목표로 삼고 있기 때문에 당연하다고 할 수 있다. 아래에서 분쟁사례를 살펴본다.

(2) GATT/WTO의 **환경관련 무역분쟁**

환경관련 무역분쟁에 있어서 가장 큰 관심을 끄는 사건은 1991년 미국의 멕시코참치 수입제한조치인데, 이 사건을 계기로 환경과 무역과의 관련에 관한 논의가 활성화되었다. 이 분쟁은 다양한 문제를 포함하고 있으며 특히 이 분쟁에 대한 GATT 패널의 결정이 생산기준과 관련하여 GATT의 방향을 설정하는 첫 번째 결정으로 여겨진다. 1991년 미국은 돌고래를 죽이는 것과 돌고래 수입을 금지하는 자국의 해양포유동물보호법(US Marine Mammal Protection Act, MMPA)을 근거로 하여 멕시코 참치의 수입금지를 결정하였는데, 그 이유는 멕시코의 유자망을 사용한 참치잡이방식은 참치뿐 아니라 돌고래까지 잡아 돌고래의 멸종위험을 야기하기 때문이다. 미국은 GATT 제20조 b와 g 규정을 근거로 제시하면서 인간과 동물의 생명과 건강을 보호하고 유한한 자원을 지키려는 그들의 조치가 정당함을 주장하였으며 멕시코는 이에 대해 이의를 제기하였다.

이 문제를 맡은 패널은 미국측의 주장을 받아들이지 않았는데, 그 이유는 다음과 같다. ① 제품과 관련 없는 생산방식은 무역제한의 근거가 될 수 없다 : 제품자체가 소비과정에서 환경오염을 발생시킨다면 어떠한 제한을 가할 수 있으나 제품자체에는 하자가 없기 때문에 공정 및 생산방식에 환경오염을 발생시켰다고 하여 무역제한 조치를 취할 수는 없다는 것이다. 따라서 멕시코의 참치 어획 방법이 미국과 다르다고 하여 미국이 참치의 수입을 금지할 수 없다고 패널은 결정하였다. ② 미국은 '같은 종류의 생산품'은 상이한 생산방식에도 불구하고 차별받아서는 안 된다는 차별금지원칙·내국민대우원칙을 위반했다 : GATT 패널은, 같은 방식으로 생산되는 상품은 국내생산품이든 수입품이든 생산방식에 상관없이 같이 취급되어야 한다는 동등대우의 원칙을 미국이 위반했다고 지적했다. GATT 패널은 돌고래가 많이 희생되는 방법으로 어획한 참치와 돌고래가 적게 잡히는 방법으로 어획한 참치를 "유사제품"으로 보았다. 따라서 멕시코산 참치에 대하여 수입을 제한하는 것은 GATT협정 제3조의 내국민대우 원칙을 위반한 것으로 판정하였다. ③ GATT 20조 b와 g 규정이 자국의 범위를 넘어 해석되는 것을 인정하지 않았다 : 즉 GATT 규정은 한 나라의 국내법을 다른 나라가 준수하여 줄 것을 강요하는 것은 허용하지 않고 있다는 것이다. GATT 패널은 미국의 관할권 밖에 존재하는 동물의 생명을 보호하기 위해서 미국의 법률에 의하여 일방적 조치를 취하는 것은 잘못이라고 판결하였으며, 만약 이를 인정하면 각국이 동물의 생명 또는 건강을 위한다는 명목으로 다른 GATT 체약국의 권리를 침해하는 것이 되며 또한 보호무역주의의 수단으로 남용될 소지가 많다는 결정을 내렸다. 이처럼 미국과 멕시코 사이의 참치분쟁은 GATT협정 제3조(내국민대우), 제11조(수량제한 금지), 제20조 b와 g항(자유무역원칙의 일반예외), 공정 및 생산방법(Process and Production Methods, PPMs) 규제 그리고 적용범위의 문제 등 다양한 문제를 포함하고 있다.[30)] 이 결정에 대해서 많은 논쟁이 있었고 대부분이 패널의 이 결정에 동의했지만, 환경의 관점에서는 환경요소와 자연자원은 국경을 초월한 인류공동의 재산이라는 글로벌한 시각이 부족했다고 비판할 수 있다. 만약 패널이 미국의 손을 들어 주었다면 멕시코는 돌고래를 죽이지 않는 새로운 참치잡이방식을 고안해 내었을 것이기 때문이다.

참치-돌고래 분쟁에 관한 패널의 또 다른 결정은 미국의 2차 수입금지조치위에 떨어졌다. 미국은 미국이 수입을 금지한 나라, 즉 멕시코와 무역을 하는 나라로부터의 수입에 대해서도 금지조치를 취하였다. 유럽연합(European Union, EU)은 GATT에 제소하였고, 미국은 그들 조치의 정당성을 20조 g항에 두면서 유한한 천연자원은 국내영토의 범위를 넘어 보호되어야 한다고 주장하였다. 1차 수입금지분쟁에서와는 달리 패널은 이 조항의 적용을 기본적으로는 인정하였으나, GATT는 한 국가가 자국영토범위를 넘어선 행동과 관련되는 조치를 취하는 것을 패널의 결정대상에서 제외한다고 결정함으로써 20조 g항이 확대적용되는 것을 허락하지 않았다.[31)]

또 다른 분쟁을 살펴보자. 태국정부는 1990년 20조 b항에 근거하여 태국국민의 건강을 보호하기 위한 목적으로 미국담배에 대해 수입금지, 수량제한, 그리고 외국담배에 대한 차별적 세금 부과 조치를 단행했다. 미국은 GATT에 제소했고 이 제한들이 태국담배독점에게는 적절하지 않다고 주장했다. 패널은 국민건강을 보호하기 위한 목적을 수행하면서 무역을 제한하지

---

30) 이은섭, 2000, 171-172; Pfahl, 2000, 117-124; Hassel, 1998, 15-17; SRU, 1998, 324.

31) Pfahl, 2000, 129-133; Enquete-Kommission, 1998, 197.

않는 다른 조치들이 있기 때문에 태국의 조치는 '조치의 필수성'을 강조한 GATT와 일치하지 않는다고 결정했다. 이 결정은 20조 b항과 g항에 따라 취한 무역조치들의 '필수성'이라는 조건과 관련한 GATT의 입장을 강조하고 있다.[32)]

베네수엘라와 브라질은 미국이 휘발유에 대한 기준을 국내 섬유업자와 수입업자에게 차별적으로 적용함으로써 내국민대우원칙을 위반하였다는 이유로 미국을 1995년 WTO에 제소하였다. 패널은 외국산 휘발유에 보다 엄격한 규정을 적용한 미국의 규제는 내국민대우원칙을 위반하였으며 따라서 GATT 20조 예외조항의 적용을 받을 수 없다고 판정하였다.[33)]

1997년과 1998년 초 유럽공동체는 미국산 쇠고기 및 쇠고기제품에 대해 수입금지조치를 취하였다. 이 사건에서 문제는 EU가 1981년부터 언급하기 시작한 쇠고기에서 성장을 위해 특정 자연호르몬의 제한과 특정 인공호르몬의 금지 허용여부였다. WTO 분쟁해결기구는, EU는 그들이 제기한 성장호르몬을 투여하여 자란 쇠고기가 인간의 건강을 해친다는 위험에 대해 학술적으로 근거 있는 평가자료 없는 수입금지조치를 취하였으며, 또한 자연·인공호르몬에 대한 상이한 취급과 돼지사육에 관해서는 언급이 없는 점 등은 EU의 일관성 없는 위기관리정책을 보여 주는 것으로 이것 역시 자의적인 무역제한이라고 보아 위생 및 검역협정(Agreement on the Application of Sanitary and Phytosanitary, SPS) 5조[34)]를 위반하였다고 결론 내렸다. 이 분쟁을 통해 볼 때, 학술적인 소수의견을 고려하는 WTO 회원국의 법은 분명히 인정되지만 무역제한조치는 위험에 대한 평가를 전제로 해야 함을 알 수 있다.[35)]

미국과 몇몇 아시아국가들 사이의 새우-거북이 사건은 멕시코와 미국 사이의 참치-돌고래 사건과 유사하다. 참치-돌고래분쟁에서와 같이 미국은 자국의 멸종위기에 처한 동물종에 관한 법과 GATT 20조 g항에 근거하여 멸종위기에 처한 바다거북이를 같이 잡는 외국산 새우의 수입을 금지하였고, 인도, 말레이시아, 태국과 같은 해당국가들은 미국을 WTO에 제소하였다.

---

32) 이은섭, 2000, 175-176; Pfahl, 2000, 115-117; Enquete-Kommission, 1998, 196.

33) 이은섭, 2000, 172-173; Pfahl, 2000, 133-138.

34) SPS협정 2조는 회원국은 인간, 동물 또는 식물의 생명, 또는 건강을 위하여 필요한 위생 및 검역 조치를 취할 수 있으나 이러한 조치는 필요한 범위 내이어야 하며 충분한 과학적 근거가 있어야 한다고 규정한다. 또한 5조는 위생조치를 취한 국가는 그 조치가 차별적이거나 위장된 제한이 아니라 정당하다는 사실을 관련 국제기구의 위험평가기술을 이용하여 입증하여야 한다고 규정하고 있다.

35) 이은섭, 2000, 177; SRU, 1998, 323-324.

WTO 패널은, 미국이 관세, 조세 또는 기타 과징금을 제외한 금지 또는 제한조치를 금지하고 있는 GATT 11조 수량제한금지원칙을 위반한 동시에 20조 g항의 무역자유화 예외대상에 해당되지 않는다고 결정하였다. 이 분쟁의 패널보고서가 미국의 패소는 환경을 보호하였기 때문이 아니라 WTO 회원국 간에 차별조치를 취하였기 때문이라고 결론 내리고 있다는 점은 GATT/WTO의 목적이 환경보호가 아니라 자유무역의 원칙을 지키는 것임을 명확히 보여 주었다고 하겠다.[36] 즉 미국은 카리브해연안 국가들에게는 바다거북이가 희생되지 않도록 하는 장치를 사용하기 위하여 기술적 및 재정적 지원을 하였고 이 장치의 사용에 대한 긴 유예기간을 허용한 반면 아시아 국가들에게는 그러한 혜택을 주지 않았으므로, 미국의 이 조치가 동일한 국가에 대한 자의적이며 불공정한 차별의 수단이 되어 GATT 20조 일반적 예외의 조건을 충족하지 못하였다고 패널은 판정하였던 것이다. 이처럼 WTO는 세계무역의 원칙으로 비차별의 원칙을 지키려는 강한 의지를 상소기구의 보고서에서 보여 주고 있다.[37] 결국 미국은 그들 법의 자체모순 때문에 이 판결에서 패배하였지만, 기본적으로 환경의 관점에서 문제가 되는 생산과정을 가진 상품의 무역을 제한하는 조치들은 GATT 20조의 규정 아래서 허용되는 환경적 예외로 인정되었다고 할 수 있다.

이상의 분쟁사례들을 통해서 GATT/WTO의 입장은 다음과 같이 요약될 수 있다.[38]

① GATT에서 유추되는 조건들에 의하면 회원국은 환경보호 목적을 위해 무역을 제한하는 조치를 취하거나 계속 시행할 수 있으며, 금지, 한계치, 세금 또는 포장과 처리와 표현에 관한 의무사항과 같은 생산과 관련되는 환경보호조치들은 자국 상품과 수입품에 똑같이 적용되어야 한다.

② 무역과 환경관련 분쟁 중 대부분은 GATT협정 1조(최혜국대우), 3조(내국민대우), 11조

---

36) "우리는 환경보호가 중요하지 않다고 결정하지 않았다. 또한 우리는 WTO 회원국인 주권국가가 멸종위기에 처한 바다거북이를 보존하는 조치를 취할 수 없다고 결정하지 않았다. 분명한 것은 그들이 그러한 조치를 취할 수 있고 또한 취하여야 한다는 것이다. 우리는 주권국가들이 멸종위험에 있는 종을 보호하기 위한 쌍무적, 복수적 및 다자간협정을 체결할 수 없다고 결정하지 않았다. 우리 항소기구는 미국의 조치가 GATT협정 제20조(g)에 해당하는 환경목적을 가진다 하여도 그러한 미국의 조치가 WTO 회원국 간 불공정한 차별적 조치가 된다면 GATT협정 제20조의 일반적 예외에 해당될 수 없다는 것이다." 김영생 2002, 382-383에서 재인용.

37) 김영생, 2002, 382.

38) 김영생, 2002, 377-386; WBGU, 2001, 180; 이은섭, 2000, 169-182; Pfahl, 2000, 146-155; Enquete-Kommission, 1998, 198-201; Weber, 1998, 182-185.

(수량제한의 예외), 20조(일반예외)와 관련된다. 대부분의 사건들이 20조 b항 및 g항을 무역제한조치의 근거로 언급하고 있으나, 패널은 자의적 또는 불공정한 차별조치와 위장된 무역조치를 금지하는 20조의 전문요건을 위반하였다는 판결을 내림으로써 20조의 적용을 엄격히 제한하고 있다. 또한 20조 b항에 의하면 생명과 건강을 보호하기 위한 어떤 조치가 '필요한' 것으로 간주되기 위해서는 태국의 미국담배수입금지에 대한 패널의 결정에서 보여지는 것처럼 GATT에 부합하는 다른 조치가 없어야 하며 이 '필요한' 조치는 GATT 규정들을 최소한도로 손상시키는 것이어야 한다고 해석되고 있다. 그렇기 때문에 이 해석에 있어서 어떠한 무역제한조치가 어떻게 GATT 내용과 최소한도로 불일치하는지가 사안별로 구별되고 있다. 자연자원의 보존을 위한 무역제한조치를 언급하고 있는 20조 g항도 그 기본목표가 보존이어야 하며, 국내 상품에 대한 제한도 동시에 이루어져 국내조치의 효율성이 우선되어야 한다고 해석된다. 이러한 해석은 환경보호보다는 무역자유화에 우선을 두는 GATT/WTO의 입장을 여실히 보여 주고 있는 것이라 하겠다.

③ GATT/WTO는 비제품관련 공정 및 생산방식규제(non-product PPMs)를 인정하지 않고 있다. 환경보호조치가 생산물은 물론 상품의 공정·생산방식[39]에도 관련될 수 있을지라도, 분쟁사례들은 GATT 20조 b와 g 규정이 일반적으로는 무역제한근거로 사용되지 않는다는 사실을 보여 준다. 즉 상품의 표시나 포장처럼 상품의 특성과 관련되고 무역파트너로부터 GATT 20조의 준수를 요구받는 기준은 GATT 체제에 합당하지만, 제품과 관련이 없을 경우 무역제한은 인정되지 않는다. 미국과 멕시코의 참치분쟁을 해결한 GATT 패널의 결정에 대해 환경주의자들은, GATT 패널은 자유무역이라는 그들 규정의 적용에 대하여서만 초점을 두었을 뿐 '환경보호' 목적에 대해서는 무시하였다고 비판하면서 초국경적인 환경오염을 방지하고 세계적인 환경요소를 보존하기 위해서 생산방식을 근거로 한 무역제한도 허용되어야 한다고

---

39) 환경관련 무역규제조치는 그 규제대상에 따라 '제품(product)'에 대한 규제조치와 '공정 및 생산방식(Process and Production Methods, PPMs)'에 대한 규제조치로 구분된다. 제품에 대한 규제조치는 제품이나 성분 자체가 환경오염을 야기하거나 인간과 동식물의 건강이나 생명에 유해하여 가하는 규제와 멸종위기에 처한 야생동·식물의 생산, 사용 및 유통을 규제하는 조치이다. PPMs 관련 규제는 제품관련 제조공정과 비제품관련 제조공정으로 구분한다. 제품관련 제조공정은 제조공정이 제품의 특성에 영향을 주어 제품 자체가 또는 제품을 사용할 때 환경을 오염시키는 경우를 말하고, 비제품관련 제조공정은 제조공정 자체가 대기와 하수에 오염물질을 배출함으로써 환경을 오염시키는 경우를 말한다. 김정수, 2001, 306-307 참조.

주장한다. 일정한 기준을 적용하기 위해서는 그것이 가져다주는 외부효과가 고려되어야만 한다. 생산기준은 대체적으로 국내에서 확정되지만 오늘날과 같은 자유무역의 시대에 국가별로 상이한 PPMs 기준은 국외에서도 효과를 가지기 때문에 국제적 규정이 필요한 상태이다. 먼저 GATT/WTO가 인정하고 있는 것처럼 상품의 소비, 즉 포장과 내용물은 환경과 건강을 손상시킬 수 있기 때문에 상품 특성의 개선에 관한 논의가 이루어져야 함은 물론, 생산과정에서 발생하는 환경을 오염시키는 유해물질의 생산개선에 관한 기준이 도입될 수 있어야 한다. 따라서 GATT/WTO는 생산방식을 근거로 한 무역제한의 일정기준을 우선 정립해야 하며 그 기준에 따라 무역제한을 인정할 수 있어야 할 것이다.

④ GATT는 20조 b와 g항 규정이 자국의 범위를 넘어서서 적용되는 것을 인정하지 않는다. 즉 각국은 환경보호조치를 취할 수 있지만, 이 규정은 자국 영토 밖에서 인간과 동식물, 그리고 자연자원의 보호를 위해 무역을 제한하는 조치가 시행되는 것을 허락하지 않았던 것이다. 세계적인 환경요소의 사용에 있어서 무역제한조치는 단지 국제환경협정에 의해서만 이루어지고 있지만, 국제환경협정의 무역조치는 지금까지 GATT에 예외규정으로 언급되어 있지 않고 GATT의 국제환경협정에 대한 입장 또한 명확하지 않다. 그러나 미국과 EU 사이의 두 번째 참치분쟁에서 알 수 있는 것은 WTO 패널이 환경관련 요구를 더 많이 고려한다는 사실이다. 비록 패널이 이 분쟁에서 20조 g항의 적용범위에 대한 사항은 그들의 고려대상에서 제외된다고 함으로써 그 적용범위를 제한하였으나, 미국에게 돌고래 보호를 위해 무역조치의 도움으로 다른 국가에게 영향력을 행사할 수 있다는 점, 즉 국내 영토를 벗어나고 생산공정을 문제삼은 무역제한은 기본적으로 GATT와 조화를 이룰 수 있다는 점을 인정하였다고 할 수 있다. 이 결정을 통해 지금까지 GATT 패널의 결정에서 명확하지 않았던 세계적 환경보호를 위한 시급성이 암묵적으로 인정되고 국제적으로 제기된 지속가능한 발전에 대한 전략과 세계적 환경요소의 보호가 GATT의 무역레짐과 일치하는 가능성이 주어졌다고 독일의회의 앙케테 위원회는 평가한다.

4) 국제환경협약의 무역규제

다양한 국제환경협정 역시 무역을 제한하고 있다. 약 180여 개의 국제환경협정 중에서

「멸종위기의 야생 동식물의 국제교역에 관한 협정」, 「북극곰 보호협정」, 「오존층 파괴물질에 관한 몬트리올의정서」, 「유해 폐기물의 국제이동 및 처리의 통제에 관한 바젤협정」, 「기후변화 협약」, 「생물다양성협정」 등을 비롯한 18개 협정이 국제무역에 영향을 미치고 따라서 GATT 규정의 적용과 관련을 맺고 있다.

많은 국제환경협정 중 가장 성공적으로 지켜지고 있다는 평가를 받고 있는 몬트리올의정서를 비롯하여 다양한 국제환경협정들이 무역규제를 제한하고 있지만 현실적으로 이들 협정에 근거하여 무역과 관련한 분쟁은 발생한 적이 없다. 이는 가입국이 이들 협정을 잘 준수하고 있다기보다는 분쟁사건화되기 전에 해당국가들 간의 개별협상을 통해 문제를 해결하는 방식을 취하고 있기 때문이라고 여겨진다. 국가들 간의 협상을 통해 문제가 해결된다는 사실은 환경문제가 분쟁조정위원회로 가지 않아도 될 만큼의 중요성을 가지고 있다는 의미일 수도 있고, 다른 한편으로는 국제환경협정과 GATT/WTO 규정 간의 충돌 시 그 해결방법이 명확하지 않기 때문일 수도 있다. 환경문제가 무역보다는 그 중요성이 낮다는 사실에 대해서 환경의 중요성을 인식하기 위해서는 여러 종류의 노력과 경제우선패러다임이 변화가 있어야 할 것이지만, 국제환경협정과 GATT/WTO 규정이 충돌하는 경우를 대비해서는 원칙을 세울 필요가 있다.

국제환경협정과 GATT/WTO 규정의 관계를 정립함에 있어서 가장 먼저 생각할 수 있는 것은, 국제법의 충돌에 있어서는 일반적으로 특별법우선의 원칙과 신법우선의 원칙이 적용된다는 사실이다. 특별법우선의 원칙에 따르면 당연히 국제환경협정들이 우선 적용되겠지만, 1969년 조약법에 관한 비엔나협약에 의한 신법우선의 원칙이 적용될 경우에는 에스티가 지적한 것처럼 어느 법이 우선 제정되었느냐 하는 문제가 발생한다.[40] 예를 들어 1987년 제정된 몬트리올의정서는 1947년의 GATT규정보다 우선하지만 1995년 WTO의 창설로 인해 GATT규정이 우선할 수 있기 때문이다. 이처럼 법적용의 우선순위가 명확하지 않은 상태에서 국제환경협정과 GATT/WTO 규정의 적용에 관한 기본원칙이 정립되어야 할 것이다.

또 다른 고려사항으로 국제환경협정이 어느 정도 보편성을 확보하고 있는가 하는 것이다.

---

40) 에스티, 1996, 320.

지금까지 국제환경협정이 GATT/WTO 분쟁해결위원회의 심사대상에 포함되지는 않았지만, 앞으로 이런 일이 일어날 것이라는 점은 배제할 수 없기 때문에 보편성에 대한 고려가 필요한 것이다.[41] 따라서 이 문제와 관련되는 사건이 분쟁해결위원회에 제소된다면 패널은 언제 이 협정이 GATT 20조 예외규정의 적용을 받을 정도로 인정되었는지를 우선적으로 결정해야 할 것이다.[42] 이처럼 국가들은 협상과정에서 어떤 무역제한이 GATT보다 우위에 있으며 어떤 조항이 특별히 점검되어야 하는지 결정해야 한다.[43]

또한 국제환경협정의 특성상 GATT/WTO체제와의 관계를 명확히 할 필요가 있는데, 예를 들어 비가맹국과의 무역규제를 규정한 몬트리올의정서 4조에 근거한 환경관련 무역제한조치들은 규제되는 다양한 원소들의 개정과 계속적 작성, 개발도상국가로의 재정과 기술이전 또는 개별국가들의 위반 등에 대해서 규정해야 하지만 그와 관련된 문제 전체를 WTO체제 내에서 해결하기는 어려우며 또한 오존문제에 대한 규정은 오늘날 과도하게 복잡해진 WTO 협상체계에서는 충족될 수 없기 때문이다.

이러한 문제점을 일시에 해결할 수 있는 방안으로는 환경보호그룹이 주장하는 세계적으로 공통적용되는 환경기준을 설정하여 이를 무역법에 연계시키는 방안이 있다. 그러나, 일방적인 무역제재를 허용하는 WTO의 제재구조가 "이빨 없는" 환경협정의 시행을 위한 효과적인 수단이기는 하지만 단일한 환경기준에 대한 선진국과 개발도상국가들의 입장차이가 너무 커 실현가능성이 희박하다고 할 수 있다. 현실적인 방법은 특별법인 국제환경협정에 근거한 무역제한규정을 명문화하여 다자간 무역체제 속으로 받아들이는 것이다.[44] 즉 보편적인 효력을

41) 예를 들어 1989년 몬트리올의정서가 효력을 발휘하였을 때 중국, 인도 또는 다른 개발도상국가들과 같은 중요한 국가들은 회원국이 아니었기 때문에 보편적인 효력을 가지고 있다고 보기는 어려웠으며, 2005년 현재 중국은 1989년 발효된 몬트리올의정서에는 1991년 가입하였지만 1999년의 몬트리올 개정서와 2000년의 베이징 개정서에는 가입하지 않은 상태다. 인도는 1989년 몬트리올의정서, 몬트리올 개정서와 베이징 개정서에 비준을 마쳤다. 1989년의 몬트리올의정서에는 189개 국가가 비준을 마쳤으며 몬트리올 개정서에는 132개 국가가, 베이징 개정서에는 93개 국가가 비준을 마친 상태이다.(www.unep.org/ozone/Treaties_and_Ratification/2C_ratificationTable.asp, 2005년 8월 11일 검색)

42) 그러나 다른 한편으로, 세계적 관심사를 반영하지 못하는 북극곰 보호를 위한 협정처럼 WTO회원국 일부가 가입해 있는 지역적 국제환경협정도 그 협정의 토대가 되는 환경요소의 중요성을 고려하여 이미 광범위하게 인정되어져서 WTO 회원국 다수가 이의를 제기하지 않는다면 무역제한을 할 수 있다고 인정되어야 할 것이다.

43) Biermann, 1999, 31.

44) 에스티, 1996, 320-321.

가지는 환경협정이 GATT 20조 b항과 g항의 적용을 받을지라도, 국제환경협정이 광범위하게 받아들여져 보편적인 효력을 가지게 될 시기를 구체적으로 언급하여 GATT의 20조 조항이 유보 없이 즉각 정당성이 있다고 받아들여지도록 해야 한다는 것이다. 이럴 경우 문제는 WTO의 해석을 통해 역외효과를 가지는 생산방식에 있어서 다자간 무역제한과 국제환경협정을 근거로 하여 오랫동안 인정된 무역제한이 충돌할 경우이다. 이들의 관계는 사전에 정의해 놓을 수도 있고 사후에 정의할 수도 있다. 사전적 정의란 해석위원회에서 각료회의가 일련의 기준을 만족시키는 국제환경협정의 무역제한조치가 GATT 20조의 구성요건을 갖추고 3조와 11조같이 GATT 핵심의무에 선행한다고 정의 내리는 것이다. 이러한 사전적 정의는 일방적 무역조치의 남용을 사전에 방지할 수 있는 장점이 있는 반면 무역제한조치를 사전에 허용하게 됨으로써 국제무역규범의 안정성이 흔들릴 수 있는 위험도 가지고 있다. 국제환경협정을 GATT/WTO에 선행시키는 사전정의는 현재와 미래의 모든 국제환경협정이 광범위하게 고려되어야 하며 몇몇 국가의 오용을 방지하기 위해 엄밀히 검토해야 할 것이다. 한편 환경관련 무역분쟁이 일어나고 난 후 분쟁을 해결하고자 하는 사후적 접근방안은 무엇보다도 국제무역규범이 국제환경규범에 우선하게 됨을 의미한다는 결정적 문제가 있다.[45] 또한 사후결정은 어떠한 무역제한이 추후에 WTO 각료회의로부터 허용될 수 있는지의 여부에 대해 명확하지 않기 때문에 국제환경협정에서 법적 불안정성을 야기한다. 사전적, 사후적 방법 또는 우리나라와 뉴질랜드가 주장하는 절충적 방법을 막론하여 중요한 점은 각 국가가 환경보호의 의지를 어느 정도 가지고 있으며 또한 경제발전이라는 이해관계 안에서 어떻게 국가 간 합의를 이루어 내느냐의 여부라 하겠다.

5) 개별국가의 환경관련 무역규제

개별국가에 의한 환경규제는 주로 미국, 유럽연합 등 선진국을 중심으로 시도되고 있다. 이들은 청정생산 및 자원순환형 사회경제체제 구축을 목표로 환경규제를 강화하고 있다. 이들 국가는 자국의 환경보전과 국민의 건강을 위하고 동시에 자국 내의 산업을 보호하기 위해

45) 이호생, 1995, 47, 138-140.

수입품에 대해서도 국내제품과 동일한 환경기준을 적용하여 일정기준에 미달하는 제품에 대해서는 일방적으로 수입을 규제하거나 의무를 부과하고 있다.

경제통합을 이루고 정치적 통합을 향해 나아가는 유럽연합은 환경오염물질의 역내 국가간 이동이 자유로우며 자연환경도 공유하고 있기 때문에 '환경공동시장(Common Market in terms of Pollution)'이라는 인식을 가지고 있다. 이러한 인식과 함께 환경오염대책도 사후복구보다는 사전예방위주로 개편하고 있다. 이러한 관점에서 나온 주요환경정책으로는 다음과 같은 것이 있다.[46)]

① 전기·전자제품 폐기물처리지침(Directive on waste electrical and electronic equipment, WEEE) : 2003년 발효되어 2006년 12월 31일부터 적용되는 이 지침은 소비자에 의해 사용된 후 소각·매립되지 않은 전기·전자장비들을 생산자로 하여금 일정한 비율로 회수·재활용하도록 의무화한 지침이다. 대상품목은 전력 1,000V AC와 1,500V DC 이하에서 사용되는 모든 유형의 전기 및 전자제품이 그 대상으로, 주요 전기·전자제품별로 회수(recovery), 재사용(re-use) 및 재활용(recycle) 비율이 정해져 있으며 이 비율을 준수하는 기업의 전기·전자제품만이 EU 내에서 판매가 가능하다. 전기·전자장비 폐기물은 전체 도시폐기물의 4%를 차지하고, 매 5년마다 16~28%씩 증가되어 평균 도시폐기물 증가보다 3배나 빠른 속도로 증가하고 있다. 도시폐기물 중에서도 가장 큰 오염원이 되고 있는 전기·전자·자동차 장비 폐기물의 재활용은 상당한 자원절약 효과를 가져올 뿐만 아니라, 자연자원 낭비 및 오염방지라는 환경행동계획의 목적에 부합하는 것이기도 하다.

② 전기·전자제품 유해물질 사용제한지침(Directive on the restriction of the use of hazardous substances in electrical and electronic equipment, RoHS) : 전기·전자제품 폐기물의 처분과 재활용 과정에서 재활용성을 저해하거나 환경오염물제를 야기할 수 있는 유해물질은 전기·전자제품 내 사용을 제한하고 이러한 물질들을 유해성이 적은 물질로 대체하도록 의무화한 지침으로 2003년 발효되어 2006년 7월 1일부터 적용된다. 그 주요내용은 납, 수은, 카드뮴, 6가 크롬, PBB 및 PBDE(총 6종) 등 사용이 제한되는 물질이 포함된 신규 전기·전자제품은 EU 역내에서

46) 이하 전국경제인연합회, 2005 참조.

판매가 불가능하다는 것이다. 이 지침은 대형 가전기기, 소형 가정기기, IT 및 통신장비, 소비가전, 조명기기, 전기 및 전자공구, 완구/레져/스포츠용품, 자동판매기 등 8개 전기·전자제품 품목군에 적용된다.

③ 에너지사용제품 에코디자인지침(2005/32/EC on establishing a framework for the setting of ecodesign requirements for energy-using products and amending Council Directive 92/42/EEC and Directives 96/57/EC and 2000/55/EC, EuP) : 2005년 발효되는 이 지침에 따르면 에너지사용제품(EuP)의 설계 시 친환경적 디자인을 채택하고 이를 위해 에코디자인 필수요건을 규정하고 세부 이행수단을 개발하도록 하고 있다. 이는 제품이 환경에 미치는 총 영향 중 80% 이상은 디자인 과정에서 이미 결정되기 때문에 디자인, 제조, 유통, 사용 및 폐기 등 모든 단계에서 환경친화성을 고려한 환경정책을 실시할 필요가 있기 때문이다. 에코디자인이란 제품을 디자인할 때 제품의 전 과정을 고려하여 환경영향을 최소화하도록 설계해야 한다는 원칙을 말한다. 해당품목에는 조명기기, 사무기기, 냉난방기기, 가전제품 등이 포함되며, 이행수단 대상제품에 대해서는 EU 공동의 규격인증제도인 CE(Conformite European)마크를 부착함으로써 해당 세부요건을 만족하고 있음을 증명한다.

④ 신화학물질관리정책(Registration, Evaluation, Authorization and restriction of Chemical, REACH) : 기존의 약 40개 화학물질 관리법령을 통합한 단일 통합관리체제를 말한다. EU 역내에서 거래되고 있는 화학물질에 대한 위험성 평가의 책임소재를 각 회원국 정부기관에서 해당 화학물질의 생산자로 변경하여 생산자가 일정규모 이상 생산·사용하는 물질을 등록하고 관련 정보를 제공하도록 의무화하는 새로운 EU의 통합 화학물질 관리정책이다. 위험물질에 대한 우선 관리체제 규정, 업체의 관리의무 강화, 화학물질 유통과정상의 정보제공 강화, 특정물질의 사전 사용 승인제도 규정, 미확인 화학물질 함유제품의 수입규제 규정, 위험 화학물질의 대체유도, EU 이외 지역의 시험결과 인정과 화학물질의 개발도상국에로의 수출 시 사전동의 및 기술지원 등이 주요 내용이다.

⑤ 폐자동차처리지침(ELV) : EU는 자동차 폐기물 발생감소와 재활용 그리고 유해물질 사용억제를 위한 자동차 폐차처리지침을 제정하였다. 2000년 발효되는 이 지침은 EU 역내 자동차 제조업체와 판매업체에게 폐차의 무료수거 의무를 부과하고 재사용(reuse), 재활용(recycle), 재생

(recovery) 의무화 비율을 준수하도록 강제하고 있다. 2003년 7월 이후 EU에서 판매되는 자동차 부품, 소재의 중금속 함유량을 규제하고 있다.

〈표 6〉 폐자동차처리지침(ELV)

구분	1980년 이전	2006년 1월 이후	2015년 1월 이후
재사용 및 재활용	70% 이상	80% 이상	85% 이상
재사용 및 재생	75% 이상	85% 이상	95% 이상

출처 : 전국경제인연합회, 2005, 10.

유럽연합 이 지침들의 시행을 위해 개별 회원국은 시행법을 마련·실시하고 있다. 프랑스는 WEEE와 RoHS 지침을 반영한 WEEE법령을 2004년 11월 25일 승인하였으며, 독일은 WEEE와 RoHS를 통합한 '전기·전자제품의 판매, 회수, 친환경폐기에 관한 법률(ElektroG)'을 2005년 3월 발효하여 지자체가 지역수거를 맡고 등록관리기관을 설립하여 2005년 11월까지 모든 제조업자 및 수입업자가 수거·재활용실적을 등록하도록 의무화하였다. 이탈리아는 2005년 1월 12일 WEEE/RoHS 국내법안을 최종확정하여, 세제혜택과 재정보조를 받는 지방수거센터가 소비자 및 소매상으로부터 수거하고 생산자는 수거센터에 비용을 납부하는 시스템을 운영하고 있다. 또한 네덜란드는 2004년 7월 전지전자기기법령을 채택하였으며 2005년 1월 발효하였는데, 지자체가 가정용 폐전기전자제품의 회수장소를 제공하고, 생산자는 폐전기전자제품의 재생을 위한 시스템을 구축하였다. 한편 유럽연합의 이 정책에 대해 유럽연합 이외의 국가들도 대응책을 마련하였다. 일본은 1998년 공포된 특정가정용기기 재상품화법을 2001년부터 시행하고 있는데, 재상품화 비율은 에어컨은 60% 이상, TV는 55% 이상, 냉장고와 세탁기는 50% 이상이며 IT산업의 발전에 따라 늘어나는 가정용 PC를 자원으로 이용하는 체제를 2002년부터 구축하였다. 미국도 제조자중심의 회수처리가 이루어지도록 주정부 차원에서 법안을 마련하고 있다.

그린라운드에 대한 미국의 대응을 보면, 우선 미국은 1990년 10월 산성비, 도시지역의 대기오염, 유해가스의 배출, 오존층 파괴 등의 환경오염을 줄이기 위해 자동차 배기가스의 배출기준을 대폭 강화하는 것을 골자로 하는 대기정화법 개정안을 통과시켰다. 신대기정화법이라고 불리는 이 개정법은 1991년까지 질병을 유발하는 41종의 유해가스배출원에 방지장치의 장착을 의무화한 후 2003년까지는 적용대상을 250종으로 확대하고 있다. 또한 오존층을 파괴하는 유독성, 휘발성 유기화합물의 배출량을 1995년까지 1990년 수준에서 15% 감축시키고 2000년까지는 20% 줄인다는 목표 하에 저공해 및 개량형 휘발유의 생산을 의무화하고 있다. 이로 인해 미국산업계는 비용부담이 증가하게 되었지만 이 법은 미국산업의 경쟁력 약화방지와 효율적인 환경규제를 위해 118조에서 교역상대국에도 동일한 대기오염방지기준의 적용을 요구할 것을 규정하고 있다. 또한 미국은 멸종위기 동식물의 불법거래행위가 확인될 경우, 그 대상국의 관련제품뿐만 아니라 모든 수입제품에 대하여도 무역제재를 가할 수 있는 '펠리수정법'을 1992년 제정하였으며, 1993년 5월부터 가방, 스티로폼, 에어컨, 냉장고 등 오존층 파괴 물질인 CFC를 사용한 제품에 대하여 경고라벨을 부착하는 것을 의무화하였으며 경고라벨을 부착하지 않은 제품은 수입통관을 허락하지 않고 있다. 이외에도 에너지 효율성을 높이기 위해 에너지 효율에 관한 기준을 설정하고 에너지 효율 제품에 대해 라벨을 부착하는 등의 제도를 시행하고 있다.

독일은 에너지 라벨링, 자동차 CO_2 배출량 규제, 연비라벨링 등 다양한 제도를 시행하고 있으며 특히 주목할 것은 1991년 6월 생산자 및 유통업자에 대한 포장폐기물의 회수의무를 규정한 포장폐기물의 억제에 관한 법령 공포이다. 이 법령의 회수대상으로는 운송용 포장, 판매용 포장 그리고 재포장 등이 포함되며, 이 법령에 따라 상품판매자는 판매장소나 인접구역에 포장폐기물의 회수를 위한 수집용기를 설치하여야 하고 소비자가 처리하고자 하는 포장폐기물을 무료로 회수해야 하며 회수된 포장폐기물을 공공폐기물처리장 이외의 장소에서 재이용 또는 재생가능하도록 처리하여 생산자에게 반환하여야 한다. 생산자는 반환된 포장폐기물을 역내 공공폐기물처리장 이외의 장소에서 재이용 또는 재활용해야 할 의무가 있으며 사후에 판매자 및 생산자는 일정비율 이상의 포장폐기물을 회수, 재이용 또는 재활용했다는 사실을 입증해야 한다. 이같은 독일의 폐기물규제움직임은 가전제품에도 파급되어 있으며 폐자동차에도 확산, 적용될 것이므로 독일에 상품을 수출하는 기업들에게 비용부담을 초래하여 무역장벽으로 작용하고 있다.

덴마크는 1981년 맥주와 음료용기의 재활용 확대를 위해 예탁금 징수제와 음료용기 회수제도를 도입하였다. 덴마크의 이 제도는 아주 엄격하여 맥주 및 음료제조회사는 용기를 회수하는 장소와 설비를 갖추어야 하고 용기의 원활한 회수를 위한 계획을 수립하여야 한다. 더욱이 용기는 한 번 사용한 용기를 그대로 다시 사용할 수 있도록, 즉 재이용이 가능한 것으로 제한되어 있다. 다시 말해 맥주 및 음료용기로 알루미늄캔과 종이팩은 사용할 수 없으며 실질적으로 용기는 유리병에 국한되고 있다. 또한 제조회사는 회수제도가 완전하며 일정비율 이상의 용기가 실제로 재이용되고 있다는 보증을 받아야 하고 재이용 가능한 용기라 하더라도 환경부의 승인을 받은 용기만 사용해야 한다. 이러한 엄격한 규정에 대해 여타 국가들은 이 제도가 덴마크 이외의 음표제조업체들에 대한 무역차별수단으로 자유무역을 규정한 로마조약 30조에 위배된다고 하여 1986년 유럽공동체 사법재판소에 제소하였다. 1988년 9월 유럽공동체 사법재판소는 이 제도가 로마조약 30조에 위배되지만 국내 제조음료와 수입음료에 동등하게 적용됨으로써 환경보호에 도움을 주는 한 합법적인 조치라고 선언하였다. 즉 재활용이 불가능한 용기를 사용한 음료의 수입을 금지시킨 덴마크의 결정이 자유무역정책에 위배되는 것이 아니라는 파격적인 판결을 내려 "환경보호는 자유무역원칙에 우선할 수 있다"는 중요한 시사점을 던져 주었다.

이러한 다양한 환경관련 무역규제 조치를 보건대 환경보호를 위한 무역규제조치가 기존의 자유무역 체제에 종속되어 있는 것이 아니라 이에 우선하는 새로운 세계질서를 형성하는 체제를 가져올 수도 있다는 것을 보여 준다고 하겠다.

제5장

각국의 환경정치

1. 미국의 환경정치

미국은 정치·경제·군사적으로 세계최강대국이다. 풍부한 자원, 3억이 넘는 인구를 기반으로 대량생산과 대량소비가 이루어지고 있는 세계의 시장이다. 환경문제와 갈등관계에 있는 경제의 성장발전은 환경정치의 발전에 장애로 작용할 수밖에 없음에도 불구하고, 풍부한 자본과 시민들의 관심 등으로 인해 많은 환경법과 환경정책이 실시되고 환경기술은 세계적 수준이며 다양한 환경단체가 활동하는 환경선진국이다. 이하에서는 미국의 환경정책의 역사, 환경행정 그리고 기후변화체제에 대응하는 미국의 정책을 살펴본다.

1) 환경정책의 역사

미국 환경정책의 역사는 1970년대를 기점으로 하여 그 이전과 이후로 구분할 수 있다. 환경정책의 성격이 달라지기 때문이다. 1900년대부터 1969년까지 자연보호가 주된 쟁점이었다. 다시 말해 1969년까지 연방정부는 오염방지와 정화를 위한 입법과 행정보다는 '핀쇼(Gifford Pinchot)의 자연자원 관리'로 대변되는 정책에서 볼 수 있듯이 공유지와 국립공원 등의 관리에 중점을 두었다. 반면에 1970년대 이후에는 수질오염, 대기오염 등 공업화에 따른 오염이 주요 문제가 되었다. 또한 70년대 이전까지 환경문제에는 주정부나 지방정부가 담당하였으나 그 이후로는 연방정부가 환경문제에 적극 대처하게 된 차이점도 있다. 1970년대 들어 미국은 환경정책을 펴기 시작하였고 이후 전반적으로 발전하고 있지만, 정권별로 또는 경제상황에 따라 후퇴하는 경향을 보이기도 하였다.

1970년대 들어 환경정책이 발전하게 된 계기로는 레이첼 카슨의『침묵의 봄』발간을 들 수 있다. 현대과학기술이 생태계를 파멸로 이끌 수 있다는 사실이 일반시민과 정치권에 큰 충격을 주면서 환경문제에 대한 관심이 고조되었던 것이다. 이러한 관심은 1969년 국가환경정책법(National Environmental Policy Act, NEPA)의 제정과 1970년 환경청(U.S. Environmental Protection Agency, EPA) 설립으로 이어졌고, 1970년 4월 22일 지구의 날 행사에서 다양한 토론회가 개최되는 등 환경문제를 중요한 정치적 이슈가 되게 하였다. NEPA는 연방정부가 재정적 지원과 기술적 지원 등 모든 실질적인 수단을 동원하여 인간과 자연이 조화를 이루는 환경을 만들 것을 언급하고 있다.[47] 미국의 환경보호에 관해 기본이 되는 헌장이라 할 수 있는 이 법의 핵심내용은 모든 연방기관이 개발사업시행 전에 환경영향평가를 실시하여 환경영향보고서를 마련하여야 한다는 것과 환경위원회(Council of Environmental Quality, CEQ)를 설립하도록 한 것이다. 후반기의 반환경적 정책과는 달리 집권 초기 스스로를 환경주의자라 칭한 닉슨대통령은 1970년 미국환경청(U.S. Environmental Protection Agency, EPA)과 환경위원회(Council of Environmental Quality, CEQ)를 창설하고 1970년의 대기정화법(Clean Air Act, CAA)과 1972년의 수질오염방지법(Federal Water Pollution Control Act, FWPC)을 개정하는 등 적극적인 환경정책을 실시하였다. 개정된 대기정화법은 대기상태에 관한 기준 및 배출한계를 설정하고 이 기준을 달성하기 위해 주정부가 계획을 수립하도록 하였으며 자동차의 매연배출을 감소시키기 위한 조치를 주요 내용으로 담고 있다. 물에 배출하는 오염물질규제를 위한 틀을 마련한 개정된 수질오염방지법은 국가의 수질목표를 설정하고 오염물질 배출허용체계를 구축하고 폐기물처리공장 건설에 대한 주정부 지원을 증대한다는 등의 내용을 담고 있다. 이처럼 이 두 법은 연방기관인 환경청이 국가차원에서 달성해야 할 대기 및 수질의 개선목표와 시한을 설정하고

47) NEPA의 입법취지는 다음과 같다 : "이 법은 연방정부가 주정부, 기초 자치단체 그리고 공사조직과 협조하여 일반복지를 육성, 촉진시키고 인간과 자연이 생산적 조화(Productive harmony) 속에 존재할 수 있는 여건을 창조, 유지시키며 현재 및 다음 세대 미국인들의 사회, 경제 및 기타요구를 충족시키기 위하여 계산된 방법으로 재정 및 기술지원을 포함한 모든 실질적인 수단과 방법을 이용하기 위한 계속정책이다." 송인성, 2005, 229에서 재인용.

이를 달성하기 위해 행정기관에 산업체를 규제하는 권한과 책임을 부여하는 등 이후 환경정책의 기조를 형성하였다.[48] 이외에도 살충제 규제, 멸종위기종보호 그리고 독성화학물질규제를 위한 다양한 법이 제정되었다.[49] 카터대통령 시대에도 많은 환경법과 정책이 시행되었다. 성공을 거두지는 못했지만 에너지 절약과 재생에너지 자원개발을 위한 포괄적인 프로그램을 확립했고, 러브캐널사건을 계기로 유독폐기물 부지를 청소하기 위한 슈퍼펀드(Superfund)법을 통과시켰으며, 알래스카 땅 1억 2백만 에이커를 국립원시림, 야생동물보호처, 공원으로 지정하여 보호하는 알래스카국익토지보전법을 제정하였다. 알래스카지역뿐 아니라 알래스카 이외의 지역에서도 국립원시림 지정이 1970년에 1천만 에이커에서 1980년에는 2,300만 에이커로 두 배 이상 증가하였고, 같은 기간에 국립공원도 250만 에이커가 추가되었으며 국가야생동물보호체계가 증가되었다.[50]

역사상 가장 반환경적인 입장을 가졌다고 평가되는 레이건대통령은 환경보호는 경제성장과 근본적으로 양립할 수 없다고 보았다. 따라서 그는 경제침체를 극복하기 위해 규제위주의 많은 환경입법과 환경정책들을 약화시켰다. 또한 환경청의 예산도 감소하였다. 환경청 운영예산은 1981년부터 1983년 사이에 1/3가량 줄어들었고 인력은 20% 정도 감소하였다.[51] 그러나 의회에 의해 1984년 자원보전 및 재활용법(Resource Conservation and Recovery Act), 1986년 슈퍼펀드법과 안전음용수법(The Safe Drinking Water Act) 그리고 1987년 수질오염방지법이 개정, 강화되었다. 시장경제를 우선하는 레이건 행정부의 반환경적 입장은 새로운 저연비 자동차의 기준을 설정하는 것을 막았고, 에너지보존과 재생에너지 공급개발을 지원하지 않는 등 에너지 수급구조를 개선할 수 있는 기회를 놓치게 하였다. 심각한 지구온난화 문제로 인하여 현재 전 세계가 벌이고 있는 자원확보, 신재생에너지 개발과 에너지효율성 향상 기술개발을 위한 경쟁의 관점에서 볼 때 그의 반환경적 정책은 미국 경제와 환경에 상당히 부정적인 영향을 미쳤다고 하겠다. 그러나 그의 반환경정책은 오히려 시민들의 환경에 대한 관심의 증가를 불러와 일반시민집단이 조직화되고 환경단체 회원이 급증하는 등의 긍정적인 효과도

48) 양종회 외, 2002, 76.
49) 닉슨정부부터 클린턴정부까지 미국의 주요 환경법 변천에 관해서는 송인성, 2005, 235-238 참조.
50) 송인성, 2005, 230.
51) 양종회 외, 2002, 78.

낳았다.

레이건정부의 반환경정책에 대한 비판을 의식하여 환경대통령이 되겠다던 부시대통령은 집권 초기 환경청 예산을 회복하는 등의 긍정적 정책을 폈지만, 후반기로 가면서 석유, 가스, 원자력 등 에너지 산업자본의 압력에 밀려 과학적으로 증명된 연구결과가 나오지 않는 한 어떤 행동도 취할 수 없다는 입장으로 후퇴하였다. 부시정부 환경정책의 가장 중요한 특징은 시장기구를 환경정책에 적극적으로 활용하기 시작했다는 점이다. 미국환경정책의 한 가지 특징은 규제중심이라는 것인데, 이 규제는 엄격한 '명령-강제방식'에 입각하고 있다. 즉 환경기준을 설정하고 이의 달성을 위하여 배출허용기준과 사용해야 할 기술의 종류를 지정하여 이를 준수하는지 감시하고, 기준에 위배될 때는 처벌을 통하여 이행을 강제해 나가는 방식이다. 이 명령-강제 방식은 구체적인 입법으로 행정재량권을 축소하여 기업의 로비로부터 영향받지 않으려는 의도를 가지고 있지만, 경제적으로 비효율적이고 행정적으로 지나치게 복잡하고 융통성이 없으며 기업들의 경제적이고 창의적인 환경기술의 발전노력을 저해한다는 비판이 의회와 기업으로부터 끊임없이 제기되었다. 이러한 비판에 직면하여 부시 정권은, 1990년 개정된 대기정화법은 시장기구원리를 도입하여 이산화황의 배출권 거래가 가능하도록 하였던 것이다.[52)]

클린턴 정부는 진정성을 가진 환경론자 고어를 부통령으로 하고 있었기 때문에 환경정책의 발전을 가져올 것이라 많은 기대를 하였지만 그러한 기대를 충족시키지는 못하였다. 클린턴과 고어 후보는 1992년 선거전에서 자동차 연비규정의 강화, 재생에너지 연구에 대한 투자 확대, 오염예방의 강화, 개발도상국의 열대우림을 보호하기 위한 부채-자연 탕감 프로그램을 위한 적극적인 협상 등 많은 공약을 내걸었으며, 집권 후에는 환경프로그램, 대체에너지 연구 그리고 국제인구정책을 위한 예산을 증액하고, 대중교통수단을 개선하기 위한 법과 프로그램을 마련하여 연방정부가 사용하는 재생용지의 양을 늘리도록 하는 연방 행정 명령을 시행하였다. 특히 기존의 관념과는 달리 친환경정책은 일자리를 창출하며 미래의 경쟁력은 친환경적이고 에너지 효율적인 기술개발에 달려 있다고 주장하였는데, '지속가능한 발전에

52) 양종회 외, 2002, 79-80.

관한 대통령 위원회(the President's Council on Sustainable Development)'를 통해 경제발전과 환경보호를 조정하는 방안을 마련하였다. 또한 지구적인 기후변화문제에 대한 관심이 상당하여 1997년 교토의정서를 탄생시키기도 하였다. 그러나 '문제는 경제'라는 클린턴의 선거구호에서 알 수 있듯이 클린턴정부는 경제에 관심을 집중하여 많은 정책공약과 주장과는 달리 환경주의자들의 기대만큼 큰 변화를 가져오지 않았다는 평가를 받고 있다.[53] 뒤이어 석유재벌의 지원으로 당선된 조지 부시 대통령에게서 환경정책은 기대하기 어려운 것이었다. 그는 교토의정서의 비준을 거부하여 기후변화문제의 위험성을 무시하는 등 환경문제에서도 일방주의적인 행태를 보였다.

2009년 1월 집권한 오바마 행정부는 전임 대통령과는 달리 환경문제 해결에 큰 관심을 보이고 있다. 국내적으로는 재생에너지 전력생산을 지원하고 온실가스 감축목표로 2050년까지 1990년 대비 80% 감축안을 제시하는 한편, 국제적으로는 포스트교토체제 수립을 위해 2009년 12월 코펜하겐에서 열린 기후변화협약당사국 총회에 참석하는 등 적극적인 모습을 보이고 있다.

요약하자면, 1970년대에는 환경문제에 대한 국민관심의 급격한 증가와 환경운동의 확산에 힘입어 강력한 환경정책이 등장하였지만 1980년대 국내외 경제사정의 악화로 경제문제가 주요 관심사가 되면서 환경정책은 약화되었다. 하지만 환경에 대한 관심의 소홀은 1990년대 들어 환경문제와 관련한 국민들의 대정부비판의 증가를 불러왔고 국민들은 환경운동에 적극적으로 참여하게 되었다. 그 결과로 정부의 환경정책은 강화되고 특히 경제성장과 환경보호 사이의 조화를 찾기 위해 경제적 유인책을 도입하게 된다. 그리고 2000년대 환경정책은 다시 쇠퇴하는데 특히 국제적 환경협력에서 상당히 비협조적이었지만 2008년 집권한 오바마정부는 경제성장과 환경보호를 동시에 실현하려는 '그린뉴딜'을 주장하며 전임 부시 행정부와 차별화된 모습을 보이고 있다.

53) 양종회 외, 2002, 81.

2) 환경행정

(1) 연방정부와 지방정부의 관계

미국의 정치제도는 연방주의로 권력분산이 잘 이루어져 연방정부의 임무와 주정부의 임무가 구별되어 있다. 환경정책에 대해서도 의회의 상하원과 10여 개의 위원회와 소위원회가 권한을 가지고 있으며 100여 개가 넘는 연방정부의 법원도 환경법에 대한 해석, 행정행위와 규제행위에 대한 심판 등을 통해 환경정책에 영향을 미치고 있다. 행정부에도 백악관에 환경관련부서 3개(백악관사무소, 환경위원회(CEQ), 관리예산국(Office of Management and Budget)), 내각에는 환경청을 비롯하여 14개의 기관(내무부, 농무부, 통상부, 국무부, 법무부, 국방부, 에너지부, 교통부, 주택 및 도시개발부, 보건복지부, 노동부, 원자력규제위원회, 테네시강유역개발공사)가 환경관련 업무를 담당하고 있으며, 연방정부와 주정부, 지방정부의 책임과 권한도 분산되어 있다. 환경정책에 대한 연방정부와 주정부 그리고 지방정부의 권한 배분은 크게 세 가지로 나눌 수 있다.[54] 첫째, 연방정부가 기준설정과 집행을 모두 담당하는 경우이다. 새 자동차의 대기오염 규제, 자동차 연료첨가제에 대한 규제, 새 상품에 의한 소음공해 규제, 살충제와 화학물질에 대한 규제 등 전국적으로 판매되는 제품일 경우의 권한은 연방정부가 가지고 있다. 둘째는 연방정부가 기준을 설정하고 주정부가 집행을 맡는 경우로 대기 및 수질 오염물질, 유해폐기물 등을 규제할 때이다. 주정부는 연방정부가 정한 기준보다 더 강한 기준을 적용할 수 있지만 약한 기준을 적용할 수는 없으며, 주정부가 집행을 제대로 못할 경우 연방정부는 자금지원을 보류하는 등의 방법으로 주정부를 제재할 수 있다. 셋째는 주정부가 연방정부의 정책을 채택하도록 유인을 부여하는 경우이다. 지방정부의 지역계획이나 시설물 설치계획이 연방정부의 요구조건을 충족시킬 경우 그 사업을 연방정부가 재정적으로 적극 지원하거나, 유독물질 매립지를 정화하기 위한 슈퍼펀드법에 따라 주정부가 연방정부의 기준에 합당한 매립지 정화작업을 수행할 때 비용의 90%까지를 연방정부가 지원하도록 한 것 등을 예로 들 수 있다.

54) 양종회 외, 2002, 84-85.

(2) 환경청

미국 환경정책의 최상위기구는 환경청(Environmental Protection Agency, EPA)으로 환경청은 행정 · 자원관리부(Office of Administration and Resources Management), 대기 · 방사능부(Office of Air and Radiation), 화학물질의 안정 · 오염방지부(Office of Chemical Safety and Pollution Prevention), 재정담당부(Office of the Chief Financial Officer), 시행 · 지역협력부(Office of Enforcement and Compliance Assurance), 환경정보부(Office of Environmental Information), 일반상담부(Office of General Counsel), 감사부(Office of Inspector General), 국제 · 원주민담당부(Office of International and Tribal Affairs), 연구 · 개발부(Office Research and Development), 폐기물 · 긴급대처부(Office of Solid Waste and Emergency Response), 수질관리부(Office of Water) 등의 8개 부서로 구성되어 있다.

환경청은 1970년 설립된 이후 위에서 살펴본 많은 환경정책과 환경법의 입안과 집행에 핵심적인 역할을 하고 있다. 그러나 환경청이 다양한 활동을 하고 있음에도 그 성과는 만족스럽지 못하여 미국환경정책은 비판을 받고 있다.

미국환경정책이 비판받는 것에는 여러 이유가 있겠지만 무엇보다도 1970년 설립된 미국환경청이 아직까지 부로 승격되지 못하고 있으며 환경관련 업무를 다른 부서로부터 이양받지도 못하고 있을 뿐만 아니라 충분한 예산과 권리가 주어져 있지 않아 업무범위가 상당히 제한적이라는 점에 있다고 하겠다. 환경문제가 통합적인 성격을 가지고 있기 때문에 환경문제에 관한 권한은 어느 나라든지 분산되어 있다. 미국 환경청 역시 자연자원의 종합관리부서가 아니라 오염통제를 위한 기관으로 설립되었기 때문에 자연자원에 대한 관리업무는 내무부나 농무부에, 에너지 관리 업무는 에너지부에 있는 등 주요 업무가 많은 부서에 흩어져 있다. 따라서 환경청은 환경을 파괴하는 토지와 자연자원 이용에 대해서는 아무런 제재권한을 가지지 못하고 있다. 또한 환경청/부의 조직은 일반적으로 매체중심 구조가 아니면 정책시행 분야 중심 구조로 되어 있다. 독일 환경부가 기후보호, 환경과 에너지, 운송, 자연자원의 지속가능한 이용 등 정책 시행이 이루어지는 분야를 중심으로 하여 구성이 되어 있는 반면 미국환경청은 매체(대기, 수질, 쓰레기, 유독폐기물 등)중심의 조직체계를 갖고 있기 때문에 포괄적인 접근을 하기가 어렵다. 이러한 한계는 미국뿐만이 아니라 다른 국가의 환경부에서도 보여지는 특징이자 문제점으로, 이로 인해 환경청은 포괄적인 환경계획 수립을 하기가 어렵다고 하겠다.

환경청 내부의 의사결정과 집행과정이 크게 분산되어 있다는 점도 미국환경청의 문제점으로 지적할 수 있다. 의사결정과정에는 서로 다른 부서의 관료, 전문가 그리고 정치적 이해관계가 환경청의 정책결정과정에 개입하며 집행과정 역시 프로그램부서, 기능부서 그리고 환경지청이 서로 다른 관계에 있다. 프로그램부서는 자체의 프로그램, 시한, 결정 기준 등으로 환경청의 주요 프로그램을 입안하는 역할을 하며 의회와 밀접한 상호작용을 가진다. 집행국, 일반회의, 정책국, 계획국 그리고 평가국 등의 기능부서는 내부 관리와 정책 평가를 담당하는데 백악관과 긴밀한 관계를 갖는다. 환경지청은 전부 10개로서 여러 주를 포괄하며 주정부와 중앙 환경청의 중개역할을 한다. 환경지청은 실제 환경정책을 집행하는 주정부의 규제 행정에 관련되어 있고 지역의 사정을 잘 알기 때문에 주정부의 입장에서 정책집행을 조율한다. 이처럼 환경청은 그 부서 안에서도 다양한 관료적·정치적 이해관계에 의해 움직이고 있다.[55)]

이처럼 환경청의 위상이 약하고 내부적으로도 문제가 있기 때문에 환경청은 강력한 정책을 수립·집행하기가 어렵고, 또한 대통령의 입장에 따라 환경청의 정책방향이 크게 달라지기도 한다. 대통령은 환경청장과 내무부장관 등 환경관련 수장들의 임명이나 대통령 직속의 관리예산국의 예산심의권을 이용하여 환경청의 정책방향에 영향을 미칠 수 있다. 미국환경정책의 발전을 위해서는 우선적으로 환경청이 강화될 필요가 있다고 하겠다.

3) 기후변화체제에의 대응

지구온난화로 대변되는 기후변대응정책 중에서 가장 중요한 분야인 에너지 정책을 보자. 에너지정책의 특징으로 신재생에너지 기술개발, 원자력 비중의 확대 그리고 에너지 효율성 향상을 들 수 있다. 2008년 미국에서 신재생에너지의 비율은 에너지 총 생산량의 11%에 달한다. 그러나 신재생에너지 분야 중에서 수력에너지의 비중이 거의 절대적이어서 수력부분을 빼면 에너지 총 생산량의 3% 정도에 불과하다. 신재생에너지생산 분야에서 가장 큰 성장을 이룬 부문은 풍력과 태양열로 2007년과 비교하여 2008년에 풍력은 51%, 태양열은 44% 증가하였다. 부시대통령은 2006년 석유의존도를 줄이기 위해 대체에너지개발구상(Advanced Energy

55) 양종회 외, 2002, 86.

Initiative, AEI)을 발표하여 주거용 전력(청정화력발전, 태양광, 풍력, 원자력)과 운송용 연료(하이브리드전지, 수소연료전지) 분야의 기술개발에 집중할 것이며 대체에너지 기술개발을 통해 2025년까지 중동산 원유수입을 75% 감축한다는 계획을 세웠고[56] 오바마대통령도 에너지자립·안보법(Energy Independence and Security Act of 2007) 등과 같은 법에 근거하여 신재생에너지 기술개발에 투자를 확대하고 있으나 현재까지는 풍력부문을 제외하고는 에너지생산에서의 비중은 거의 변화를 보이지 않고 있다.

원자력 에너지는 이산화탄소를 발생시키지 않는 깨끗한 에너지라는 인식이 보편화되어 있고 원전폐기물이 가진 위험성에 대해서도 안전한 관리가 이루어질 수 있다고 여겨 그 위험성에 대한 인식은 상대적으로 덜한 편이다. 일부 환경론자들도 온실가스를 줄이는 유일한 대안으로 원자력 에너지를 꼽고 있다. 깨끗한 에너지와 위험성 사이에서 갈등을 겪고 있는 원자력의 사용을 미국은 확대하고 있다. 현재 가동중인 원자력 발전소의 안정성과 효율성을 높이는 한편 차세대 원자력 에너지 시스템 개발을 지원하고 있다. 2010년 2월 16일 오바마대통령은 향후 증가할 전기수요에 대비해, 30년만에 처음으로 원자력 발전소 건설을 지원하겠다고 발표하였다. 현재 104기의 원전이 전체 전력생산량의 20%를 담당하고 있는 미국은 향후 25년간 전기수요가 59%가량 늘어날 것으로 보여 이를 충족시키기 위해서는 원자력 발전소 건설이 필수라고 보고 있기 때문이다.

에너지 효율성 정책은 산업, 건축물, 교통, 농업 등 다양한 분야에서 실시되고 있다. 미국에서 주택 및 상업용 건물에서 배출되는 이산화탄소의 양은 전체 이산화탄소 배출량의 35%를 차지하기 때문에 이 건물들에 대한 규제는 상당히 중요하다. 미국은 2004년부터 일정량 이상의 대기오염물질을 배출하는 건물은 배출에 대해 정부의 허가를 받도록 하여 강력히 규제하는 한편 학교, 식품점, 호텔, 병원 등 주요 건물에 대해서는 'Energy Star'라는 라벨을 붙이는 프로그램을 권장하고 있다. 에너지 효율이 높은 건물에 이 라벨을 부착하도록 함으로써 고효율 에너지 건물 운동을 확산시키는 것이다. 'Energy Star' 운동은 상업용 또는 공공기관의 건물뿐 아니라 일반주택에도 적용이 되고 있다. 이산화탄소 총 배출량의 27%를 차지하고 있는 산업부

56) 고유상, 2006, 1.

문에서도 'Energy Star' 운동을 추진하고 있는데, 이 프로그램을 통해 에너지 효율이 높은 산업체를 적극 벤치마킹하고 기술지원 등을 통해 에너지 소비를 감축하는 데 그 목적이 있다.[57] 'Energy Star' 운동을 통해 2009년 한 해에만도 약 170억 달러의 비용절약과 자동차 3천만 대의 배출가스에 해당되는 온실가스의 양이 줄어들었다고 미국환경청은 발표하고 있다. 또한 미국그린빌딩위원회(U.S. Green Building Council, USGBC)에서는 Leadership in Energy and Environmental Design(LEED)가 그린 빌딩 인증 프로그램을 개발하였는데, 이 프로그램은 환경개선과 인간건강 증진이라는 목적에 부합하게 건물이 설계·건설·운영되고 있는지를 평가하는 프로그램이다. 이 프로그램은 지속가능한 개발, 물절약, 에너지 효율, 자재 및 자원 선택, 실내환경질 분야에서 최고수준의 기술을 활용할 것을 강조하고 있다.[58] 전체 온실가스 배출의 20~30%를 차지하는 자동차, 철도, 배 등 수송부문에서 온실가스는 자동차가 이 분야 온실가스의 75~90%를 배출하고 있다. 이런 이유에서 자동차 정책은 상당히 중요한데, 전기·수소·바이오에너지 등을 이용한 대체연료 개발, 대체연료자동차에 대한 세액감면, 자동차 연비기준의 강화, 대중교통확대 등이 주요 정책이다.

한편 연방정부보다 주와 지방정부가 온실가스감축에 더 적극적이다. 35개 주 132개 주요 도시 시장들은 '환경보호연대'라는 연맹체를 만들어 연방정부와는 별도로 2012년까지 온실가스배출을 1990년 대비 7% 줄인다는 교토의정서의 의무를 이행하기 위한 노력을 자체적으로 하고 있다. 이들은 재생가능에너지원 이용, 온실가스 감축을 위한 법적 기준 및 규제 마련, 친환경 건축, 대중교통 촉진 등의 정책을 실시하고 있다. 예를 들어 뉴욕시는 이산화탄소 등 온실가스배출을 줄이기 위해 시내버스를 전기 및 가솔린 겸용 차량으로 교체하기로 하였고, 솔트레이크시티는 유타주 최대의 풍력발전설비를 구입하였다. 그리고 캘리포니아주는 재생에너지 확산을 위한 인센티브를 제공하고 있고, 또 2005년 6월 캘리포니아주가 2010년까지 온실가스 배출량을 2000년 수준으로, 2020년까지 1990년 수준으로, 2050년에는 1990년의 80%로 낮추겠다고 발표하였다. 매사추세츠주는 발전소의 이산화탄소배출을 규제하는 법을 시행하고 있다.[59]

---

57) 전용호, 2006, 84-86.
58) 유승민, 2010, 1.

기후변화체제에 대한 국제적인 대응모습도 살펴보자. 오바마정부가 들어서면서 미국은 기후변화방지를 위한 정책을 세우는 등 긍정적인 모습을 보이지만 교토의정서가 채택된 1997년 이후 교토의정서체제에 대한 미국의 입장은 부정적이었다. 클린턴대통령과 환경주의자인 고어 부통령 시절에도 교토의정서는 의회의 비준을 받지 못하였던 것이다. 이하에서는 기후변화체제에 대응하는 미국의 정책을 분석한 변진석 교수의 글을 통해 미국의 정책을 살펴본다.[60] 미국이 교토의정서를 비준하지 않는 이유는 첫째, 교토의정서의 의무감축목표가 비현실적이고 둘째, 교토의정서의 의무감축목표가 달성되어도 기후변화방지에는 효과적이지 못하며 셋째, 현재 온실가스 배출량이 가장 많은 중국을 비롯한 개도국들이 감축의무를 지지 않는 것은 공정하지 못하기 때문이다. 미국이 교토의정서에 서명하지 않는 것은 교토의정서의 실질적 효과면에서도 문제이지만, 미국이 서명하지 않는다는 이유로 다른 국가들 역시 교토의정서 비준을 거부하는 정치적 효과 때문에도 문제라 하겠다. 미국이 교토의정서를 반대하는 이유를 좀 더 구체적으로 세 가지 관점에서 살펴보자. 먼저 교토의정서의 의무감축량을 이행하기에는 너무 큰 비용이 든다는 점이다. 미국은 이동수단으로 거의 전적으로 자동차를 사용하고 전력생산의 50%가 석탄을 연료로 하는 화력발전소에서 이루어지는 등 사회, 경제구조가 화석연료에 의존하고 있다. 따라서 탄소배출 감축은 개별가계와 전체경제에 큰 부담이 될 수 있다. 경제적 부담에 대해 클린턴 행정부의 에너지부는 미국이 교토의정서를 비준하고 이를 이행할 경우 2010년까지 자동차의 연료인 가솔린 가격은 $1.39에서 $1.91로 인상되고 전기의 가격은 20%에서 86%까지 인상될 것이라고 예측하였다. 미국이 이러한 손익분석을 근거로 교토의정서를 거부하고 있다면 다른 나라는 어떠한가? 미국은 다른 나라들은 교토의정서 이행의 부담이 거의 없으며 일부 국가는 오히려 이득을 본다고 주장한다. 예를 들어 독일의 경우 1990년 배출수준에서 21% 감소된 탄소배출의무를 지고 있지만, 1989년 동서독의 통일 이후 무너진 동독경제로 인해 구동독지역에서는 탄소배출이 거의 이루어지지 않고 있기 때문에 2003년 탄소배출량이 1990년보다 이미 18.2%가 감소된 상태였다. 영국 역시 90년대의 석탄산업 민영화와 석탄에서 천연가스로의 연료전환을 통해 2003년 탄소배출은 1990년 대비 13%가 줄어들었기 때문에 교토의정서

59) 전용호, 2005, 112-115.
60) 변진석, 2009.

의무량을 아무런 경제적 희생 없이 이미 달성하였다. 러시아와 동유럽국가도 공산권 경제의 붕괴로 1990년 대비 탄소배출보다 20~50% 정도 줄어든 상태였다. 따라서 이들 국가들 역시 별다른 노력 없이 목표인 8%를 초과달성하여 30~40%의 감축이 이미 이루어진 상태였다. 이런 비교분석을 통해 미국은 다른 나라들과는 달리 교토의정서 의무이행을 위해서는 미국이 부담해야 할 비용이 너무 크다고 주장하고 있다. 또한, 미국은 선진국들이 의무적으로 온실가스 배출을 감축하는 반면 중국과 인도를 비롯한 개발도상국들은 배출가스에 대한 규제 없이 화석연료를 사용한다면, 미국이 경제적 희생을 감수하면서 탄소배출을 줄여도 지구온난화 완화에는 큰 효과가 없을 것이라는 이유로 교토의정서를 반대하고 있다. 개도국의 참여 없이는 미국의 비준도 불가능하다는 이러한 주장은 타당한 면이 있지만 공정하지는 못하다. 미국의 입장이 타당한 것은 현재의 급격한 기후변화를 방지하기 위해서는 온실가스배출량 세계 1위인 중국의 참여가 필수적이기 때문이다. 그럼에도 불구하고 공정하지 못한 것은 현재 지구온난화에 대한 책임이 선진국가에 있음은 이미 리우회의에서 인정된 사실이며 미국 스스로는 그에 합당한 역사적 책임을 기피하고 있기 때문이다. 리우회의에서 합의한 '공통의 그러나 차별화된 책임'의 원칙을 되새길 필요가 있다고 여겨진다. 그러나 이러한 손익계산상의 이유만으로 미국이 교토의정서를 거부하지는 않았다. 의정서 이행에 많은 비용이 든다 할지라도 탄소배출권 거래제와 같은 그러한 비용을 절감할 수 있는 많은 조치들이 의정서에 포함되어 있었기 때문이다.

두 번째 이유는 미국의 양당정치제도에서 찾을 수 있다. 세계적으로 이념보다는 실용위주의 정치가 행해지는 것이 대세라고 할지라도 그 뿌리에 놓인 이념의 영향을 무시할 수는 없다. 환경문제에 있어서도 전통적으로 공화당은 보수적인 관점, 즉 경제우선주의적 정책을 선호한 반면, 민주당은 환경문제를 좀 더 고려하는 진보적 관점을 취하고 있다. 이러한 관점의 차이는 특히 레이건 행정부가 집권하면서 두드러졌다. 레이건대통령을 비롯한 공화당의 보수적 진영은 경제성장을 해칠 수 있다는 이유로 환경보호정책을 강하게 반대하면서 민주당과의 양당합일적 정치는 더 어려워졌었다. 각 당 의원들의 환경관련 표결행태를 보면 1973~74년 기간 상원 민주당의원들의 친환경적 표결은 58%, 공화당 상원의원들의 친환경적 표결은 40% 정도였다. 1993년 민주당, 공화당 상원의원들의 친환경적 표결은 70%와 18% 정도로 확대되었으며, 1995년에는 공화당 대 민주당의 비율은 90% 대 10% 정도의 극단적인 차이가 났고 그 이후 이러한 차이는 유지되고 있다. 이러한 극단적인 차이의 문제점은 타협의 여지가 줄어들면서 양당합일적 정치가 힘들어지고 있다는 것이다. 클린턴대통령이 공화당이 장악한 의회의 반대로 교토의정서를 비준하지 못했다는 사실이나 43대 부시대통령 시대 민주당이 의회를 지배했더라면 부시대통령의 교토체제 탈퇴가 상대적으로 더 어려웠을 것이라는 추측을 통해 환경문제에 있어서 두 정당의 극단적인 입장차이가 교토의정서의 비준을 가로막았다고 할 수 있다.

위의 두 가지 외에 또 하나의 이유로, 변진석 교수는 탈냉전시대 미국의 유일초강대국이라는 지위를 들고 있다. 소련이라는 경쟁자가 있던 냉전시대와는 달리 미국이 유일한 초강대국으로 남은 현실에서 미국은 자국의 이익을 위해 더 이상 자신의 단기적 이익을 희생하면서 국제법과 제도를 존중하고 국제질서를 유지·관리하지 않아도 되었다고 변 교수는 분석하고 있다. 미국을 중심으로 한 단극체제의 형성이라는 국제질서의 변화는 미국으로 하여금 미국도 참여하여 합의를 한 교토의정서라는 국제적 합의를 무시하는 일방주의적인 행태를 가능하게끔 해 주었던 것이다.

기후변화체제에 대한 이러한 부정적인 반응은 오바마정부가 들어서면서 상당히 달라진 모습을 보이고 있다. 여전히 중국, 인도 등 급성장한 개도국의 참여가 중요하다는 입장을 지니며 코펜하겐에서 포스트교토체제에 대한 합의에는 도달하지 못하였지만, 미국은 2020년까지 2005년 대비 17% 감축, 2050년까지는 83% 감축한다는 목표와 10년간 신재생에너지 연구와 개발에 1,500억 달러를 투자한다는 계획을 세우고 있다.

2. 일본의 환경정치

일본은 세계 2위의 경제력을 가진 나라이다. 제2차 세계대전에서 패망한 일본이 짧은 시간 내에 세계적인 경제대국으로 떠오른 이면에는 그만큼의 심각한 환경파괴가 있었고 환경문제가 심각하다는 것을 의미한다. 가장 널리 알려진 환경사건으로 '미나마타병'과 '이따이이따이병'이 있다. 이러한 일본이 현재 엄격한 환경기준을 가지고 있을 뿐만 아니라 환경기술을 비롯한 여러 분야에서 앞서가는 환경선진국이 되어 있다. 특히 일본환경정치의 특징으로는 지방자치단체가 적극적인 역할을 하고 있다는 점을 들 수 있다. 일본의 환경정책과 기후변화체제에 대한 일본의 대응을 살펴본다.

1) 환경정책의 역사

제2차 세계대전이후 급속한 경제발전을 한 일본은 1968년 GNP 세계 2위의 나라로 성장하였지만 동시에 가장 오염된 산업국가가 되었다. 수은중독으로 인한 미나마타병, 카드뮴중독에 의한 이따이이따이병, PCB 오염 등 환경문제는 더 이상 방관할 수 없는 심각한 사회문제가 되면서 지역주민들과 지방정부의 대응이 시작되었다. 이러한 분위기 속에서 1967년 일본 환경정책의 시작을 알리는 공해대책기본법이 제정된다. 이처럼 공해문제에 대한 대응에서 시작한 일본의 환경정책은 반공해정책에 초점이 맞추어져 있으며 점차 자연보존 및 전반적인 인간생활환경개선 등의 이슈로 이어지고 있다.

(1) 환경정책의 형성기(1967~1975년)

미국을 비롯한 선진국들이 1970년대부터 환경정치가 시작되는 것처럼 일본에서 역시 환경정책의 기본적인 틀은 1960년대 말부터 1970년대에 형성되었다고 할 수 있다. 1958년 최초의 환경관련법인 수질보전법이 제정되고 1963년과 1964년 통산성과 보건후생성에 각각 환경오염 담당과가 설치되는 미미한 과정을 거쳐, 마침내 1967년 일본 환경정책의 틀을 마련한 공해대책기본법이 제정되었다. 공해대책기본법은 환경오염으로부터 국민 건강을 보호하는 것이 국가의 책임임을 천명하고 오염에 대한 정의, 책임영역, 오염억제수단과 환경기준 그리고 정책목표를 설정함으로써 개별적인 차원을 넘어 중앙정부에 의해 환경정책에 관한 종합적인 틀이 마련되는 근거가 되었다. 그러나 이 법은 경제발전을 위해 일정기간 환경정책이 유보될 수 있음을 명시한 '경제조화조항(harmony clause)'을 가진 경제우선적인 법이었다.[61] 일본에서 환경정책이 시작된 배경으로는 무엇보다 주민들의 적극적인 관심을 언급해야 한다. 1947년 이따이이따이병, 1956년 미나마타병이 발생하고 1960년대 들어 주민들은 오염을 야기한 기업을 상대로 피해보상을

61) 양종회 외, 2002, 326.

위한 소송을 제기하게 된다. '4대 공해소송사건'[62]으로 불리는 이런 적극적인 관심이 정부로 하여금 환경정책을 제정하게 하였던 것이다. 1970년 12월 국회는 환경정책의 발전과정에서 중요한 의미를 갖는 대기오염통제법, 폐기물처리 및 정화법, 수질오염통제법 등 14개에 달하는 환경관련 법률을 제·개정했고, 1967년의 공해대책기본법을 강화시켜 기본법에서 환경규제를 제한했던 경제조화조항을 삭제하였다. 또한 대기 및 수질오염에 대해 피해자에 대한 원인 입증의무를 보다 완화함으로써 오염피해자에 대해 보다 포괄적인 혜택을 줄 수 있는 무과실책임 원칙을 인정하고, 1972년에는 자동차 배기가스의 배출기준을 세계에서 가장 강력하게 규정하여 환경선진국으로 발돋움하게 되었다. 그리고 공해방지사업비용부담법, 공해범죄처벌법, 공해피해구제법 등을 통해 오염자부담원칙을 더욱 공고히 함으로써 환경정책은 더욱 발전하게 되었다.[63]

일본환경정책의 특징인 지방자치단체의 권한 강화도 이 시기에 이루어졌는데, 지방자치단체에게 국가차원의 일률적인 배출기준보다 엄격한 기준을 설정할 권한을 부여하고 기준준수를 위한 강제권을 전면적으로 도도부현(都道府縣) 지사에 위임하였다. 자연보전에 대한 기본적인 틀도 이 시기에 마련된다. 종합적인 자연보전의 시행에는 효율적이지 못하였던 국립공원법 등을 보완하여 1972년 자연보전법을 제정하였다. 환경투자도 이 기간을 통하여 급격히 증가하였다. 1975년경 총 투자액 중 4.6%가 오염방지에 투자되었는데 이는 일본 GNP의 1%에 해당하는 규모로, 비슷한 시기에 미국이 GNP의 0.44%, 영국이 GNP의 0.29%였던 점을 감안하면 상당한 규모였으며 일본이 환경오염방지 선진국으로 변모하는 데 결정적인 공헌을 하였다는 평가를 받고 있다.[64]

또 하나 주목할 것은 1971년 환경청이 수립되었다는 사실이다. 환경문제를 전담하는 독립된 행정기구로 출범한 환경청은 오염기준 확립, 오염감시, 환경관련법 집행, 오염방지를 위한 교육 및 훈련프로그램 실시, 각 성·청 단위에서 개별적으로 실시하는 환경정책의 조정 등의 역할을 담당하였다.

---

62) 요카이치시의 해안지역오염, 토야마의 이따이이따이병, 쿠마모토와 니이가타의 미나마타병을 일컫는 이 오염사건은 세계적인 환경오염사건으로 유명하다.

63) 양종회 외, 2002, 326-328.

64) 문태훈, 2001, 327-329.

다양하고 강력한 법적·행정적 규제와 재정지원 그리고 환경청의 설립 등과 같은 이 시기 동안 마련된 환경정책의 기본틀 덕분에 현재 일본은 환경정책 분야에서 선두적인 위치에 설 수 있게 되었다.

(2) 환경정책 정체기(1976~1988년)

1973~74년, 1978~79년 세계적인 석유파동을 겪으면서 고도성장의 한계에 직면하게 된 일본은 1980년대 초반 세계적인 신자유주의의 흐름을 받아들이면서 탈규제, 자유화의 형태로 시장경제의 활성화를 주요 목표로 등장시킨다. 이에 따라 환경정책은 새로운 법제정과 같은 별다른 진전이 없고 오히려 후퇴하는 양상까지 보이게 된다. 예를 들어 질소산화물에 대한 연평균 0.02ppm 이하 기준치 규정은 기업으로 하여금 상당한 경제적 비용부담이 되었기 때문에 이 기준치를 연평균 0.04~0.06ppm으로 완화하였다. 그 결과 질소산화물에 대한 기존의 환경기준 달성률이 16.5%에 불과하던 것이 93.7%로 상승함으로써 대기오염규제정책의 실효성이 거의 없게 되었다.[65] 한편 경제위기 속에서 일본은 내수확대형 전략과 에너지 절약형 기술개발 전략을 통해 위기를 극복해 나간다. 내수확대형 전략은 70년대의 공장굴뚝형 공해와는 다른 환경문제를 불러왔다. 즉 개인소비의 증가와 자동차량의 절대적인 증가는 대기오염, 폐수 및 생활하수, 수질오염, 폐기물문제 등을 낳았던 것이다. 이에 따라 1983년에는 수질오염 통제를 강화한 수질오염방지법, 1984년에는 지하수의 오염을 방지하기 위한 폐수관리지침, 1989년에는 유해한 성분을 포함하는 폐수의 유입을 금지하기 위한 수질관리법이 개정되었다. 그리고 에너지 절약형 기술개발 전략은 이후 일본이 환경기술강국의 입지를 굳히게 해 주었다.

한편 환경청은 1984년 특정공공사업에 대한 환경영향평가를 의무화하였으며 일부 지방자치단체 역시 환경영향평가를 의무화하여 중앙정부의 환경정책을 보완하고 있다.[66]

65) 양종회 외, 2002, 329-330.
66) 양종회 외, 2002, 330.

(3) 환경정책의 전환(1989년 이후)

1990년대 일본의 환경정책은 쾌적한 생활에 대한 국내적 요구와 1992년 리우회의의 영향으로 일본의 경제적 위상에 맞는 국제사회에서의 적극적 역할에 대한 자각에서 시작한다. 이러한 인식에 근거하여 환경문제의 헌법에 해당하는 환경기본법이 1993년 제정되었다. 환경기본법은 현재세대와 미래세대를 위하여 인간의 건강과 문화생활에 필수적인 환경을 보전해야 한다는 점을 강조하고, 환경에 부담이 적은 지속가능한 사회를 구축하고, 국제협조를 통하여 지구환경 보전을 위해 적극적인 역할을 한다는 기본이념을 밝히고 있다. 또한 '환경기본계획'의 수립을 의무화함으로써 장기적이고 종합적인 환경정책이 수립될 수 있는 계기를 마련하였다. 21세기 중반을 목표로 환경정책의 기본개념과 21세기 환경정책의 방향을 제시하고 있는 환경기본계획은 다음과 같은 4가지의 장기 목표를 설정하고 있다 : 첫째, 환경적으로 건전한 물질순환을 촉진하는 사회경제체계의 구축, 둘째, 자연과 인간의 조화로운 공존, 셋째, 사회 전 부문의 참여를 통한 부담의 공유, 넷째, 국제활동의 촉진. 환경기본계획은 이러한 목표를 위해 중앙정부, 지방정부, 기업, 시민, 민간기구들이 해야 할 활동들을 명시하고 있다.[67)]

또한 리우회의의 행동지침인 의제21의 요구에 따라 1993년 마련된 '의제21을 위한 행동계획'에서 지구환경의 보전을 위한 선진국의 선도적 역할과 개도국에 대한 지원을 요청하면서 일본은 선진국으로서의 책임을 위해 지속가능한 사회의 건설을 위한 다음의 6가지 사항을 강조하고 있다.[68)]

① 지구환경에 가해지는 부담을 줄이고 지속가능한 발전을 가능하게 하는 사회를 건설하기 위해 노력하며, 국민의 생활양식 자체를 더욱 친환경적인 것으로 변화시키기 위해 대중의 인식을 고양한다. ② 지구환경보전과 관련하여 효과적인 국제적 틀의 창출에 적극적으로 참여하며 기여한다. ③ 지구환경보전에 대처하기 위해 효과적인 재정기구를 설립하려는 국제협상에, 특히 지구환경기금(Global Environmental Facility)의 구조조정에 적극적으로 참여한다. ④ 환경관련 기술의 개발을 촉진하기 위해 노력하고, 기술이전의 촉진을 포함하여 적합하고 잘 계획된 공식적인 개발지원책을 제공함으로써 발전도상국들의 능력 확립에 기여한다. ⑤ 지구환

67) 양종회 외, 2002, 291, 331-332.

68) The Council of Ministers for Global Environmental Conservation(1993 : Ch.1) ; 양종회 외, 2002, 292.

경보전과 관련된 관찰과 감시, 연구조사를 위한 국제협력을 약속하며, 이러한 활동들을 실제로 수행한다. ⑥ 중앙정부, 지방당국, 사업체, 비정부조직(NGOs)을 포함하여 사회의 주요 구성인자들 사이에 효과적인 협력의 수준을 높인다.

그리고 1990년 지구환경보전을 위한 각료위원회가 지구온난화를 방지하기 위한 행동계획을 수립한 것과 오존층 파괴 방지, 유해성 폐기물의 수출입규제, 멸종위기에 처한 동식물의 보전을 위한 각종 법조항들을 마련한 것 등을 지구환경문제에 대한 대응책으로 들 수 있다.

2) 환경행정

일본의 환경행정에서 중심역할을 하는 조직은 환경성과 지방자치단체이다. 환경성이 행정부 내 각 성·청 간의 환경관련정책을 조정 및 통합의 역할을 한다면 지방자치단체는 환경정책을 직접 집행하는 역할을 한다. 그리고 지방자치단체는 중앙정부보다 엄격한 환경기준과 새로운 환경관련제도를 마련하여 집행할 수 있는 권한을 갖고 있다.

(1) 환경성

2001년 환경청에서 승격된 일본 환경성은 1971년에 설립되었다. 설립 당시 환경청은 차관과 기획조정국, 자연보호국, 대기관리국, 수질관리국으로 구성되어 있었으며 이후 1974년에 환경보건부, 1990년 지구환경부가 생기면서 확대되었다. 환경성 산하에는 국립환경연구소, 국립미나마타병연구소, 국립공원관리소 등의 기구가 있다. 환경성은 공해방지, 자연보전 및 기타 환경정책의 촉진을 목적으로 하고 있으며 주요업무는 ① 기본적인 환경정책의 기획 및 집행, 중앙 성·청 단위의 개별 환경행정에 대한 종합적인 조정 작업 ② 1967년 오염방지기본법에 의거한 포괄적인 지역오염방지정책의 수립 ③ 환경기준 설정 ④ 대기오염방지법, 수질오염방지법, 소음규제법, 자연보호법, 국립공원법, 공해건강피해보상법과 같은 각종 환경관련법 집행 ⑤ 환경청의 각종 활동에 관한 연구 및 통계 개발 등이다.

환경성은 설립당시 환경관련정책을 추진하던 보건후생성과 통산성을 비롯한 7개 성·청 단위로부터 15개 법에 대한 권한을 넘겨받으면서 설립되었다. 이후 새로이 제정된 법에 대한 권한을 갖게 되었지만 여전히 많은 환경관련업무는 다양한 부서에 분산되어 있다.

〈표 7〉 2001년 이전 각 성·청의 환경관련 업무

성·청	관 련 업 무
보건후생성	수자원 공급, 폐기물 관리, 가정폐기물 처리
농림수산성	산림 및 어족자원 보존, 농화학물 통제
통산성	에너지 보존, 환경기술개발, 상업용 핵발전소 감독
교통성	교통오염방지, 비행기 소음 및 오염 방지
건설성	도시계획, 하수도·도심공원·도로·댐 등 공공사업 개발, 하천보존과 홍수통제
과학기술청	방사능오염 방지
문화유산청	일본의 문화유산 보호

출처 : Barrett, 1997, 90쪽; 양종회 외, 339쪽에서 재인용.

따라서 환경성의 권한은 처음부터 상당히 제한적이었으며 독자적인 정책을 시행하기에는 한계가 있었다. 이런 이유에서, 환경성이 이산화탄소의 허용기준을 세계에서 가장 엄격한 수준으로 정하고 관련 기술의 발전을 유도한다든지 지방자치단체의 환경정책 집행역량을 고취시키기 위한 프로그램을 확대하고 공해방지를 위한 인력을 양성하는 등 적극적이고 많은 환경정책을 시행하였음에도 불구하고, 환경성을 일본 환경행정에서 중심위치에 있는 것으로 볼 수는 없으며 오히려 다양한 부처의 환경관련부서의 환경정책 전반을 조정, 통합하는 기구로 보는 것이 적절하다는 평가를 받는다.[69]

(2) 지방자치단체

일본에서 환경관련법의 집행과 강제의 책임은 기본적으로 현(縣)정부에 위임되어 있고 현정부는 국가기준보다 더 엄격한 대기 및 수질기준을 설정할 수 있도록 되어 있다. 지방자치단체는 조례와 지침을 통해 중앙정부의 환경기준보다 더 엄격한 환경기준을 마련하여 시행하고 상시감시망을 운영함으로써 환경행정에 있어 핵심적인 역할을 하고 있다. 예를 들어 1969년 7월 도쿄도의 공해방지조례는 당시 중앙정부가 제정한 공해방지기본법의 '경제조화조항'의 한계를 극복하고 있으며, 1980년 도쿄도는 환경영향평가를 적극적으로 실행하는 내용을 담은 환경영

69) 양종회 외, 2002, 337.

향평가조례를 제정하였는데 이는 중앙정부의 환경영향평가정책을 뛰어넘는 수준이었다. 또한 지방자치단체의 적극성을 볼 수 있는 것은 오염원 배출 사업체와 지방자치단체 간에 맺는 공해방지협정이다. 1950년대와 1960년대 동안의 다양한 환경오염과 주민들의 피해에 대해 중앙정부가 효율적으로 대처하지 못하던 시기에 지방자치단체는 독자적인 공해대책을 모색하여, 1964년 요코하마시에서 처음으로 오염업체와 공해방지협정을 체결하였다. 이는 요코하마시의 인구밀집지역에 인접한 곳에 화력발전소 건설을 계획하고 있던 전력회사에 대해 적절한 공해방지대책을 수립하여 실행하도록 한 것이었다. 또한 1964년 시즈오카현의 주민들이 석유화학공장의 입주를 무산시킨 일을 시작으로 하여, 지역주민들은 수은중독에 의한 미나마타병, 카드뮴중독에 의한 이따이이따이병 그리고 요코카이치지방의 천식으로 인한 피해보상소송에서 법원승소를 이끌어 내기도 하였다. 이처럼 환경문제에 대한 지방자치단체의 적극적인 대응과 주민들의 높은 관심은 전국적으로 파급되어 많은 지방자치단체들의 독자적인 공해대책 추진과 제조업체의 자발적 환경보호노력을 이끌어 낼 뿐 아니라 중앙정부차원에서 각종 오염규제정책의 추진을 촉진시키는 결과를 가져왔다.[70]

요약컨대 일본의 환경정책은 중앙정부의 조정·통합기능과 지방정부의 정책집행기능이 효율적으로 작동하고 있는 것으로 평가할 수 있겠다. 그리고 그 과정에서 지방자치단체가 중앙정부에 의해 채택된 환경기준보다 더 엄격한 조례와 지침을 채택함과 아울러 각 지역의 특수성을 반영한 효과적인 환경정책을 실행하면서 더 중심적인 역할을 수행하는 특징을 지니고 있다고 하겠다.

3) 기후변화체제에의 대응

일본도 다른 선진국들처럼 기후변화에 대응하기 위해 다양한 정책을 실시하고 있다. 기후변화대응에서 핵심 분야인 에너지 분야를 살펴보자. 온실가스배출이 가장 많은 에너지 분야는 일본에서 특히 문제가 심각한데, 에너지 산업이 일본이 배출하는 온실가스의 90%를 차지하고 있기 때문이다. 일본의 에너지 정책은 크게 3가지, 즉 에너지 절약, 연료대체 및 신재생에너지개

70) 양종회 외, 2002, 339-342.

발 그리고 기술개발로 나눌 수 있다. 먼저 에너지 절약과 관련하여 일본은 2010년까지 에너지 절약을 통해 2,200만 톤, 새로운 정책도입을 통해 3,400만 톤 그리고 대체연료를 통해 1,800만 톤의 이산화탄소를 줄일 계획이다. 또한 에너지 설비 및 기기의 효율을 높이기 위해 자동차, 가전 및 사무실 기기 등에 대한 라벨링 제도 및 효율기준제도 등도 시행하고 있다.[71] 그리고 에너지 절약법, 주택성능표시제도, 세제지원 등의 수단으로 에너지 절약형 주택 및 건축물의 보급에 힘쓰고 있다.

연료대체 및 신재생에너지개발과 관련해서는 화석연료가 에너지원으로 차지하는 80%가 넘는 높은 비중을 줄이기 위해 석탄을 천연가스로 전환하고 있으며, 연료전지자동차를 본격적으로 도입하여 판매증가계획을 세우는 한편, 세계최고의 배터리기술을 토대로 온실가스배출이 전혀 없는 전기차는 실용화단계에 들어서 있다. 선진국들이 주로 자동차연비개선, 연료대체 자동차 보급, 세제 개편 등의 자동차정책을 시행하지만, 일본이 다른 국가와 다른 점은 적극적인 감세정책으로 연비가 좋은 자동차와 저공해 자동차의 개발 및 보급에 힘쓰고 있다는 점이다. 2001년에 자동차세 중경과 제도를 신설하여 환경부하가 적은 자동차를 구입하는 경우에는 자동차세를 경감하고 반대로 환경부하가 큰 자동차에는 중과하고 있다. 그러나 그린카[72]에 대해서는 자동차세 경감, 취득가액의 소득공제 등의 지원도 시행하며 보급확대를 촉진하고 있다. 신재생에너지 중에서는 태양광발전에 중점을 두고 있다. 태양광발전시설 설치와 관련하여 보조금을 지급하고 있으며 태양광발전시스템을 구축하여 태양광발전 도입량을 2020년에 2008년의 10배, 2030년에는 40배로 끌어올린다는 계획을 세우고 연구개발 및 인프라(축전 및 송전장치 등)를 강화하고 있다.[73]

또한 일본은 에너지 절약 기술, 이산화탄소 저장 및 고정화 기술, 수소제조기술, 초철강, 초내열 재료 등과 같은 혁신적인 기술 개발을 통해서도 온실가스를 줄이기 위해 지속적인 투자를 하고 있다. 세계 최고 수준인 에너지 효율성과 환경·에너지 관련 기술에 대한 일본의 지속적인 투자는 환경·에너지 관련 기술력을 활용하여 성장잠재력을 높이고 있다. 녹색의

---

71) 전용호, 2005, 92.

72) 전기자동차, 천연가스자동차, 메탄올자동차, 하이브리드카 등 4종을 말한다.

73) 구본관, 2008, 7.

시대를 맞아 국제적으로 환경규제가 강화될 경우 환경기술과 환경상품에 대한 수요는 증가할 것이고 그렇다면 수준 높은 일본의 환경관련기술 및 제품에 대한 수요 역시 늘어날 것이며 이는 일본의 경제성장으로 연결되기 때문이다.[74)]

한편 산업계의 자발적인 노력도 주목할 필요가 있다. 이들은 이미 교토의정서 이전인 1997년 이산화탄소 배출량 감축을 위한 범산업적 목표로 '2010년 산업 및 에너지 부문에서 생성되는 이산화탄소 배출량을 1990년 수준 이하로 억제하는 데 노력한다'는 자주행동계획을 수립하여 실행하고 있다. 산업계의 이러한 자주행동계획은 2005년 정부 정책으로 편입되고 최근에는 감축 목표도 상향조정되었으며 대상업종 범위도 확대되었다.

교토의정서체제에 대한 일본의 국제적 대응을 보자. 일본은 교토메커니즘에 의거하여 해외에서 적극적으로 탄소배출권을 확보하는 한편 2008년 8월 현재 누계 340건으로 영국에 이어 두 번째로 많은 청정개발체제 프로젝트 수행과 공동이행제도 사업을 통해 다량의 탄소배출권을 확보하고 있다.[75)] 그런데 교토의정서 탄생에 중요한 역할을 하였고 교토메커니즘 이행에도 적극적인 일본은 놀랍게도 포스트교토체제 논의 중 2005년 미국, 한국, 중국, 인도, 호주 등과 함께 '청정개발 및 기후에 관한 아·태 신파트너십'에 참가하였다. 미국의 주도로 구성된 이 파트너십은 일률적인 온실가스 감축보다 각국의 경제발전단계를 고려해서 온실가스감축규모를 차등적으로 결정하고, 에너지효율을 높이고 오염물질을 줄이는 신기술개발에 초점을 맞추고 있는 것으로 교토의정서를 대체하고자 하였다. 온실가스감축에 적극적인 일본이 이 교토의정서 반대국가들의 대열에 합류한 이유는 1970~80년대 대규모 설비투자를 통해 크게 향상된 에너지 효율화가 1990년대 이후 정체를 보이는 상황에서 온실가스감축이 쉽지 않으며 또한 성장동력으로서의 혁신적인 환경기술의 개발에 더 박차를 가하기 위한 것으로 여겨진다.[76)]

그러나 '아·태 신파트너십'보다는 포스트교토체제에 대한 논의가 활발해지면서 일본은 주도권을 잡으려 한다. 2007년 5월 아베 총리는 중국, 인도 등 주요 온실가스 배출국과 함께

74) 구본관, 2008, 10.

75) 구본관, 2008, 4-5.

76) 일본은 2006년 현재 온실가스배출량이 13억 4,010만 톤으로 전년 대비 13% 줄었으나 기준년인 1990년 대비로는 6.2% 증가한 상태로 교토의정서 기간인 2012년 이내에 기준년 대비 6% 감축 목표를 달성하기 위해서는 2012년까지 2006년 대비 11.5%의 탄소배출량을 감축해야 하는 어려운 상황에 놓여 있다. 구본관, 2008, 3.

나라별 사정을 고려한 유연한 체제를 구축하며, 에너지 절약 기술을 활용하여 환경보전 및 경제발전을 동시 달성하자는 포스트교토체제 구축에 관한 3원칙을 제안하였다. 그런가 하면 2008년 1월에는 후쿠다 총리가 'Cool Earth 추진구상'을 통해 향후 10~20년 내에 세계 전체의 온실가스배출량을 감소세로 전환시키고, 이를 위해 2020년까지 세계 전체의 에너지 효율을 30% 달성하자는 목표를 제안하였으며 같은 해 6월에는 저탄소사회를 목표로 하는 '후쿠다 비전'을 발표하였다. '후쿠다 비전'의 요지는 다음과 같다 : ① 2050년 세계 온실가스배출량을 2008년 대비 50% 줄이고, 일본은 같은 기간 60~80% 감축하기로 하였다. ② 포스트교토체제의 온실가스 감축수단으로 나라별 기준년 대비 일정률의 감축을 강요하는 기존의 방식 대신, 각국의 부문별 감축목표를 세우고 이를 합산하여 국가목표로 제시하는 방식인 '섹터별 어프로치'를 제시하였다. ③ 에너지 절약 대책, 탄소배출권 거래제도 도입 등 일본을 저탄소사회로 만들기 위한 정책·제도의 방향을 제시하였다.[77] 또한 2009년 집권한 하토야마 총리는 온실가스 배출량을 2020년까지 1990년 대비 25% 감축한다는 목표를 내걸었는데, 이는 아소 다로 총리가 2009년 6월 발표한 '2005년 대비 15% 감축(1990년 대비 8%)' 목표치를 훨씬 웃도는 수치이다. 또 그는 온실가스 삭감목표를 내놓지 않는 미국과 중국에 대해 삭감 목표 설정을 촉구하는 한편, 선진국과 개발도상국 간 합의의 중요성을 역설하며 개도국에 대한 지원자금으로 2012년까지 공적자금 110억 달러, 민간자금 40억 달러 등 모두 150억 달러를 내놓겠다고 코펜하겐회의에서 밝혔다. 2020년까지 1990년 대비 25% 감축이라는 목표를 달성하기 위해 하토야마 총리는 기업들의 자발적 감축에 의존하던 기존정부의 입장을 벗어나 배출상한선을 정하여 2012년부터 배출권 거래를 의무화하고, 모든 가정에서 쓰고 남은 태양광 발전 전력을 기존 2배 가격에 의무적으로 사 주는 새로운 제도를 지난 2009년 11월 1일부터 시행하고 있다.

77) 구본관, 2008, 1-2.

미나마타병

미나마타병은 일본에서 1950년대 초부터 발생하기 시작하여 1990년까지 40여 년 동안 950여 명이 숨지고 2,300명의 환자를 발생시킨 대규모의 공해병사건이다. 1953년 일본의 규슈 남서쪽에 있는 작은 어촌인 미나마타에, 해변에 물고기가 죽어 떠오르고 고양이가 경련을 일으키며 혼수 상태에 빠지다가 죽는 일이 발생하였다. 사람들도 갑자기 걸음이 이상해지고 손발이 마비되며 말을 못하게 되고 시력 장애가 나타나기 시작하였다. 처음에는 그 원인을 알 수 없어서 '기병(奇病)'이라 불렸지만, 마침내 그 원인이 인근의 질소비료를 생산하는 신일본질소공장에서 무단방류한 폐수에 함유된 수은임이 밝혀졌다. 즉 폐수에 함유되어 있던 비유기수은이 바다 속에서 미생물의 작용으로 유기수은으로 변했고, 이것이 물고기의 체내에 농축되었다가 다시금 사람들의 체내에 농축됨으로써 병이 발생하게 되었던 것이다. 그러나 일본정부와 공장은 이 주장을 받아들이지 않았다. 그러는 사이에 사람들은 자꾸 죽어 갔고 1965년 6월 니이가타현에서도 똑같은 증상이 발생함으로써 '공해소송'이 시작되었다. 이로써 미나마타시의 문제도 다시금 법의 심판을 받게 되었다. 마침내 일본정부는 1967년에 미나마타병을 공해병으로 인정하고, 신일본질소공장의 폐수가 집중적으로 방류되었던 지역을 매립하기에 이른다. 그러나 1932년부터 1967까지 36년간 바다에 침전된 수은의 양은 약 200톤에 달하는 상태였고, 수은은 자연적으로 없어지지 않으므로 이것의 처리가 문제였다. 1975년에는 특히 오염이 심한 45만 평의 해저를 준설하기로 결정하여 인근에 특수강철판을 깐 매립지를 조성하고, 1977~1990년의 14년에 걸쳐 778만 5,000m^3의 오염된 진흙을 준설하여 매립했다. 한편 1974년부터 쿠마모토현에서는 오염된 물고기가 다른 곳으로 이동하는 것을 차단하기 위해 그물을 설치하기 시작했는데, 그것은 미나마타 만에서 야츠시로 해로 나가는 길목을 가로막는 길이 2.1km, 최고 깊이 30m의 대형 격리그물이었다. 이 그물은 1997년 8월 29일 오후에야 비로소 제거되었다. 최초로 발병이 확인된 시점으로부터 무려 41년의 시간이 흐르고 나서야 비로소 미나마타 만은 공식적으로 되살아났다.

이따이이따이병

1947년 일본 도야마현의 진즈강 인근 마을에서 처음 발생한 이 병은 다산(多産)의 갱년기 여성에게 발병하며, 요통·하지근육통으로 시작하여 수 년 후에는 보행불능이 되고, 병세가 급격히 진행하여 몸을 조금만 움직이거나 기침 등에 의해서도 병적 골절을 일으키며 병이 더 진행하면 전신쇠약이 되어 사망한다. '아프다 아프다'라는 뜻의 일본말인 '이따이이따이'라고 고통을 호소한 데서 이 병의 이름이 붙었고, 1965년까지 약 100명이 사망하였다. 원인은 진즈강 상류의 광산 폐수에 의한 카드뮴중독설, 영양설, 성호르몬설 등이 있으나, 환자측의 보상청구재판 제2심(1972)에서 카드뮴과 상당히 인과관계가 있다고 판결되었다. 진즈강 상류의 아연광에는 대개 카드뮴이 다량으로 함유되어 있다. 아연 광산의 폐수가 강으로 배출되었고, 이따이이따이병 환자는 폐수가 섞인 강물을 이용하여 재배한 쌀을 오랫동안 먹은 사람들이었다. 오염된 곳에서 생산된 쌀의 카드뮴 농도는 0.68ppm으로 다른 지역의 0.066ppm보다 10배 이상 높았다.

3. 유럽연합의 환경정치

1950년 파리조약에 의해 석탄·철강 분야에서의 통합을 시작으로 경제적 통합을 진행했던 유럽공동체(European Community, EC)는 1992년 마스트리히트조약을 체결하면서 정치적 공동체인 유럽연합(European Union, EU)으로 발전하였다. 세계 어느 나라보다 높은 환경문제에 대한 관심으로 세계환경정치를 이끌어 가는 유럽연합에서 환경정치의 틀을 형성하는 것은 '환경행동프로그램(Umweltaktionsprogram, UAP)'이다. 따라서 '환경행동프로그램'의 분석을 통해 유럽연합의 환경정치를 분석해 본다. UAP 분석이 의미가 있는 것은 환경정치의 기본이념, 목표, 다양하고 구체적인 정책이 제안되어 있으며 유럽연합의 환경에 대한 관심이 UAP를 통해 구체화되기 때문이다. 또한 이 프로그램은 강제성을 띠지 않은 정치적인 의지표명[78]에 불과하지만 1992년 마스트리히트 조약을 계기로 정치적 통일체를 지향하는 회원국들이 자율적으로 그 결정을 국내차원에서 실현시키고 있다.

UAP 분석에 들어가기 전에 먼저 유럽연합이 환경정치를 시행할 수 있는 법적 근거와 '환경'을 새로운 정치영역으로 받아들이게 된 시대적 배경에 대해 고찰한다. 그리고 지금까지 수립된 여섯 개의 행동프로그램 중 상징적 의미가 강한 제1차부터 제4차 UAP보다는, 오늘날 환경정치의 기본이념인 '지속가능한 발전(Sustainable Development)' 개념의 현실화에 중점을 두어 실천적 성격이 두드러지는 제5차, 제6차 UAP를 분석할 것이다. 제5차와 제6차 UAP의 목표, 원칙, 기본전략, 중점 분야와 정책 등 전체적인 내용을 소개하면서 이러한 내용이 토양보호에 어느 정도 기여할 수 있는지를 분석해 보고자 한다. 토양보호를 기준으로 선택한 것은, 공기, 물과 함께 3대 환경매체인 토양이 우리 삶의 토대를 제공하고 먹거리를 비롯한 다양한 자원을 생산하는 한편 생태계 균형을 조절하는 등 다양한 기능을 하며 중요성이 높음에도 불구하고

---

78) 유럽연합의 규범은 법규(Verordnung), 지침(Richtlinien), 결정(Entscheidungen), 결의(Entschliessungen), 그리고 입장표명(Stellungnahme)으로 구별되는데, 법규(Verordnung)는 일반적으로 효력을 가지는 규범으로 모든 회원국들은 직접적으로 이 법규를 시행할 의무를 진다. 지침(Richtlinien)은 그 지침의 목표달성이 지향하는 모든 관련회원국들에게 의무적이지만 이행의 형태와 수단에 관해서는 국내 기관에게 선택권을 주며 국내법으로의 이행시기는 보통 2~3년이 걸린다. 결정(Entscheidungen)은 기업이나 특정단체 등과 같이 언급이 된 대상들에게만 의무적이다. 그러나 이들에 비해 결의(Entschliessungen)와 입장표명(Stellungnahme)은 의무적이지는 않고 단지 요구의 성격을 가지는데 환경행동프로그램은 이 성격을 가지고 있다.

국제정치적으로 소홀히 다루어지고 있다[79]는 인식에 근거하고 있다. 마지막으로 유럽연합의 환경정치가 안고 있는 어려움을 살펴보도록 한다.

1) 유럽연합 환경정치의 시작과 '환경행동프로그램(UAP)'의 탄생

1957년의 유럽경제공동체 창설을 위한 조약에서 환경보호와 직접 관련되는 공동체의 목표는 설정되지 않았으며, 유럽연합(Eropean Union, EU)에서 환경정치가 고유한 영역으로 다뤄지기 시작한 것은 1972년 파리회담의 결정에 의해서이다. 파리회담에서 유럽공동체(EC : European Community) 회원국 각국 정상은 환경정치의 의미를 강조했으며 공동체 기구에 1973년 7월 31일까지 자세한 시간계획과 함께 행동프로그램을 완성·제출할 것을 요구하였던 것이다. 그러나 당시의 어느 조약에도 환경보호를 규정하는 조항은 없었기 때문에 제1차뿐 아니라 제2차, 제3차 행동프로그램 역시 '예견할 수 없는 경우를 위한 법규제정'을 언급한 235항 또는 '법조항의 조화'에 관해 규정한 100조에 의거하여 제정될 수밖에 없었다. 1987년 유럽단일의정서(SEA : Single European Acts)에서 "환경보호"라는 개념이 공동체의 고유한 과제로 최초로 명기되었으며(6장의 130r, 130s, 130t), 1997년 암스테르담조약에서는 표기상의 변화로 환경관련 조항들이 기존의 16장에서 19장으로, 130r, 130s, 130t 조항이 174, 175, 176으로 바뀌었다. 유럽연합조약 174조는 공동체 환경정치의 목표, 원칙, 환경보호정책의 기준 그리고 환경영역에 있어 유럽공동체의 외부적 권한, 175조는 환경관련법규의 제정 기준, 환경정책의 시행과 재원조달 그리고 176조는 무역제한적 수단이 아닌 목적으로 공동체의 정책보다 강화된 환경보호조치를 취할 수 있는 개별국가의 권한을 규정하고 있다.

환경문제가 처음 언급된 1972년 파리정상회담의 결정 이전에도 환경문제가 전혀 논의되지 않았던 것은 아니다. 1967년 유럽의회는 자동차 배출가스의 정화 문제에 대해 집행위원회에 질의하였으며, 1971년 집행위원회는 국내환경정책과 공동체의 환경정책이 조화를 이루어야

---

79) 다양한 토양문제를 다루는 국제협약은 아직 없으며 토양문제의 하나인 사막화를 방지하는 국제협약이 1995년 탄생되었을 뿐이다. 토양에 대한 낮은 관심은 무엇보다도 토양이 원칙적으로 개인의 소유이기 때문에 국가의 개입이 쉽지 않다는 점에 그 원인이 있으며, 둘째, "토양기능의 복잡성과 토양기능에 대한 이용요구 그리고 많은 상호 충돌하는 가치들"(Wittkaemper, G. W., 1993, 54)로 인해 '토양보호'에 대해 명확하게 정의 내리기가 어렵다는 점, 그리고 셋째로는 공기, 물과 다른 토양의 높은 자기 정화력 등을 들 수 있다.

한다고 언급하는 한편 1972년에는 성장의 질에 관한 논쟁을 불러일으킨 적이 있기 때문이다. 그러나 이러한 요구는 회원국이 취하는 환경보호조치가 상품의 생산과정과 공동체 내에서의 교역에 영향을 미치고 있었기 때문에 공동시장이 원활하게 기능하도록 하기 위한 제안이었을 뿐, 환경 그 자체가 고유한 정치적 권한을 가지고 다루어진 것은 아니었다. 그러나 템즈강·라인강의 오염과 독일공업의 상징인 루르지방의 대기오염[80] 등으로 회원국들이 환경보호와 규제조치를 시작하고 있는 상황에서 로마클럽보고서와 스톡홀름에서 개최된 제1차 유엔인간환경회의는 환경문제에 더 많은 관심을 가지도록 하는 중요한 사건이었다. 이러한 공동체 기구들과 역내·외의 노력 속에서 파리정상회담의 결정에 따라 유럽공동체는 1973년 환경보호를 위한 최초의 환경행동프로그램(1973~1976년)을 완성하였다.

2009년 지금까지 6개의 환경행동프로그램(UAP)이 만들어졌다(1973~1976년 제1차 UAP, 1977~1981년 제2차, 1982~1986년 제3차, 1987~1992년 제4차, 1993~2000년 제5차 그리고 2001~2010년의 제6차 UAP). 제1차에서 제4차까지의 프로그램은 구체적인 정책보다는 수자원관리, 폐기물처리, 대기오염 등의 분야, 환경정치의 기본원칙과 목표를 비롯한 환경정치에 대한 기본적이고 다양한 개념이 언급되어 있는 등 유럽이사회의 기본합의에 대한 정치적 선언의 성격을 띠고 있다. 이에 비해 제5차와 6차 행동프로그램에는 실천적인 면이 강조되고 있다. 즉 유럽연합은 그들이 선택한 '지속가능성' 이념의 구체화를 위해 1992년 리우환경회의 개최 이전에 이미 제5차 UAP을 탄생시켰으며 이 프로그램은 환경행위자들의 네트워크화와 경제적·법적 수단의 강조 같은 새로운 전략을 통해 지금까지의 프로그램과 구별되고 있다. 또한 유럽연합 집행위원회는 회원 각국이 제5차 프로그램의 시행에 대한 중간결산보고서를 제출하도록 하여, 각국의 환경정치적 성과를 평가할 수 있게 하였다. 2001년부터 시행되고 있는 제6차 행동프로그램 역시 지속가능한 발전을 지원한다는 전략 아래 만들어졌으며, 5차 프로그램의 중점 분야를 그대로 유지하면서 기후변화와 생물종의 다양성, 자연자원의 효율적 사용, 폐기물 처리 그리고 환경과 건강의 문제 등을 다루고 있다. 이처럼 환경정치의 목표, 원칙, 우선순위 그리고 구체적이고 다양한 행동계획 등을 포함하고 있는 UAP의 입안을 통해

---

80) 1969년 사민당의 빌리 브란트는 '루르지방에 푸른 하늘을'이라는 구호로 수상에 당선되었다.

유럽연합 환경정치의 틀이 만들어졌던 것이다.

2) 제5차 UAP(1993~2000년) "지속가능하고 환경친화적인 발전을 위하여"

(1) 기본이념 '지속가능한 발전(Sustainable Development)'

환경정치의 기본이념인 '지속가능한 발전(Sustainable Development)'은 1972년 스톡홀름에서 개최된 제1차 세계인간환경회의와 로마클럽보고서 『성장의 한계』에서 개념적 발전을 볼 수 있으며 1980년 출판된 국제자연보호연맹(IUCN : Inernational Naturschutz Union)의 『세계보전전략(World Conversation Strategy)』에서 처음으로 사용되었다. 그러나 이 개념은 1987년 발간된 세계환경발전위원회(WCED : World Commission on Environment and Development)의 보고서 『우리 공동의 미래(Our common Future)』[81)]를 통해 세계적인 생태담론의 주도적 위치를 차지했으며 1992년 리우회의를 통해 미래환경정치의 지도이념이 되었다. 이 개념은 유럽연합 회원국들에 의해 오늘날처럼 세계화되었다고 할 수 있다. 즉 브룬트란트보고서에 이 개념을 사용할 당시 유럽공동체의 환경선진국가들은 그들이 탄생시킨 이 개념의 보편화를 위한 구체적인 방법으로 리우회의 개최 전에 제5차 UAP를 탄생시켰으며 리우회의를 주도적으로 이끌었던 것이다.

브룬트란트보고서는 "지속가능한 발전은 미래 세대의 욕구를 충족시킬 수 있는 능력을 위태롭게 하지 않고 현 세대의 욕구를 충족시키는 발전을 의미한다"[82)]고 정의하고 있다. 선진국가들의 환경보호와 개발도상국가들의 경제발전 주장 간의 논쟁을 결합시키고 있는 이 개념은 개발도상국가 국민들의 기본적인 욕구를 충족시키기 위해 물질적인 최소수준이 보장되어야 하고 선진국가들에서는 생활수준이 적절한 상태에서 유지되어야 하는 한편 선진국과 개도국 국민들간의 형평 역시 실현되어야 함을 의미한다. 이렇게 볼 때 '지속가능한 발전'은 경제방식을 포함한 사회 전반의 구조가 지속가능하지 못하다는 반성적 평가 위에 미래에도 지속가능한 사회를 이루기 위해서는 우선적으로 인간 삶의 토대가 되는 자연환경이 보존되어야 하며 환경용량의 범위 내에서 경제발전과 사회정의가 이루어져야 한다는 것을 의미한다. 그러나

---

81) 세계환경발전위원회 의장인 그로 브룬트란트(Gro Brundtland) 여사의 이름을 따서 '브룬트란트보고서'라 불리기도 한다.

82) 세계환경발전위원회, 1994, 75.

'환경'과 '발전'의 이상적인 통합에도 불구하고 지속가능한 발전은 지속가능한 성장, 심지어 선진공업국가에서뿐 아니라 개발도상국가에서도 더 빠른 경제성장을 강조하는 모순을 보임으로써 결국에는 이 보고서가 인간중심적이고 전형적으로 성장지향적이며 인간을 경제적 존재로 제한하고 있다는 것을 보여 주고 있다.

'지속가능한 발전' 개념의 등장배경은 이 개념의 본질에 대한 이해를 도와 준다. 독일에서 상당히 오랜 전통을 가진 이 개념은 봉건시대 영주와 대지주들의 재산관리 기본원칙이었다. 그들은 그들의 산림에서 벌목을 할 때의 기준으로, 나무가 성장할 수 있을 정도의 범위에서 벌목이 이루어져야 한다고 생각하였다. 이 기준의 준수가 중요했던 것은, 이러한 기준을 초월하여 벌목했을 경우 당시 에너지원이었던 나무의 공급에 차질이 생기면서 결과적으로 그들은 경제적 불이익을 감수해야 하기 때문이었다. 이러한 사실은 경제적 이익을 위한 그들의 활동이 곧 생태적 한계 내에서 이루어지고 있었음을 보여 주는 것이다. 경제발전과 자원사용과의 관계는 현대경제학에서도 중요하게 다루어지는데, 데일리(Daly)는 그의 안정상태경제(SSE : Steady-State-Economy) 이론에서 경제발전은 자연생태계의 범위 내에서, 즉 자연의 수용한계 내에서 투입과 산출이 균형을 이루면서 자연과의 조화 아래 이루어져야 한다는 점을 강조하고 있다. 이상의 간단한 논의에서 살펴본 것처럼, '지속가능한 발전' 개념의 토대를 형성하는 것은 경제발전과 자연생태계보전의 관계로 경제와 생태가 통합된 하나의 체제요소로, 상호관련된 하나의 복합체로 이해되어야 한다는 것이다.

(2) 지속가능한 발전을 위한 새로운 전략

제5차 UAP는 "지속가능하고 환경친화적인 발전을 위하여"라는 제목을 달고 있다. '지속가능하고 환경친화적'이라는 개념은 "모든 인간 행동이 의존하고 있는 자연환경과 자연자원을 손상하지 않으면서 지속적인 경제·사회발전을 지향한 정치나 전략"[83]을 의미하며 지속가능한 발전을 위해서는 장기적인 캠페인과 새로운 전략이 필요하다는 것을 강조하고 있다.

기존의 프로그램들과 차별되는 제5차 UAP의 새로운 전략은 참여행위자의 강조, 구체적인

83) Kommission der EG, 1992, 4.

환경보호정책의 실시가 가능한 중요한 경제 분야의 선택 그리고 다양한 실행수단의 강조이다. 우선, 제5차 UAP는 그 목표가 참여행위자의 공동행동을 통해서만 달성될 수 있고 이를 통해 결국에는 환경파괴를 야기하는 인간의 소비와 행동들을 수정할 수 있기 때문에 행위자들의 파트너적인 협력관계를 매우 강조하고 있다. 행위자들의 참여를 유도하기 위해 위로부터의 법규정 제정에 의존했던 지금까지의 "Top-down" 전략과 달리 "Bottom-up", 즉 모든 경제 분야와 사회적 동반자들을 포함하는 전략을 도입하고 있다. 또한 구체적인 방법으로 "다양한 분야의 대표자들로 구성되는 자문단, 정보와 경험의 교류와 공동체정책 실현을 위해 국내기관과 유럽연합위원회 간의 네트워크, 활발한 의사소통과 환경정치의 점검을 위해 환경집행위원회와 회원국 대표로 구성된 그룹"과 같은 세 개의 대화그룹을 만들 것을 제안했다.[84] 이 세 대화그룹은 환경보호에 가장 중요한 행위자들의 책임의식을 높이고 수립된 정책의 효과적이고 투명한 실행이 이루어지도록 노력해야 한다. 환경문제의 해결을 위해서는 리우회의의 의제21을 비롯한 다양한 프로그램들이 강조하는 것처럼 무엇보다 행위자의 참여가 중요하다. 그렇기 때문에 유럽연합의 Bottom-up 전략과 대화그룹의 창설 제안은 상당한 의의를 가진다. 그러나 창설보다 더 중요한 것은 이들 그룹의 의견이 반영될 수 있는 절차를 마련하여 실질적인 효과를 내어야 한다는 것인데, 제5차 프로그램은 이 세 그룹의 결과가 어느 정도까지 이루어질 수 있는가에 대해서는 언급이 없다는 문제점을 안고 있다.

지속가능한 발전이라는 추상적인 목표가 이루어지는 것은 그 수단의 선택에 달려 있다고 해도 과언이 아니다. 이런 이유에서 제5차 UAP는 수단의 폭을 확장했다. 이 수단들은 ① 법규범, ② 환경세, 책임조항과 벌금 또는 적정한 가격과 같은 시장경제적 수단, ③ 환경관련 자료개선과 연구 그리고 기술발전, 교육과 같은 다양하고 부수적인 효과를 유발하는 수단, ④ 펀드와 같은 재정지원의 네 범주로 나눌 수 있다.[85] 주목할 만한 사실은 시장지향적 수단들이 도입되었다는 것인데, 이는 앞으로 더 이상 처벌법적 개념에 매이지 않겠다는 것을 의미한다 하겠다. 환경정책의 이행을 위해 가장 일반적으로 사용되는 수단은 처벌법적 규범이다. 그러나 이러한 직접규제정책은 그 효과가 신속하고 측정가능하다는 이점이 있는 반면에 사전예방적인

84) Kommission der EG, 1992, 10.
85) Kommission der EG, 1992, 9.

전략보다는 사후치유의 정책을 강조하게 되며 "환경정책과 기타 경제 분야 정책의 상호의존관계에 대한 고려가 이루어지지 않는다"[86]는 문제점을 가지고 있다. 경제적 수단은 오염물질의 배출량에 근거하여 오염자에게 비용을 부담하게 함으로써 오염자 스스로 배출량을 줄이도록 동기를 부여하는 방법이다. 세금, 보조금, 인센티브 등 다양한 경제적 수단은 우선 오염자의 자율적인 행동을 유발한다는 장점을 가지고 있다. 또한 목표로 하는 오염수준에 도달한 이후에도 오염방지비용을 낮추기 위해 계속적인 기술개발의 동기를 부여할 수 있다는 점에서 상당히 긍정적인 방법이다. 이런 관점에서 봤을 때 유럽연합 차원에서 시장경제적 수단을 도입한 것은 개별국가의 좀 더 적극적인 환경정치를 요구한 것이라 볼 수 있으며 이는 유럽, 나아가 세계환경정치에 있어서 큰 발전이라 하겠다.

또한 제5차 프로그램은 더 이상 공기, 물, 토양과 같은 개별 분야에 국한되지 않고 환경에 끼치는 영향이 크고 지속가능한 발전에도 중요한 역할을 하는 5개의 경제 분야 - 공업, 에너지, 교통, 관광, 농업 - 에 관심을 집중하였으며, 각 분야의 세부주제로 기후변화, 산성화, 대기오염, 자연자원 고갈과 종 다양성의 감소, 수질오염과 수자원고갈, 도시환경과 해변지역의 파괴 그리고 쓰레기처리문제를 다루고 있다.[87] 이 분야들에 대한 중장기적 목표들이 설정되었으며, 지속가능하고 환경친화적인 길로 발전을 인도하기 위한 행동지침과 영역 그리고 행위자들이 언급되었다. 이러한 정책시행 분야가 선택된 것은 구체적인 정책시행과 그 성과를 염두에 둔 것으로 과거의 상징적 의미를 강조하던 것과는 달리 실질적인 효과를 거두려는 전략이다. 이는 그만큼 유럽연합의 환경문제가 심각하고 따라서 환경문제 해결의 필요성과 욕구가 강해졌음을 반영한다 하겠다. 그러면 이 분야에서 어떠한 정책이 제안되었는지 토양의 관점에서 분석해 본다.

(3) 제5차 UAP에서의 토양보호

토양문제는 공동체의 제4차 UAP에서 처음으로 언급되었지만 특별한 토양보호규정이나 계획이 세워지지는 않았다. 제5차 UAP에서도 역시 독자적으로 다루어지기보다는 공동체의

86) 정회성·변병설, 2003, 139.

87) Kommission der EG, 1992, 6.

환경정치, 즉 5개의 경제 분야 – 공업, 에너지, 교통, 관광, 농업 – 에서 통합적으로 다루어지고 있다. 이들 분야의 정책 중 토양에 영향을 미칠 수 있는 내용들을 살펴본다.

공업은 환경문제를 야기하는 중요한 한 부분일 뿐 아니라 문제해결에도 기여해야 하는 분야이기 때문에 제5차 UAP는 공동체 공업정책에 큰 의미를 부여하고 있다. 즉 기업의 자기통제와 엄격한 생산규정 그리고 대화를 통한 자유로운 합의를 통해 환경정책과 공업정책이 조화로워야 함을 강조하는데, 이는 이들의 협력적 관계를 토대로 공동체가 경쟁력 있는 환경산업의 성장을 꾀하고 있음을 의미한다.[88] 이런 관점에서 '자연자원의 효율적인 사용'이 우선적으로 강조되는데, 공업 분야에서 토양은 산업폐기물과 배출가스로 인해 오염이 되기 때문에 이 '자연자원'에는 물론 토양이 포함된다. 제5차 UAP에 의하면 '자연자원의 지속가능한 사용'이라는 공업 분야의 목표와 정책은 환경오염감소, 온실가스 제한 또는 감축, 오염물질로부터의 토양보호에 기여해야 하며 폐기물 분야에서의 정책은 폐기물 감소 또는 폐기물의 안전한 처리를 목표로 하고 있다.

에너지 분야에서의 목표는 경제성장, 에너지조달 그리고 건강한 자연을 보장하는 것이다. 에너지생산의 환경부담을 줄이기 위해 무엇보다도 에너지의 효율성 증가, 청정기술의 개발, 에너지사용의 절대적 감소 그리고 이산화탄소/에너지세의 도입과 같은 방법을 통해 이산화탄소 배출의 감소 또는 이산화탄소를 집중배출하는 에너지구조의 폐쇄가 제5차 UAP의 중요한 전략이다. 특히 바이오매스의 에너지, 태양에너지 그리고 풍력에너지와 같은 재생가능한 에너지의 사용이 강조된다. 이러한 전략은 토양의 산성화를 유발하는 이산화황과 질소산화물의 감소를 가져와 토양보호에 기여할 수 있다.

제5차 UAP는 중·동유럽의 변화와 역내시장통합의 완성 등으로 인해 교통량이 증가할 것이라 예측하고 있다. 증가하는 교통량의 환경에 대한 부정적 결과를 줄이고 지속가능한 교통상태를 만들기 위해 제5차 프로그램은 토지사용계획의 개선, 친환경적인 대중교통수단의 증진, 친환경적인 교통수단 그리고 청정에너지원을 위한 혁신적인 기술개선 등과 같은 새로운 전략을 제안하고 있다. 이러한 목표들은 토지절약적인 도로건설계획과 자동차배출가스의 감소

88) Kommission der EG, 1992, 18.

를 통해 직접적으로 토양보호에 기여할 수 있는 중요한 전략이라 하겠다.

농업 분야에서 위원회의 제안들은 대부분 토양보호와 직접적으로 관련된다. 위원회는 공동농업정책을 통해 촉진된 과밀농업이 한편으로는 과잉생산문제, 다른 한편으로는 토양과 지하수오염, 토양침식 그리고 종의 멸종 등과 같은 자연자원의 착취와 악화를 가져왔다고 인식하고 있다. 이런 이유에서 농업발전과 자연보존 사이의 균형회복은 생태적인 면에서뿐 아니라 경제적인 면에서도 의미 있는 일이다. 이러한 관점에서 농업을 위한 아래의 목표들이 설정되었다 :

① 무엇보다 물과 토양의 보호를 통해 지속가능하고 친환경적인 농업이 이루어지기 위한 자연순환과정의 유지와 종의 다양성 보호

② 자연순환과정이 손상되지 않을 정도로까지 화학물질사용 감소; 토양과 식물의 수용력을 감안한 화학비료사용의 조정

③ 종의 다양성과 자연서식지가 보호되고 침식이나 눈사태 같은 자연재해와 화재가 최소화되는 방식으로 농촌환경의 관리.[89]

관광 분야에서의 전략은 경제발전과 환경보호를 상호 연결시키는 것이다. 이는 관광이 친환경적이면서 지역발전을 위한 잠재력이 활용될 수 있도록 국내에서뿐 아니라 지역차원에서 신중하게 계획되어야 한다는 것을 의미한다. 이런 관점에서 공동체의 정책은 특히 대량관광상품구성의 개선, 해변지역과 산악지역의 국내외 지역의 통합경영프로그램, 관광의 다양화 그리고 환경의식의 민감화 등을 지향하고 있다. 또한 토지사용의 통제, 건물신축의 엄격한 규정과 상·하수처리와 대기오염과 관련한 환경규정의 엄격한 적용과 시행을 포함하는 수단들이 언급되는데 이들은 토양보호에 기여한다.

(4) 토양보호정책에 관한 평가

90년대를 겨냥한 제5차 프로그램은 80년대의 환경상태에 맞추어 만들어졌을 것이다. 따라서 토양정책 역시 80년대 상황에 근거하여 평가되어야 하지만, 사실 86년의 체르노빌 사건 이전까지는 환경문제에 대한 실질적인 심각성은 인식되지 못하고 있었기 때문에 유럽차원에서

89) Kommission der EG, 1992, 37.

토양상태에 대한 조사 역시 거의 이루어지지 않고 있던 상황이었다. 따라서 이하에서는 일반적인 토양보호의 관점에서 제5차 UAP의 효율성을 평가해 보고자 한다.

토양문제를 분석하기 위해서는 토양문제를 분류하여야 한다. 토양문제는 토지의 사용방법이나 지역 또는 물리적, 화학적 그리고 생물적 손상 등 손상형태 등의 기준에 따라 분류할 수도 있으나, 이 책에서는 그 원인에 따라 화학물질에 의한 오염, 토지사용 요구의 증가와 그로 인한 물리적 손상 그리고 물질적 오염의 특수한 형태로서 '오래된 토양오염(Altlasten)'으로 나누어 본다. 이 분류법은 독일환경부와 관련연구기관에서 선택한 분류법으로 이 분류법을 선택한 것은 환경정치적 편의, 즉 이 기준이 정책적 시행이 가능한 영역을 근거로 하고 있기 때문이다.

화학물질에 의한 오염의 관점에서 보면 토양에 유입되는 모든 물질이 중요한데, 그것들이 화학적 변화를 야기하기 때문이다. 따라서 토양기능을 손상시키는 모든 원소는 그것이 영양성분이든 유해성분이든 환경위험원소라 할 수 있다. 토양에 유입된 원소들이 토양의 독성제거, 필터·완충역할과 같은 다양한 기능을 방해할 경우 소금화, 오염, 영양소 소실, 산성화, 그리고 결국에는 토양생산성 감소와 같은 위험한 변화가 일어나게 된다. 토양에 대한 지나친 요구와 물리적 손상은 주로 주거지, 공장입지, 도로의 확충과 같은 도시공업적 토지사용의 집중화와 과도한 농업적 사용으로 야기된다. 이 목적으로 사용되는 토양은 아스팔트·시멘트화되며 무거운 농기구와 기계의 사용, 휴양지 건설 등으로 고밀도화되는 등의 물리적 변화를 겪게 된다. 또한 오늘날 토양문제의 가장 심각한 것 중 하나로 간주되는 토양침식은 회복불가능한 토양손실을 의미한다. '오래된 토양오염'은 과거의 무분별하게 행해졌던 쓰레기 매립과 공업활동을 통해 야기된 토양오염의 특수한 문제영역인데, 이 문제가 독자적으로 다루어지는 것은 환경에 대한 고려 없이 성장을 한 선진공업국가에서 이 문제가 상당히 심각하기 때문이다. 미국의 '러브캐널'사건이 보여 주듯이 토양오염은 자연생태계 파괴는 물론 인간의 건강에 대한 위험으로 상당한 사회경제적 비용을 요구하며 오염의 정화와 복구를 위해 천문학적 비용과 수 년 내지 수십 년의 시간을 필요로 하는 문제이다.

이 분류법에 근거해 보건대 제5차 UAP의 공업, 에너지, 교통, 농업, 관광 분야에서 이끌어낼 수 있는 토양관련정책 대부분은 화학물질오염으로 인한 토양문제를 다루고 있으며 토지사용으로 인한 문제를 소홀히 하고 있음을 볼 수 있다. 우선 공업 분야를 보면 토양의 공장입지 또는 폐기물매립지로서의 기능이 전혀 다루어지지 않고 있다. 특히 폐기물 매립은 토양기능을 심각하게 손상시키기 때문에 토양문제에서는 아주 중요하다. 따라서 폐기물 매립지 지침과 규범 그리고 매립지와 소각장시설에 대한 기준 등은 강화되어야만 했다. 교통량 증가가 화학물질로 인한 토양오염과 관계가 있으며 도로·항만·공항 등의 시설 구축은 토지사용으로 인한 토양문제를 야기하기 때문에 교통 분야의 정책은 토지와 아주 밀접한 관계에 있다. 친환경적인 교통수단을 강조한 것은 화학물질로 인한 토양오염의 완화에는 제5차 프로그램이 기여할 수 있음을 보여 주는 반면 토지사용문제는 소홀히 하고 있다. 농업 분야에서 제시된 정책은 화학물질로 인한 토양오염문제의 완화에 크게 기여할 수 있다. 그렇지만 농업이 이루어지는 곳의 토지가 도시주거와 교통시설의 건축을 위해 새롭게 요구되면서 그 사용량이 증가하고 있다는 사실은 간과되고 있다. 특히 도시근교의 비옥한 토지들이 도시공업적 용도로 사용되면서 오히려 농업에는 적합하지 않는 새로운 토지들이 개간되고 생산성을 높이기 위해 비료와 제초제·살충제의 사용은 증가하고 있다. 이러한 문제의 관련성을 고려하여 토지사용에 관한 새로운 지침을 제시하였다면 좋았을 것이다. 또한 '오래된 토양오염' 문제를 다루고 있지 않다는 점도 비판할 수 있다. 비록 비용과 시간이 상당히 요구되더라도 정화시켜 재사용하는 것이 제한된 자원인 토양의 관점에서는 유용하기 때문이다. 녹지 또는 새로운 토지를 도시공업적 용도로 사용하기보다는 기존의 오염된 토양을 정화시켜 다시 사용할 수 있는 '토지리사이클링'에 대한 연구가 활발하지만 제5차 프로그램은 이 개념을 고려하지 않고 있다.

결론적으로 제5차 프로그램의 토양정책은 오염물질로 인한 토양문제만을 다루고 있을 뿐이다. 즉 토양문제의 일부만 다루게 되며, 또 다른 심각한 원인인 토지사용으로 인한 토양오염과 손실 문제는 지나쳐 버리는 한계를 가지고 있다고 하겠다.

3) 제6차 UAP(2001~2010년) "환경 2010 : 우리 미래는 우리 손에 있습니다"

(1) 제6차 UAP의 새로운 전략

유럽연합집행위원회는 제5차 UAP를 통해 환경문제가 다른 정치영역에서 많이 고려되었으며 납과 수은의 급격한 배출 감소와 숲·강·호수 상태의 개선 등 몇몇 분야에 있어서 환경오염도

상당부분 해결·복구되었으나,[90] 아직 환경문제는 산적해 있고 환경의 질도 계속해서 악화되고 있으므로 광범위하게 환경문제를 고려하고 또 해결을 위한 조치들이 마련되어야 한다고 강조하였다.[91] 이러한 인식 아래 탄생된 제6차 UAP는 2001년부터 2010년까지 지속가능한 발전을 위한 공동체의 환경목표와 우선권 그리고 필요한 조치 등을 요구하고 있다. 또한 유럽연합의 확대는 풍부한 생물종의 다양성과 원시적 경관의 증가를 의미하며 환경을 개선할 기회이기도 하므로 신입회원국에게도 환경보호를 위한 지원이 이루어져야 하며, 또한 유럽연합뿐 아니라 세계정치에서도 환경문제를 고려할 것을 강조하고 있다.

제5차 UAP를 계승한 제6차 UAP는 ① 환경법규시행의 개선 ② 다른 정치영역에서 환경문제 고려의 강화 ③ 환경보호지향적인 시장을 위한 자극 ④ 시민참여의 강화와 행동변화 ⑤ 토지사용계획과 행정관리결정에 있어서 환경문제 고려 등 다섯 가지 전략을 강조하고 있다. 이 전략은 제5차 프로그램의 수단을 강화한 것으로, 무엇보다 처벌위주보다는 친환경적인 행동에 대한 보상 등을 통해 경제와의 협력관계를 강화하고, 환경비용 공제와 환경투자 지침 마련 등 재정조직의 생태적 변화를 유도하는 시장경제적 수단이 강화된 점이 중요하다 하겠다. 또한 가정에서 에너지 절약제품의 사용과 설치 등과 같이 매일 환경과 관련된 결정을 내리는 시민들의 친환경적인 결정을 돕기 위해 시민들은 환경과 실생활 문제들에 대한 결정과정에 참여하고 더 많은 발언권을 가지는 한편 웹사이트, 보고서, 사회교육 등을 통해 수준 높은 관련자료를 접할 수 있어야 한다는 점이 강조되는 것도 시민의 참여와 행동의 변화를 이끌어 낼 수 있는 중요한 전략이다.

(2) 제6차 UAP에서의 토양문제

① 기후변화에의 대응 : '인위적인 기후변화가 일어나지 않을 정도로 대기권에서 온실가스농도의 안정'을 목표로 세우고 있는 기후변화 분야에서 유럽연합은 가장 중요하고 시급한 조치로

90) 유럽환경원은 물의 정화와 납을 포함한 벤진의 생산과 사용의 폐지를 통해 중금속오염중이 감소되었으며 이를 통해 유럽연합에서 1990년부터 1996년까지 납의 배출이 절반 이상 줄었으나, 카드뮴과 수은은 교통과 산업활동 때문에 2010년까지 1990년과 비교하여 20~30% 증가할 것이라고 전망하였다. Europaeische Umweltagentur(EUA), 1999, 10.

91) Europaeische Gemeinschaften(EG), 2001, 3-10.

교토의정서의 비준·시행과 구체적인 행동을 요구하고 있다. 특히 이산화탄소를 비롯한 온실가스배출이 가장 많은 교통과 에너지 분야에 큰 관심을 보이고 있다. 온실가스는 결국 비나 눈을 통해 토양에 내려앉는다는 점에서 온실가스의 감축은 토양보호와도 밀접한 관련을 갖는다. 온실가스의 배출을 줄이는 다양한 조치들 중에서 토양과 관련되는 것으로는 에너지 효율성증대, 에너지 절약, 재생가능한 에너지원 사용, 교통 분야에서 철로와 선박 그리고 대중교통수단의 이용과 같은 구조적 변화와 더 효율적인 대체에너지원과 엔진기술의 연구·개발, 농업에서는 질산과 메탄배출의 감소, 가정과 공장에서의 목제품 사용 그리고 도시계획에서 더 많은 녹지확보와 도시의 기온을 낮출 수 있는 건설재료의 사용, 변화한 기상상태에 맞는 토지사용과 농업활동을 강조하고 있다. 또한 개별 분야를 포괄하는 통합전략으로 유럽연합 차원에서 에너지세 도입과 이산화탄소관련 무역규제규정의 제정을 요구하고 있다.[92)]

② 자연과 생물종 다양성 : 인간사회는 기본적으로 생물종의 다양성에 의존하고 있다는 인식 아래 종의 다양성을 보호하기 위해 유럽연합은 '자연생태계 구조와 기능의 복구와 보호 그리고 유럽연합과 세계에서 생물종 다양성의 보존; 침식과 환경오염으로부터 토양의 보호' 라는 목표를 제시하고 있다. 종의 다양성을 유지하기 위한 정책은 생물종의 생존터전이 토양과 나무라는 점에서 토양보호와 밀접한 관련이 있다. 유럽연합의 계획에 따르면 종의 다양성과 생태계를 보호하기 위해 회원국은 자국의 보호지역 관리계획을 세워야 하며 유기농업과 토양보호를 촉진시키는 방향으로 공동농업정책의 친환경적 개정과 중·동유럽의 농업현대화가 이루어져야 한다. 종의 다양성유지에 특히 중요한 숲의 보호는 물과 토양의 보호에서 나아가 산사태와 눈사태를 예방하는 효과도 지니기 때문에 무엇보다 지역차원에서 행동이 필요함을 강조하고 있다. 한편 이 주제에서는 토양보호라는 제목 아래 토양에 관한 자료소홀을 지적하는 한편, 침식, 사막화, 쓰레기매립으로 인한 오염, 대기·물·농업활동으로 인한 토양오염, 중금속오염, 기후변화요인인 탄소물질로 인한 토양오염 그리고 지역발전계획에 있어서 토양에 대한 수요증가와 같은 다양한 토양문제를 다룰 체계적인 보호컨셉과 특별전략의 수립을 요구하고 있다.[93)]

③ 환경과 건강 : 환경과 건강에 관한 정책이 우선권을 가져야 한다고 강조하는 이 장은

---

92) EG, 2001, 27-33.
93) EG, 2001, 34-42.

'인간에 의해 만들어진 전자파를 포함한 유해물질이 건강과 환경에 위험이 되지 않는 상태에의 도달'을 목표로 세우고 있다. 이를 위해 황산, 질산, 일산화탄소, 이산화탄소, 중금속, 질산염 등의 다양한 화학물질의 사용과 규제를 위한 각 국가의 조치를 요구하고 있다. 이는 광범위하게는 토양보호와 관련되어 있지만 깊이 있는 자연과학적 지식을 요하므로 이 책의 관심을 벗어난다 하겠다.[94)]

④ 자연자원의 지속가능한 사용과 쓰레기 문제 : 이 분야는 '재생가능 또는 재생불가능한 자원의 소모가 환경의 수용력을 초과하지 않는 상태의 유지; 합리적인 자원사용과 경제의 비물질화를 통해 경제성장과 자원소모 관계의 분리 그리고 쓰레기감소'를 목표로 하고 있다. 자원절약보다 쓰레기 문제가 쓰레기 매립과 연소 후 배출되는 가스로 인한 토양오염 때문에 토양과 더 밀접한 관련이 있다. 이런 이유에서 경제성장과 쓰레기배출증가의 상관관계를 끊고 쓰레기감소정책과 쓰레기재활용을 통한 전체 쓰레기 양의 감소가 아주 중요하다고 프로그램은 강조하고 있다.[95)]

(3) 평가

제6차 프로그램이 생물종의 다양성을 보존하기 위해 오염물질의 관점뿐 아니라 토지사용의 문제를 언급하며 토양보호를 요구한 것은 상당히 발전적이라 하겠다. 또한 경제성장과 자원소모 그리고 쓰레기배출증가의 상관관계를 끊어야 한다는 전략은 토양문제뿐 아니라 자연환경보호·보존의 의미에서 상당히 중요하다 여겨진다. 그렇지만 제6차 UAP 역시 제5차 프로그램과 마찬가지로 오염물질에 집중하고 있다. 토양관련 정책은 대부분이 오염물질로 인한 토양오염문제를 다루고 있을 뿐이며, '오래된 토양오염' 그리고 토지사용문제와 관련된 전략이나 지침은 보이지 않는다. 이는 90년대 자연환경상태를 기반으로 한 제6차 UAP가 회원국가들의 토양상황을 제대로 반영하지 못한 것이라고 평가할 수 있다. 왜냐하면 1990년대 서유럽과 북유럽의 공업국가에서는 도시화와 사회기반시설의 건설로 야기된 토양의 시멘트·아스팔트화가 토양문제의 가장 중요한 원인이며, 지중해연안국가에서는 바람과 비로 인한 토양의 침식이 가장

94) EG, 2001, 43-54.
95) EG, 2001, 55-61.

심각하기 때문이다. 그리고 중·서·북유럽 국가는 모두 공통적으로 오염으로 인한 토양문제를 안고 있는데, 그 중에서도 과거의 오염물질이 방치되어 오염상태가 장시간 지속되고 있는 '오래된 토양오염' 문제가 특히 심각하다.[96] 다시 말해 시멘트·아스팔트화와 토양의 침식 문제는 토양사용의 관점에서 다루어져야 하는 문제들이지만 제6차 프로그램이 이러한 문제들에 대해 언급이 없다는 것은 토양보호에 있어서 큰 효과를 기대하기는 어렵다는 의미라 하겠다.

한편 제6차 프로그램이 언급한 토양문제의 해결을 위한 유럽연합집행위원회의 다양한 활동 중에서 2004년에 작성된 「토양보호특별전략을 향하여」라는 보고서를 잠시 살펴볼 필요가 있다. 토양침식, 토양유기물과 토양 내 종의 다양성, 토양오염과 토지관리, 토양 모니터링 그리고 연구의 다섯 주제를 다루고 있는 이 보고서에 근거하여 2006년 9월 22일 토양보호전략을 소개하였기 때문이다. 이 보고서에 나타난 토양보호전략의 목표는 비옥한 토양의 지속적 악화를 막고 토양의 기능을 유지하며, 손상된 토양을 회복하는 것이다. 이처럼 '토양보호특별전략' 보고서 역시 우선적으로 오염물질에 의한 토양보호를 강조하는 것에 비해 토지사용 문제는 언급을 하지 않는 문제점을 가지고 있다. "토지사용" 주제는 위원회의 다른 보고서 「계획과 환경 - 국내적 차원」에서 다루어지기 때문인 것으로 여겨진다.[97] 이는 토지사용을 토양문제의 하나로 고려하지 않는 위험한 전략이라 하겠다.

4) 유럽연합 환경정치의 어려움

유럽연합 집행위원회의 평가에 따르면 회원국 환경법규 제정의 60~90%가 브뤼셀에서의 결정에 따른 것이라고 한다.[98] 공동체의 광범위한 환경정책적·법적 결정들은 회원국에게 다양한 환경법의 제정을 촉진했던 것이다. 이러한 법제정에도 불구하고 유럽연합 환경청은 1999년 보고서 『세기의 변화에서』에서 "유럽연합의 25년간의 성공적인 환경정치의 결과에도 불구하고 일반적인 환경상태는 더 나빠졌다"[99]고 평가하고 있다. 어느 나라보다 더 다양한 환경정책에

---

96) 유럽환경원은 오래된 토양오염이 의심되는 지역과 오래된 토양오염지역을 조사하여 발표하였다. 이 발표에 의하면 공업국가 독일에 오래된 토양오염이 의심되는 지역이 많다. EUA, 1999, 19.

97) SRU, 2004, 393; http://europa.eu/scadplus/leg/en/lvb/128122.htm(검색일: 2007. 3. 3.)

98) Weber, I. 2000, 191.

99) EUA, 1999, 4.

도 불구하고 이러한 평가가 나오는 것은 유럽연합의 환경정치가 다른 나라와 비교해서 상대적 수준은 높을지라도 자체적으로 자연환경상태의 보존에는 아직 미치지 못하고 있으며, 유럽연합의 다양한 환경정책이 제대로 시행되지 못하고 있기 때문이라고 할 수 있다.

유럽연합의 노력에도 불구하고 발전을 저해하는 요소로는 무엇보다 환경적 요구사항이 다른 정치영역에 들어오지 못하였다는 점을 들 수 있다. 다른 정치 분야에서 실질적인 정책의 입안 시 환경문제를 고려하는 통합적 관점은 무엇보다 환경문제 주범인 사회적 원인을 핵심으로 하고 환경문제의 특성인 다면적 관련성을 염두에 두기 때문에 환경정치 성공을 위해서는 아주 중요한 전략이다. 그러나 '환경'이 공동체 과제로 처음 언급된 1987년 유럽단일의정서 이래 현재까지 환경정치와 다른 정치 분야 특히 제5차와 제6차 UAP 지적처럼 생태적으로 문제되는 산업, 에너지, 교통, 관광 그리고 농업 분야와의 조화가 부족하다는 점이 가장 큰 문제라 하겠다.[100)]

둘째, 경제적 관점이 지배하는 유럽연합의 목표체계를 들 수 있다. 일반적으로 환경보호는 경제적 과제 내에서 수행되어야 하는 하나의 업무로 다루어지고 있다. 경제적 관점이 지배적임을 보여 주는 이러한 체계는 정치결정과정에서도 그대로 드러난다. 예를 들어 유럽연합은 2000년 경제성장·사회통합·친환경을 기치로 10년 장기 마스터플랜인 리스본 전략을 발표하였으나 2005년 EU 새 집행부가 들어서면서 기존 리스본 전략 3대 목표의 정책우선순위를 성장과 고용 위주로 재조정하면서 친시장 정책을 강화하는 변화를 보여 주고 있다.

셋째, 개별정치 분야에서 '파편화'된 EU제도 역시 문제점으로 들 수 있다. 통합과제인 환경보호에 있어서 분야별 협력은 분리·독립된 다분야체계에서 더 복잡해진다. 통합환경정치에 있어서 분야 간 정치조정은 필수적이지만 상당히 세분화된 국내 및 EU 기구는 한편으로는 환경보호 권한부서의 통합가능성 또는 통합적 관점의 유지를 제한하고, 다른 한편으로는 정치형성과정에서 환경보호관심의 참여를 어렵게 한다.

마지막으로 EU 정치체계에서 환경보호관심을 대표하는 요소들의 구조적 약함, 다시 말해 구조, 인적·물적 자원, 관할부처의 권한 그리고 의사결정과정 등에서 환경보호의 대표자가

100) Weber, 2000, 191.

제대로 대표성을 발휘하지 못하는 점을 들 수 있다. 예를 들어, 지금의 25개 회원국들은 환경문제에 대한 관심도에 따라 지도적 위치에 있는 네덜란드, 덴마크, 독일, 오스트리아, 스웨덴, 다음 수준으로 프랑스, 벨기에, 이탈리아, 룩셈부르크, 핀란드, 그리고 환경문제에 소홀한 나라들로 그리스, 영국, 아일랜드, 포르투갈과 스페인 그리고 동유럽의 회원국 등 세 그룹으로 분류해 볼 수 있다.[101] 그런데 동유럽국가처럼 환경문제에 관심이 적은 회원국이 늘어날수록 환경정치적 결정을 내리는 것은 어려워지게 된다. 또한 집행위원회 환경분과는 환경행동프로그램의 조화와 실현 그리고 환경보호의 초분과적인 문제에 책임 있는 중요한 기구이지만 제한적인 재정적·인적 자원으로 인해 정치적 무게는 상당히 낮게 평가받는다. 환경집행위원회는 550여 명의 직원이 있으며 2007년 1천 265억 유로에 달하는 유럽연합 예산 중 2억 유로는 환경보호 분야에 쓰인다. 10억 유로가 에너지·운송 분야에, 농촌현대화에는 120억 유로가 배당[102]된 상황을 감안한다면 환경보호 주무기관인 환경집행위원회의 규모와 권한을 짐작할 수 있다. 이런 이유로 환경정치는 정보제공, 자문과 같은 수동적인 전략을 지향할 수밖에 없게 된다.

4. 독일의 환경정치

세계적인 환경선진국 독일의 환경정치 분야에서는 환경정책의 역사, 환경정치의 행위자와 기후변화에 대응하는 독일의 에너지정책을 통해 독일환경정치의 발전을 살펴보도록 한다. 그리고 녹색당으로는 세계에서 유일하게 집권당이었던 독일 녹색당에 대해서 살펴보는 것도 환경정치의 발전을 위해 의미가 있다고 여겨진다.

1) 환경정책의 역사

세계적으로 환경문제에 대한 관심이 싹튼 60년대 말과 70년대에 들어 독일 역시 환경문제가 정치권에서 다루어지기 시작한다. 라인강을 비롯한 자연환경의 오염, 산성비로 인한 숲의 파괴 그리고 배출쓰레기의 엄청난 증가 등과 같은 국내적 환경문제와 함께 스위스 산도즈에서의

101) Wepler, C., 1999, 411-413.

102) http://ec.europa.eu/budget/budget_detail/current_year_en.htm(검색일: 2007. 2. 10.).

화재로 인한 독일의 피해, 미국에서의 1969년 국내환경법의 발효와 환경논의 활성화, 1970년 유럽자연보호의 해 선정, 그리고 1972년 스톡홀름에서 개최된 제1차 유엔인간환경회의 등의 국제적 영향 등으로 인해 환경에의 관심이 높아진 시민들이 정치권에 환경보호를 위한 압력을 행사하면서 정치에서도 환경문제가 다루어지기 시작하였다.

1969년 사민당의 빌리 브란트가 '루르 지방에 푸른 하늘을(blauer Himmel auf dem Ruhrgebiet)'이라는 구호로 집권한 이후 환경정치는 시작된다. 이 구호는 60년대 말이라는 시기적 관점에서 봤을 때 아주 획기적인 것이라 할 만한데, 이 환경보호 구호가 유권자들에게 효력을 발휘하였다는 것은 그만큼 독일의 환경상태가 심각하였다는 것을 보여 주는 것이다. 구체적으로 환경정치의 발전을 위한 10가지 테제가 정리된 1971년의 *연방정부의 환경프로그램(Umweltprogramm der Bundesregierung)*과 함께 시작된 독일환경정치는 1986년 환경부의 신설로 큰 발전을 하게 된다. 이를 연대별로 살펴본다.

독일 환경정치의 변화·발전은 70년대 이후 3시기로 크게 나눌 수 있다:

첫 번째 시기인 70년대는 국민들이 중요한 정치적 이슈로 환경문제를 인식한 전환점이었으며 국제적인 논의와 연방과 주에서의 법제정을 위한 요구가 많았던 시기였다. 그래서 이 시기는 그러한 요구를 충족시키기 위한, 즉 환경정치를 위한 법적·행정적 틀을 만든 시기라 할 수 있다. 특히 3대 환경매체인 물, 공기, 토양의 보호를 위한 광범위한 틀을 만드는 시기였기 때문에 이 시기를 '환경매체정치'라고 일컫는다. 연방내무부가 환경보호를 위한 *연방정부의 환경프로그램(Umweltprogramm der Bundesregierung)*을 제정한 것을 시작으로 하여 세부적인 환경계획안과 관련법 제정을 위한 초안이 만들어지게 되었다. 휘발유와 납에 관한 법률, 쓰레기 처리법, 수자원보호법, 연방대기오염방지법이 제정되고 환경백서가 발간되기 시작했다. 또한 1974년에는 연방환경청(Das Umweltbundesamt)을 신설하여 환경프로그램 실천을 위한 행정 하부구조를 갖추었다. 한편 *연방정부의 환경프로그램(Umweltprogramm der Bundesregierung)*에는 오늘날까지 유효한 연방정부 환경정치의 원칙이 언급되고 있는데, 그것은 예방의 원칙(Vorsorgeprinzip), 오염자부담의 원칙(Verursacherprinzip) 그리고 협력의 원칙(Kooperationsprinzip)이다. 예방의 원칙은 환경관련 정책결정 시 사후복구보다는 환경오염이 발생하지 않도록 사전예방조치를 취해야 한다는 원칙을 말하며, 경제적 관점의 표현인 오염자부담의 원칙은 환경오염의 처리 및 방지 비용을 오염당사자가 부담한다는 원칙으로 환경보호에 매우 필수적인 경제적 토대를 확보한 것이다. 또한 협력의 원칙이란 환경정치의 성공을 위해서는 정부, 기업, 시민 등 다양한 행위자의 협력이 무엇보다 중요함을 밝힌 원칙이다. 그러나 이러한 적극적인 환경정책은 1973~74년의 석유위기를 겪으면서 침체기를 맞게 된다. 석유의 전량을 수입에 의존하는 독일경제는 큰 타격을 입게 되면서, 경제가 안정적이던 시기에는 큰 문제가 되지 않던 환경규제가 경제가 침체하면서 경제에는 부담으로 작용하게 되어 환경과 경제의 근본적인 갈등관계를 보여 주었다.

다음으로 80년대는 환경정치의 도약기라 할 수 있다. 70년대 동안 환경의식이 성장한 시민들은 침체기를 겪으면서 경제 및 에너지 성장, 인간 삶에 있어서 현대 기술의 위협 그리고 민주사회의 의미 등과 같은 좀 더 근본적인 질문들을 던지게 된다. 여기에 대한 반응으로 등장한 것이 녹색당이라고 볼 수 있다. 기존정당들의 이념과는 다른 대안적 이념들을 표방하면서 생태적, 사회주의적, 비폭력적, 풀뿌리 민주주의적 원칙을 내세운 녹색당은 마침내 1983년 연방의회선거에서 의회진입에 필요한 5% 득표를 넘어선 5.6%를 획득해 27명의 연방의원을 본(Bonn)으로 보내게 되었다. 녹색당의 성공은 환경정책을 정치적 의제로 격상시켰다는 것과 기존정당이 환경보호를 보다 깊이 있게 다루게 하였다는 점에서 그 의의를 찾을 수 있다. 이로써 환경문제는 이제 사회의 중요한 이슈로 일상정치에서 빼놓을 수 없는 주제가 되었다. 또한, 이러한 사회분위기는 환경논리와 맞서 오던 경제영역들이 환경친화쪽으로 방향을 바꾸는 계기가 되기도 하였다. 한편 1986년 4월 체르노빌 핵발전소 방사능 누출참사에 대한 대응으로 콜정부는 1986년 6월 '환경, 자연보호 그리고 원자력발전소안전을 위한 연방환경부(Bundesministerium fuer Umwelt, Naturschutz und Reaktorsicherheit, BMU)'를 설립하였다. 연방환경부는 이후 독일의 환경정치와 국제정치무대에서 적극적인 환경정치를 이끌어 가는 핵심기구가 된다. 80년대 환경문제는 특히 ① 산성비나 그로 인한 숲의 파괴 그리고 오래된 토양오염 등과 같은 개별환경매체가 통합적으로 작용하는 환경요소의 손상이 심각한 문제로 대두되었고 ② 특정환경매체의 손상이 다른 매체로 전이되는가 하면 ③ 오염물질의 수가 급증한 것이 그 특징이다. 80년대 환경정책은 환경오염의 감소를 목표로 하였기 때문에, 이 시기는 '환경오염방지정치'로 일컬어진다. 프레온가스 사용금지 규정, 납 함유 벤진 사용 금지, 국제협력

체결 시 적극적 역할, 이산화탄소 방출량을 2005년에 1987년 대비 25%로 낮추기 등의 정책을 볼 수 있다.

90년대 환경정치는 퇴보하게 된다. 1989년 연방방사선안전청, 1993년 연방자연보호청이 설립되는 등의 외형적 발전에도 불구하고 환경정치의 중요도는 낮아졌는데, 이는 통일 후의 경제문제 때문이었다. 그러나 이 시기는 독일의 환경정치 역사에서 아주 중요한 기간으로 여겨지는데, 통일정부는 붕괴된 구동독지방의 경제를 친환경적인 방식으로 재건하기 때문이다. 통일조약 직전에 체결된 1990년 4월 독-독 국가조약 제14조 “환경보호는 두 나라의 특별한 관심사이다. … 현재 시설들은 적절한 요구사항을 만족시켜야 한다”는 독일연방의 환경법, 즉 동독을 흡수·통일한 서독의 환경법이 동독에도 완전하게 적용되어야 함을 의미한다. 또한 이 토대 위에 1990년 8월 30일 서명된 통일조약 34조는 서독 환경정치의 기본원칙인 사전예방원칙, 책임자부담의 원칙, 협력의 원칙인 “3원칙의 고려 아래 인간의 자연적 생활조건을 보호하는 것과 생태적 생활태도를 서독의 높은 수준과 조화가 이루어지도록 하는 것”을 독일입법자들의 과제로 정하고 있다. 이 환경적 입장은 ‘독일 전역에서 수준 높은 환경친화적 생활상태 유지’라는 목표 아래 구동독을 위한 다양한 생태적 정화 및 발전프로그램들을 통해 실현되었는데, 중요한 방법으로는 첫째, 생산설비를 환경친화적으로 현대화하고, 둘째, 자원소비와 오염물질배출이 많은, 즉 환경의존도가 높은 산업의 비율을 낮추고 에너지원 역시 효율성이 높고 오염물질 배출이 적은 자원을 사용하는 경제구조로 전환한다는 것이다. 구동독지역뿐만 아니라 서독지역에서도 환경정치는 모든 사회영역의 ‘생태화’를 위해 노력하는데, 다양한 환경정책과 법의 시행에도 불구하고 환경지표는 계속하여 환경상태의 악화를 보여 주었기 때문이다. 이는 환경문제가 사회 어느 한 분야의 노력만으로는 해결될 수 없으며 분야 간 통합적인 노력이 요구된다는 사실을 보여 준 것이라 하겠다. 그래서 이 시기는 ‘환경구조정치’로 정의 내릴 수 있다. 환경세의 도입, ‘환경경제’에서 ‘생태경제’로, ‘생활방식의 생태화’, 생태윤리, 생태교육 등을 예로 들 수 있다.

한편 1998년 사민당과 녹색당의 연립정부가 들어서면서 환경정치는 활력을 찾기 시작했다. 핵에너지 사용의 중단, 생태적 조세개혁, 환경관련단체의 단체소송권, 보존원칙 제시, 새로운 자연보호법, 방사능 오염방지 규정, 새로운 에너지법, 교토 국제기후변화협약의 법제화를 위한 노력 등을 하게 된다. 그러나 2005년 보수적 성향인 기민당정부가 집권하고 세계적인 신자유주의적 금융위기의 여파는 다시금 환경정치에 대한 관심을 소홀히 하고 있다. 친기업적 성향의 자민당과 연립정부를 구성한 기민당은 사민당정부가 결정한 원자력발전소 가동중단을 무효화하는 한편 탄소제로 에너지에 지원하는 발전차액지원금을 삭감하는 등 퇴보적인 면을 보이고 있다.

이러한 역사적 발전과정을 살펴볼 때 독일이 환경문제 해결을 위해 중점을 두는 부분은 다음과 같이 몇 가지로 요약할 수 있다. 첫째, 독일정부는 환경보호는 중요한 경제요소라는 입장을 가지고 있다. 즉 경제발전은 환경요소의 희생 위에 이루어진다는 갈등의 관점이 아니라 환경상태개선과 경제적 발전은 같이 이루어진다는 동반자적 관점을 오래전부터 가지고 있다. 환경보호는 인간의 쾌적한 생활수준을 유지하기 위해서만이 아니라 장기적으로 일자리를 보장하기 위해서도 예전보다 더 중요한 요소이다. 왜냐하면 환경이 건강한 지역에서만이 지속적으로 작업이 이루어지고 기업은 그곳에 기꺼이 머무르기 때문이다. 기업은 그들의 공장부지를 선택할 때 철도와 도로가 잘 연결되는 교통시설이 편리한 것만 아니라 현대적인 정수시설과 폐기물처리시설 또한 고려한다. 이처럼 환경보호가 일자리창출을 위한 중요하고 안정적인 요소임을 강조하는 연방환경부의 언급은 경제와 환경의 관계를 보는 독일정부의 입장을 잘 보여 주고 있다. 문제는 경제구조의 전환과정에서 실업이 발생하고, 환경보호시설의 설치는 곧 기업의 생산비용 증가를 불러오기 때문에 생산활동의 위축을 불러올 수 있다는 사실이다. 이 문제에 대해 정부는 '환경보호는 일자리를 만든다'는 논리를 내세우고 있다. 환경오염을 야기하는 낡은 시설을 가진 공장의 가동이 중지되면서 우선적으로 일자리가 사라진다는 사실은 명백하지만, 환경정화조치를 통해 많은 새로운 일자리가 창출된다는 점을 강조하고 있는 것이다. 이는 특히 구동독지역의 친환경적 재건사업에서 여실히 드러난다. 1991~1992년 10만 명 이상의 노동자가 고용창출조치(Arbeitsbeschaffungsmassnahmen, ABM)로 인해 다양한 환경정화사업에서 직업을 가지게 되었고, 1994년 말까지 8만 명 이상의 실직자가 더 취업할 수 있었다. 국영기업이 1995년 이 조치에 투자한 금액은 23억 마르크에 달하며, 2000년 구동독지역에서 20개 일자리 중 하나는 환경보호영역에서 만들어질 것이라고 예견되었다. 서독에서 환경보호분야 근로자의 수는 1980년 426,000명, 1990년 546,000명으로 집계되었으며, 통일후인 2000년에는 112만 명(구서독지역 786,000명, 구동독지역 336,000명)으로 추정하고 있다. 2006년 독일에서 환경친화적 부문에서 일하는 근로자는 전체 독일 고용의 4.5%인 180만 명에 이른다. 2004년의 3.9%보다 상당한 비율로 증가하였는데, 독일연방환경청은 이러한 증가의 이유로 재생가능한 에너지생산, 환경친화적 상품수출 그리고 환경을 고려한 서비스업이 증가하면서 이들과 관련된 분야에서 일자리가 새롭게 만들어지고 있다고 분석하고 있다.[103] 연방환경청은 특히 재생가능한 에너지법과 자동차배기가스 제한의 강화와 같은 정책이 이러한 일자리 창출에 큰 역할을 했다고 평가하면서 지속적인 일자리 창출을 위해 진보적이고 혁신적인 환경정치가 필요함을 강조하고 있다.

둘째, 환경보호가 그 자체로도 고려되어야 한다는 사실 또한 경제적 관점에서 설명하고 있는데, 환경보호를 소홀히 한 대가가 얼마나 비쌀 수 있는가를 '오래된 토양오염' 정화가 잘 보여 주기 때문이다. 예를 들어 구동독지역 군사기지의 토양오염은 그 정화에 수십 년의 시간과 천문학적인 비용이 소요되는데 이 때문에 정화작업은 지방정부가 단독으로 수행하기는 어려운 경우가 많으며 연방정부의 지원이 필수적인 지역이 많다.

마지막으로 환경기술개발은 독일정부가 가장 중점을 두는 전략이라고 할 수 있다. 환경문제를 해결하기 위한 기술의 필요성이 증가함으로 인해 환경기술시장이 빠른 속도로 증가하고 있기 때문이다. 전통적으로 독일이 우위에 있는 기계 분야뿐 아니라 현재 성공적으로 시행하고 있는 건축물개보수프로그램의 시행을 위해서도 독일은 난방과 단열을 위한 다양한 기술과 재료를 개발하고 있다. 이 환경시장에서 독일은 현재 선두주자이다.

2) 환경정치 행위자

독일의 환경정책수립에 영향을 미치는 국내행위자로 연방환경부, 의회의 앙케트위원회, 정부내 학술전문기구인 환경문제전문위원회(Sachverstaendigenrat fuer Umweltfragen, SRU)와 학술평의회 세계환경변화(Wissenschaftlicher Beirat Globale Umweltveraenderungen, WBGU)를 들 수 있다.

103) UBA, 2008, 2.

(1) **연방환경부**(Bundesministerium fuer Umwelt, Naturschutz und Reaktorsicherheit, BMU)

1986년 설립된 연방환경부는 환경보호를 위한 정부기관 중 가장 상위기관으로 환경, 자연보호 그리고 원자력 안전을 목적으로 하고 있다. 연방환경부(BMU)는 여섯 개의 부서로 나뉘어 관련업무를 관장하고 있다 : 연구계획 입안, 연방·주·지방정부와의 협력관계, 시민 홍보, 환경정치의 법적·경제적 문제와 같은 환경정치의 일반적 문제를 다루는 부서; 기후보호, 환경과 에너지, 재생가능에너지, 국제협력문제가 주요 업무인 부서; 핵시설, 방사능으로부터의 안전, 핵연료 공급과 처리를 다루는 부서; 수자원, 쓰레기, 토양문제를 다루는 부서; 환경과 건강, 대기오염, 시설물 안전과 교통, 화학물질의 안전을 다루는 부서; 자연보호와 지속가능한 자연이용 문제에 관한 부서. 장관 아래 2명의 연방국회의원들이 활동한다. 이들은 장관의 공식 대변인이면서 장관의 업무를 도우며 부서의 전체업무를 지휘한다. 2009년 현재 980명이 연방환경부에서 일하고 있으며 이중 746명이 정규직이다. 환경부는 부속기관으로 1974년 설립된 연방환경청(Umweltbundesamt, UBA), 1993년 설립된 연방자연보호청(Bundesamt fuer Naturschutz, BfN) 그리고 1989년 설립되어 자외선·방사선으로부터의 안전과 핵폐기물 처리를 주요업무로 하는 연방방사선안전청(Bundesamt fuer Strahlenschutz, BfS)이 있다.

한편 주정부 역시 환경정책에 대해 독자적인 행동을 할 수 있다. 예를 들어 환경 프로젝트 장려 및 후원, 대중의 환경인식 고취, 다른 지역과 국가와의 관계를 통한 대외환경정책에의 참여 등이 있다. 그리고 학교교육에서 환경에 관련된 교육을 어느 정도까지 다루는지 결정하는 것도 주정부의 역할이다. 연방정부와 주정부 사이에는 환경관련 공청회가 존재하는데 이 공청회로 인해 환경에 관한 주민이나 각 정부의 관심이 증대되는 효과를 본다. 그리고 지방자치단체 역시 환경정책에 관한 나름의 권한이 있다. 지방자치단체는 법률제정권한은 존재하지 않지만 자신의 관할 행정구역에서 나름의 독자적인 권한을 가지고 있는데 이는 지방자치단체가 독일 기본법 28조 규정에 따라 '기본법의 테두리 안에서 지역사회의 업무를 수행할 권한'을 보장받고 있기 때문이다. 지방자치단체는 주민들이 실질적인 환경정책의 영향을 받을 수 있도록 하고 주민들에게 쾌적한 환경을 제공하는 의무를 가지고 있다고 볼 수 있다. 그렇기 때문에 각각의 자치단체에 불리한 연방법이 제정되려 할 경우에 자치단체에서 이의를 제기할 수 있으며 이의제기 시 연방정부는 반드시 재검토하도록 정해져 있다.

(2) **환경문제전문위원회**(Sachverstaendigenrat fuer Umweltfragen, SRU)

환경문제전문위원회의 역사는 독일환경정치의 역사와 같이한다. 이 위원회는 1971년 연방정부의 환경프로그램에 근거하여 다른 분야 12명의 전문위원들로 구성·설립되었다. 1986년 연방환경부의 설립으로 연방환경부 산하기구가 되었으며, 그후로 위원회는 7명의 전문위원으로 구성되어 2년마다 일반적인 환경문제에 대한 연구보고서를 펴내며 특별한 주제에 대해서는 특별보고서를 제출한다. 위원회의 활동이 중요한 것은 복잡하고 다양한 환경문제에 대한 깊이 있는 연구를 수행하여 제출한 이들의 보고서가 정부 환경정책 수립의 토대가 되기 때문이다.

(3) **학술평의회 세계적 환경변화**(Wissenschaftlicher Rat Globale Umweltveraenderungen, WBGU)

SRU가 독일 국내의 환경문제에 집중하는 반면 학술평의회는 세계적인 환경문제를 다룬다. 학술평의회는 1992년 교육연구부와 환경부 산하 기구로 발족되었다. 환경문제관련 학제적 연구를 위해 12명의 전문가들이 4년마다 소집되어 연구를 수행한다. 이들의 연구보고서 역시 독일환경정책 수립의 토대가 된다.

(4) 의회의 앙케트위원회

독일연방의회는 1969년 이래로 중요한 문제에 대한 정치적 결정에 준비하기 위해 앙케트위원회를 설치하였다. 앙케트위원회는 학문적인 토론의 장이 아니라 학문과 현실의 관련이라는 틀 속에서 작업하고 있다. 현실과의 관련하에 행해지는 이 위원회의 제안에 근거하여 의회는 자문과 법적·정책적 결정을 하게 된다. 위원회 위원의 수는 의회의 매 회기마다 다르며 국회의원뿐 아니라 학계·재계 등 다양한 분야의 전문가들로 구성된다. 작업결과에 따라 많은 보고서들이 출간된다.

3) 기후변화방지를 위한 에너지정책

환경선진국 독일의 위상을 잘 보여 주는 것이 기후변화를 막기 위한 목표설정이다. 독일은 2008~2012년 동안 1990년 대비 21% 감소라는 교토의정서의 이산화탄소배출 의무감축량보다 더 높은 목표 - 2005년까지 25%, 2010년까지 30%, 2020년까지 40% 감소 - 를 세웠다. 이는 다른 유럽연합 국가들의 같은 기간 30% 감축 목표보다 더 강화된 것이다. 이 목표를 달성하는 데 있어 가장 핵심이 되는 분야는 에너지 분야이다. 기후변화를 막기 위한 독일 에너지정책의 핵심은 에너지효율의 향상과 절약 그리고 재생가능에너지이용의 확대이다.[104] 2007년 8월 의결되어 시행되고 있는 통합에너지·기후보호프로그램(Das Integrierte Energie- und Klimaschutzprogramm, IEKP)은 2020년까지 기후변화방지를 위해 온실가스배출 40% 감축, 전력생산에서 재생가능한 에너지 사용률 최소 30% 확보, 열생산에서 재생가능한 에너지 사용율 14% 확보 그리고 바이오연료사용의 확대를 목표로 하고 있으며 이의 실현을 위해 에너지효율성, 재생가능에너지 그리고 교통과 같은 분야의 관련법률과 행정령을 제·개정하고 있다. 이러한 목표를 달성하는 가장 중요한 수단인 '재생가능에너지법(Das Erneuerbare-Energien-Gesetz, EEG)'과 1999년 이래로 성공적으로 시행되고 있으며 통합에너지·기후보호프로그램(Das Integrierte Energie- und Klimaschutzprogramm, IEKP)의 핵심요소인 '이산화탄소감축을 위한 건축물 개보수지원프로그램(KfW-CO_2-Gebaeudesanierungsprogramm)'을 살펴보자.

재생가능에너지법은 1991년의 전력구매법(Stromeinspeisungsgesetz)을 강화하여 2000년 제정된 법으로 2004년과 2008년 두 번의 강화된 개정을 거쳐 2009년 1월 1일부터 시행되고 있다. 재생가능에너지법은 전력사용에서 2020년까지 수력, 풍력, 태양에너지, 바이오에너지 등과 같은 재생가능에너지의 비율을 25~30%까지 증가시킨다는 목표를 가지고 있다. 2007년 이 비율은 약 14%이고 2008년에는 약 15%를 차지하고 있다. 재생가능에너지법은 재생가능에너지원으로부터 생산된 전기를 전략망운영회사가 우선적으로 구입하도록 의무화한 법으로 독일정부는 이 법을 전력 분야에서 재생가능한 에너지의 시장도입을 위한 가장 성공적인 법으로 평가하고 있다.[105] 재생가능에너지법은 재생가능에너지원으로 생산되는 전력에 대한 보상가격을 높이고, 전력공급사업자가 총 공급량의 5% 이내에서만 재생가능에너지로 생산된 전기를 구입할 수 있다는 5% 상한 규정을 없애는 등 재생가능에너지가 계속 생산·보급될

104) 임성진 교수는 이러한 전략을 선택한 배경으로는 무엇보다 1998년 집권한 사민당-녹색당 연정이 원자력발전의 중지를 선언한 것을 들고 있다. 즉 원자력발전의 포기로 인해 대안적인 에너지체제가 필요하게 되었으며 따라서 재생가능에너지사용의 확대와 에너지효율의 증대와 같은 대안체제에 대한 개발과 투자가 뒤따라야 했기 때문이라는 것이다. 임성진, 2005, 294-295.

105) BMU, 2008, 14.

수 있는 길을 열었던 것이다. 재생가능에너지법의 시행 후 전체에너지사용에서 재생가능에너지 사용비율을 보면 2000년 6.3%에서 2007년까지 14% 이상으로 증가하는 성과를 낳았던 것이다. 독일정부는 특히 태양에너지의 생산에 중점을 두고 있는데, 이는 태양에너지는 개인가정에서도 생산할 수 있을 뿐 아니라 기후변화에 동참한다는 의식을 심어 줄 수 있기 때문인 것으로 여겨진다. 재생가능에너지의 사용을 촉진하기 위한 초기단계의 프로그램으로는 1980년대 말의 '1,000 태양광지붕프로그램'과 '태양광 2000'이 있었다. '1,000 태양광지붕프로그램'은 태양광 전지를 설치하는 가정에 투자비용의 50%를 연방정부가, 20%를 지방정부가 지원하는 제도이며, '태양광 2000'은 공공건물을 대상으로 태양열의 지역공급시스템을 개발하기 위해 추진한 시범프로그램이다.[106] 태양광에너지 발전시설은 2004년의 재생가능에너지법 개정에서 보상이 증가된 이후로 급격하게 증가하였다. 2009년 현재 약 9,000MW의 전력을 생산하는 시설이 가동 중이며, 약 100여 개의 태양에너지생산기업이 약 90억 유로의 시장규모와 약 6만 개의 일자리를 가지고 경제활동을 하고 있다. 이러한 성과는 이산화탄소배출량을 상당한 수준으로 줄였는데, 재생가능에너지법 시행의 평가에 따르면 2008년 약 1억 1천만 톤이 줄어든 가운데 재생가능에너지법의 성과에 의한 것이 약 5천6백만 톤에 이른다고 한다.

에너지 절약을 위한 대표적인 프로그램으로는 1999년부터 시행 중인 '이산화탄소감축을 위한 건축물개보수지원프로그램(CO_2-Gebaeudesanierungsprogramm)'을 들 수 있다. 이 프로그램에 따르면 m^2당 최소 40kg의 이산화탄소감축효과가 기대되는 1979년 이전의 구식 주거용 건물은 태양열집열판이나 단열재를 사용하는 등 에너지 절약조치에 투자되는 비용을 장기저리로 지원받을 수 있다. 또한 에너지 절약법에 따라 신형 건물수준의 에너지효율을 달성한 개보수비용에 대해서는 다른 경우보다 더 많은 혜택이 주어지며, 에너지 절약과 이산화탄소저감에 기여하는 조치나 에너지고효율 건축에 대해서도 이산화탄소저감 지원프로그램에 의해 장기저리의 재정지원이 이루어지고 있다.[107] 연방정부는 에너지효율적인 주택의 신축·개보수와 사회편의시설을 위한 2006년부터 2009년까지의 예산으로 60억 유로를 확보하였다. 건축물개보수프로그램은 에너지효율성을 증가시켜 이산화탄소의 배출을 줄이는 환경적 효과뿐 아니라 벽, 지붕,

106) 임성진, 2005, 295.
107) 임성진, 2005, 302.

창문 등의 단열과 보온효과로 인하여 난방비용의 감소라는 경제적 효과와 함께 일자리 창출이라는 사회적 효과까지 가져오는 성공적 프로그램으로 평가하면서 연방정부는 이 프로그램을 지속적으로 실시할 것이라고 강조하고 있다.

한편 전 세계적으로 '녹색뉴딜' 바람이 불고 있는 현 시점에서 독일정부가 시행하고 있는 프로그램들이 가져오는 일자리창출에 관해 잠시 살펴보도록 하자.[108] 아래의 표에서 볼 수 있는 것처럼 환경친화적인 부문의 일자리인 그린잡과 환경친화적인 부문에 종사하는 근로자를 일컫는 그린칼라는 증가하고 있다. 2009년 현재 연방환경부의 자료에 의하면 친환경 분야의 일자리는 전체 독일고용의 4.5%인 약 180만 명에 이르지만, 정부의 지속적인 투자로 인해 계속 증가할 것이다. 재생가능한 에너지 분야에서만 창출된 일자리가 2006년 235,600명에 이른다. 연방환경부는 정부의 지속적인 노력이 특히 재생가능에너지사용의 확대, 환경기술이나 환경상품의 수출증가, 그리고 친환경적 서비스업의 증가를 가져오고 그 결과로 친환경적 일자리가 2020년까지 50만 개, 2030년까지는 80만 개가 추가로 생길 것으로 전망하고 있다.

〈표 8〉 독일의 그린잡 현황(단위 : 명)

		2004년	2006년
분야	그린설비	336,000	350,000
	그린컨설팅 및 연구개발	944,300	1,132,400
	재생에너지 산업	165,000	235,600
	그린설비 수출	35,000	49,000
합계		1,475,800	1,767,000

출처 : 독일연방환경청(DBA); 한겨레신문 2009. 5. 15.에서 재인용.

생태적 세제개혁 또한 기후변화방지를 위한 이산화탄소 배출의 감소에 큰 기여를 한 것으로 임성진 교수는 평가하고 있다.[109] 1999년 4월 발효된 '생태적 세제개혁 도입법(Gesetz zum Einstieg

108) 그린잡을 창출하기 위한 노조의 역할도 중요한데 이에 대해서는 한겨레신문 2009. 5. 15. 참조. 기사에 따르면, '저에너지 건물 개보수 프로그램'은 독일노총의 제안을 정부가 받아들인 것으로, 독일노총은 향후 고용은 주로 환경을 매개로 한 그린산업에서 창출될 것이란 확신을 갖고서 연구작업을 거쳐 당시 슈뢰더 총리에게 그린잡 창출을 위한 58개 조처를 제안하였으며 또한 1999년 정부와 노조, 사용자단체, 환경단체는 '고용과 환경을 위한 동맹(Alliance for Work and Environment)'을 공식선포하는 등 노조의 친환경적 입장을 소개하고 있다.

in die Oekologische Steuerreform)'에 따라 휘발유, 디젤, 천연가스에 대한 세금이 증가하고 전기에 대해서도 생태세가 신설되었으며, 생태적 세제개혁의 지속적 추진을 위해 2003년 1월 발효된 '생태적 세제개혁의 지속적 발전을 위한 법(Gesetz zur Fortentwicklung der Oekologischen Steuerreform)'에 따라 환경에 부하를 주는 부문임에도 불구하고 경제적인 이유로 인해 주어졌던 조세혜택을 축소 또는 제거하는 조치가 이루어졌다. 예를 들어 제조업과 농업, 임업부문에서 사용되는 전기, 난방용, 천연가스에 대한 생태세 비중이 20%에서 60%로 높아지는 반면, 대중교통수단용 가스에 대한 세제혜택과 같은 조치는 법 적용기간이 연기되었다. 2004년부터는 조세와 재정부문까지 범위를 확대시켜 생태적 재정개혁(Oekologische Finanzreform)을 강화시키고 있다.

4) 녹색당(Buendnis90/Die Gruenen)

1960년대 후반 반핵, 평화, 여성, 환경문제 등 다양한 신사회운동에 뿌리를 두고 탄생한 독일의 녹색당은 세계의 많은 녹색당 중에서 가장 오래되고 가장 성공한 녹색당으로 평가받고 있다. 독일 녹색당의 정식 명칭 연맹90/녹색당(Buendnis90/Die Gruenen)은 다양한 시민운동단체와 녹색당의 연합을 의미하는데 이는 녹색당 이념의 다양함을 보여 주고 있다고 하겠다. 1977년 '녹색명부환경보호(Gruene List Umweltschutz)'라는 단체로 시작된 주민주도운동의 정치화는 마침내 1983년 3월 연방선거에서 5.6%의 득표를 하여 연방의회에 등장하게 되었으며, 1998년에는 사민당과 연정을 형성함으로써 녹색당은 독일 정당사의 새로운 장을 열게 되었다. 연립정부시절 녹색당은 환경세를 도입하고 핵발전을 점차 줄여 나가는 한편 핵발전소 가동중지라는 결정을 내렸으며 재생가능에너지법을 통과시켰다. 녹색당의 이러한 에너지정책은 환경정책의 발전을 위한 중요한 토대를 놓았다고 할 수 있다.

독일 녹색당이 다른 유럽국가의 생태주의 정당들에 비해 성공할 수 있었던 이유를 조현옥 교수는 다음과 같이 분석하고 있다.[110] 우선 구서독의 독특한 정치상황을 들고 있다. 분단국가였던 서독에서 반공주의, 노동계급과의 통합도구로서 사회주의와의 연계, 미국과의 동맹은 독일

---

109) 임성진, 2005, 302-304.
110) 조현옥, 2002, 136-137.

을 떠받치고 있는 세 축으로서 기존 정당들은 이러한 틀 안에서 정치적 역할을 수행하고 있었다. 그러나 1960~70년대 들어 다양한 이념을 가진 신사회운동이 일어나고 사회가 다원화되어 가면서 이 영역에 대해 비판을 할 수 있는 새로운 정치적 결사체가 요구되었으며 이러한 분위기가 녹색당의 탄생을 불러왔다고 하겠다. 두 번째로는 사민당의 우경화이다. 사민당은 대중적 평화운동의 반대, 재정감축정책, 원자력에너지 경제에 대한 찬성 등으로 점차 우경화하였다. 이로 인해 좌파성향의 새로운 비판세력이 요구되었으며 이것이 곧 새로운 정당인 녹색당 창설을 불러오게 되었던 것이다. 이런 이유로 녹색당원은 사민당 출신이 많았다. 세 번째로는 독일의 독특한 선거제도를 들고 있는데, 다른 무엇보다도 이것이 녹색당 성공의 가장 큰 요인이라고 여겨진다. 독일은 소선구제와 함께 정당명부제라는 제도를 취하고 있다. 정당명부제는 비록 지역에서 후보자를 당선시키지는 못하더라도 정당의 전체 득표 수가 5%를 넘으면 미리 제시된 명부의 당원들이 의회에 등원할 수 있는 제도로 사표를 방지하고 소수의견을 존중하는 중요한 장점을 가지고 있다. 이 장점으로 인해 녹색당이 의회에서 대표자격을 부여받고 재정적인 지원도 받을 수 있었기 때문에 당이 기반을 굳힐 수 있었던 것이다. 한 나라의 선거제도가 새로운 정치의 발전에 얼마나 큰 영향을 미치는지를 녹색당의 발전을 통해 알 수 있다.

다양한 이념을 토대로 하지만 무엇보다 환경정책을 전면에 내세우고 있는 녹색당은 2002년 오랜 논쟁 끝에 새로운 기본원칙에 합의하였다. 녹색당의 기본원칙은 생태(Oekologie), 자치(Selbstbestimmung), 정의(Gerechtigkeit)와 민주주의(Demokratie) 그리고 비폭력(Gewaltfreiheit)과 인권(Menschenrechte)이다. 생태의 원칙은 무엇보다 자연적인 생활토대의 보전을 의미하는 한편 생태적·사회적·경제적으로 지속가능한 발전을 의미한다. 자치의 원칙은 사회적·인종적·성적 차별이 없는 자유를 뜻하며, 정의의 원칙은 사회 재화의 공정한 분배를 의미하되 특히 사회약자에 대한 고려, 연대의식과 사회참여를 강조하고 있다. 민주주의 원칙으로는 무엇보다 시민의 직접참여가 이루어지는 풀뿌리민주주의를 이루기 위해 의회민주주의와 시민의 참여가 강화되어야 한다고 강조한다. 비폭력과 인권의 원칙은 녹색당의 이념에서 가장 핵심적인 것으로 어떠한 경우에도 타협할 수 없는 것이다. 인간의 개인적 자유권은 물론 정치적·경제적·사회문화적·개발적 그리고 생태적 권리를 언급하고 있으며 이러한 모든 원칙은 비폭력적으로 수행되어야 한다고 강조하고 있다.[111] 특히 생태문제는 경제 분야를 구성하는 하나의 조건이 되었기 때문에 경제체제는 생태적·사회적 시장경제체제가 되어야 한다고 주장한다. 생태적 경제와 관련하여 녹색당은 재생가능에너지 사용, 리사이클의 강화, 환경세의 도입, 환경에 유해한 분야에 대한 보조금의 철폐, 녹색교통체계수립, 자동차 산업과 같은 삶과 환경에 적대적인 산업부문의 해체, 농업과 화학 분야 등에서 알려진 유해한 생산공정의 전환 등의 구체적 정책을 제시하고 있으며,[112] 사회적 경제란 자유롭고 자주결정적인 생활이라는 목표를 위해 교육의 강화, 과잉부채로부터의 보호 등의 정책이 주로 사회약자를 위해 수립되어야 함을 의미한다. 한마디로 녹색당은 기존의 주류이념이나 방식이 아닌 인간과 자연을 하나로 보는 새로운 정치·경제·사회체제를 통해서 환경문제의 개선을 추구하고 있다고 하겠다.

5. 한국의 환경정치

1) 환경정책의 역사

우리나라의 환경정치는 이제 시작단계라고 할 수 있다. 왜냐하면 실질적인 정책입안을 할 수 있는 환경부가 1994년 설치되고 여러 하부구조를 갖추고 있지만 그 재정규모나 권한은 상당히 미약하며 실효가 있는 환경정책 역시 미흡한 상태이기 때문이다. 또한 우리나라의 환경정치는 새만금 사업이나 4대강 사업에서 볼 수 있듯이 환경영향평가도 제대로 시행되고 있지 못하며, 그나마 부실하게 실시된 환경영향평가마저도 지켜지고 있지 않다. 경제행위의 부수적 결과로서 오염된 환경을 복구하는 데 더 중점이 놓여 있다. 환경정치는 자연환경과 사회 각 분야와의 상호영향을 다루는 정치영역이다. 그렇기 때문에 우선적으로 환경매체나 자연자원의 작용과 영향에 대한 정확한 분석의 토대 위에 사회 각 분야와의 관계성이 파악되어야 한다. 그런데도 우리나라의 환경정치는 주로 경제와의 관련 속에서 문제를 보기 때문에 자연환경요소 그 자체를 보전하는 노력은 미미하여 진정한 의미에서의 환경정치가 이루어지지 못하고 있다고 할 수 있다. 우리나라 환경정책의 역사를 간단히 살펴본다.

---

111) Buendnis90/Die Gruenen, 2002, 10-15.
112) 김갑년, 2004, 276.

(1) 제1기 환경정책

1977년 환경보전법이 제정되기 이전의 시기이다. 우리나라의 환경문제 역시 다른 나라와 마찬가지로 1960년대 초 절대빈곤을 해결하기 위해 시작된 경제개발로 인해 발생하기 시작하였다. 환경문제에 관한 최초의 법률은 1963년 제정된 공해방지법이다. 그러나 당시에는 공해행정을 담당할 조직도 예산도 갖추어지지 않았으며, 공해방지법도 전문이 21개조에 불과하여 규율 내용이 크게 미흡하였을 뿐 아니라 1969년이 되어서야 시행령이 마련되는 등 실질적으로 효력을 발휘하지는 못하였다. 경제개발을 최우선적으로 추진하던 당시의 사회분위기로 인해 환경파괴가 당연히 여겨지던 시기로, 환경문제에 대한 거론 자체가 어려웠던 환경정책의 발아기 또는 여명기라 할 수 있다.

(2) 제2기 환경정책

1977년 환경보전법 제정부터 환경문제의 심각성과 세계성을 인식하기보다는 경제성장 우선의 논리가 여전히 지배적이었던 1980년대까지의 시기를 제2기라 할 수 있다. 70년대부터 중점적으로 육성된 중화학공업의 영향으로 환경문제가 심각해지던 이 시기에 소극적인 공해의 규제를 목적으로 하는 종래의 공해방지법 체계로는 다양하고 광역적인 환경문제에 적극적으로 대처하는 데 한계가 있었다. 이러한 한계를 극복하기 위해 1977년 정부는 공해방지법을 폐지하고 환경보전법을 제정하였으며, 환경보전법은 환경보전의 중요한 수단인 환경영향평가제도의 도입, 환경기준과 배출기준의 설정, 산업폐기물처리지침 등을 규정하여 한층 발전된 환경정책의 토대를 마련하였다. 공해방지법이 대기오염·수질오염 등의 공해적 측면만을 대상으로 하는 데 비하여 환경보전법에서는 그 대상을 자연환경을 포함하는 전반적인 환경문제와 사전예방적 기능으로까지 확대하였다. 또한 공해방지법이 현재의 국민보건의 향상만을 목적으로 하였다면 환경보전법은 현재의 국민은 물론 장래의 세대까지 건강하고 쾌적한 환경에서 생활할 권리를 보유한다고 규정하였다. 1980년 제5공화국 헌법은 제33조에 환경권과 환경보전의무를 명문화하고 환경행정 전담 부서로 보건사회부 산하에 환경청을 설립하여 환경보전업무를 총괄하게 하였다. 환경정책의 수단도 다양해지기 시작하여, 환경보전법에서 도입하였으나 시행되지 않고 있던 환경문제를 사전에 예방하는 중요한 수단인 환경영향평가가 1981년 3월부터 시행되고,

명령강제수단인 환경기준과 배출기준이 확립되고 1983년 경제적 유인책인 배출부과금제도가 최초로 도입되었다. 예를 들어 1983년 8월 일산화탄소, 이산화질소, 분진, 탄화수소에 대한 대기환경기준을 설정하고 임시수질환경기준을 설정하여 대기 및 수질에 대한 환경목표치를 제시하면서 대기오염물질과 수질오염물질의 배출허용한도를 설정하였다. 또한 1981년 환경보전법이 개정되면서 환경영향평가의 의무대상이 정부기관은 물론 공기업에까지 확대되고 86년 개정에서는 사기업이 행하는 대규모사업을 포함하도록 확대되었다.[113] 1986년에는 권역별로 서울, 부산, 광주, 대구, 대전, 원주 등 6개소에 지방환경청을 설치하였으며, 1987년에 제정된 제6공화국 헌법 제35조는 환경권을 ① 환경권의 보장 및 환경보전의무 명시, ② 환경권의 구체화를 위한 법률유보규정, ③ 사회적 환경권의 보장 등의 3개항으로 나누어 보다 적극적으로 규정하고 있다. 그러나 1982년부터 1990년까지 환경영향평가서에 근거하여 환경보호에 필요한 조치를 요구하는 환경청장의 요구는 총 430건에 달하였으나 오직 13건만이 수용되는[114] 등 여러 문제점에서 볼 수 있듯이 환경정책은 합리적 개발을 위한 보완수단으로 인식되었고 개발논리가 보다 우선하였던 시기로 환경정책이 형성되기 시작하는 시기라 할 수 있다.

(3) 제3기 환경정책

1990년대 제3기 환경정책의 특징으로는 다양하고 실질적인 정책들이 마련되었다는 점을 들 수 있다. 1990년 1월 환경청은 국무총리 산하의 환경처로 승격되었다. 정부는 1990년을 환경보전원년으로 선언하고 더 강하고 체계적인 환경정책의 법적근거를 마련하였다. 산업화로 인해 경제구조가 고도화되면서 환경문제 역시 더 다양하고 심각해짐에 따라 오염 분야별로 대책을 마련할 필요가 있었다. 이러한 인식에 따라 1990년 환경보전법이라는 단일법을 해체하여 환경정책기본법, 대기환경보전법, 수질환경보전법, 소음·진동규제법, 유해화학물질관리법, 환경분쟁조정법 등 6개 법으로 오염매체별 복수법체제를 탄생시켰다. 그리고 '제1차 환경보전장기종합대책'을 수립하여 1992년부터 1996년까지 총 117개 사업에 총 15조 원을 투자하였다. 1993년에는 환경처 본부의 자연보전국과 상·하수도국이 신설되고, 지방환경청 체제가 4대강

113) 문태훈, 2008, 138-139.

114) 문태훈, 2008, 140.

유역별 지방환경관리청과 3개 도시별 지방환경관리청 제제로 개편되었다. 1994년에는 정부행정조직 개편에 따라 환경처가 환경부로 승격되어 직접 정책입안을 추진할 수 있게 되었으며, 1998년에는 내무부의 자연보호운동 및 국립공원관리업무가, 1999년에는 산림청소관의 야생조수보호기능이 환경부로 이관되었다. 1996년 환경부는 2005년까지의 환경정책의 방향과 미래의 환경청사진을 내용으로 한 '환경비전 21'을 수립하였다. '환경비전 21'의 내용은 아래의 표에서 볼 수 있다. 1990년대 환경정책은 1992년에 열린 리우환경회의의 영향으로 상당히 발전하였다고 할 수 있다. 리우회의 이후 지속가능발전을 위해 많은 환경관련법이 제·개정되었고 다수의 환경정책도 수립되는 한편, 지방자치단체의 중요성이 강조되면서 '지방의제 21'이 수립되고 집행되면서 지역환경관리체제에 있어 많은 변화를 수반하였다. 환경정책의 수단면에서도, 대기, 수질 분야에서의 규제 강화와 함께 지방자치단체에서 국가의 기준보다 더 강할 수도 있는 별도의 환경기준을 설정하도록 하는 등 명령강제방식의 환경규제가 강화되고, 경제적 유인책도 쓰레기 종량제, 환경개선부담금, 폐기물예치금, 수질개선부담금 등으로 한층 다양하게 되었다. 그리고 환경정책기본법에 따라 관리되던 환경영향평가제도는 1993년 12월 환경영향평가법의 제정으로 단일독립법으로 관리되게 되었다.[115]

〈표 9〉 '환경비전 21'의 주요 내용

기본원칙	오염과 훼손의 사전예방, 개발과 보전의 조화, 오염자 및 사용자의 비용부담, 경제적 유인책의 적극 활용, 환경정책의 투명성과 신뢰성 확보
주요내용	물관리 : 깨끗한 물의 풍부한 공급과 쾌적한 하천환경 조성, 다목적 댐 8개를 2001년까지 개발하고 필요한 경우에는 식수전용댐 건설도 추진
	대기관리 : 청정연료를 공급하여 도시 공기 정화와 스모그 발생 억제
	쓰레기 : 폐기물의 감량, 재활용, 열병합 소각 등을 통하여 자원의 순환구조 구축
	화학물질 : 유해화학물질의 안정성 평가체제 강화, 생산·유통·폐기 등 단계별 추적관리체계 구축
	자연환경 : 자연생태계 보전지역 확대, 생태도시를 2005년까지 10개 지역에 시범 조성
	국제협력 : 국제환경협력에 적극 참여, 환경기술협력 강화
	투자계획 및 지원체계 : 2005년까지 77조 원을 투자할 계획

출처 : 환경부(1998 : 72-75), 양종회 외, 2002, 541에서 재인용.

115) 문태훈, 2008, 142-144.

(4) 제4기 환경정책

2000년대에 들어서도 환경정책 분야에는 많은 변화가 일어난다. 2000년 6월 5일 환경의 날을 기하여 정부는 '새천년국가환경비전'을 선언하고 이어 8월 대통령직속자문기구로 지속가능발전위원회를 설치하였다. 지속가능발전위원회는 각 부처 주요정책의 수립·추진 시 개발과 환경보전의 사전조율을 통한 환경친화적이고 지속가능한 정책제안 및 조정역할과 기후변화협약, 리우환경회의 의제21의 실천 등 지구환경문제에 능동적으로 대처하는 역할을 수행하였다. 그러나 2008년 기존의 국가에너지위원회, 기후변화대책위원회 등과 함께 녹색성장위원회의 산하기구가 됨으로써 그 위상이 격하되었다. 기후변화가스를 감축하기 위해 정부는 1999년 '기후변화협약대응종합대책'과 2000년 '기후변화협약대응종합대책세부추진계획'을 수립하였는데, 이 계획은 산업부문에서는 자발적 협약을 추진하며 수송부문에서는 고연비 자동차 및 경자동차 보급과 교통체계정비를, 가정 및 상업부문에서는 건축물 효율증진 및 지역난방의 확충 그리고 에너지 절약 기술개발 등의 정책을 담고 있다. 수질관리를 위해서는 1999년 한강수계상수원수질개선 및 주민지원 등에 관한 법률이 2002년에는 낙동강, 금강, 영산강, 섬진강 수계의 3개 특별법(낙동강수계 물관리 및 주민지원 등에 관한 법률, 영산강·섬진강수계 물관리 및 주민지원 등에 관한 법률, 금강수계 물관리 및 주민지원 등에 관한 법률)이 제정되었다. 2004년에는 산업단지 등에서 국지적으로 발생하는 악취를 관리하기 위하여 대기환경보전법에서 악취 분야를 분리하고, 악취관리지역을 지정하여 시·도지사가 지역실정에 맞는 악취배출허용기준을 정해 관리할 수 있도록 하는 악취방지법과 야생동식물과 그 서식환경을 체계적으로 보전·관리하기 위한 야생동식물보호법, 자원을 절약하고 환경오염을 줄일 수 있도록 공공기관에 친환경상품(환경표지제품, 재활용제품 등)의 구매의무를 부과하는 친환경상품 구매촉진에 관한 법률이 제정되었다. 2005년에는 행정계획의 수립단계에서부터 환경측면에서 계획의 적정성과 입지의 타당성 등을 검토하는 전략환경영향평가제도를 도입한 환경정책기본법을 비롯하여 대기환경보전법, 다중이용시설 등의 실내공기질 관리법, 수도법 그리고 수질환경보전법 등이 개정되었다. 2006년에는 문화유산과 자연환경자산에 관한 국민신탁법, 가축분뇨의 관리 및 이용에 관한 법률, 환경분야 시험·검사 등에 관한 법률 등이 제정되었다. 2007년에는 잔류성 유기오염물질 관리법,

전기·전자제품 및 자동차의 자원순환에 관한 법률 그리고 지속가능발전 기본법 등 3개 법안이 제정되었다.[116)]

환경정책의 수단도 발전하였다. 대기질과 수질관리에서 기존의 농도를 기준으로 하여 규제하던 방식에서 발전하여 총량규제를 시행하게 되었는데, 총량규제방식은 개별오염원이 배출허용기준을 준수하더라도 오염원이 밀집한 지역의 환경은 악화되는 위험을 방지하기 위한 것으로 농도규제방식의 한계를 극복한 것이다. 경제적 유인책으로는 배출허용할당량을 초과 감축한 배출업자가 초과감량분을 다른 배출업자에게 판매할 수 있게 하는 배출권거래제도와, 제품이나 포장재 생산자에게 일정량의 재활용의무를 부과하고 이를 어길 경우 재활용부과금을 부여하여 폐기물발생량을 줄이고 재활용을 확대하기 위해 2003년 폐기물관리를 위한 생산자책임재활용제도를 도입하였다는 변화가 있다. 사전예방책으로는 환경영향평가와 함께 전략환경영향평가제도가 도입되는 발전을 이루었다. 전략환경영향평가제도는 환경영향평가의 대상이 되는 행정계획에서 한걸음 더 나아가 보전이 필요한 지역안에서 시행되는 개발사업으로까지 사전환경성 검토를 실시하는 제도이다.[117)]

그러나 2000년대 환경정책의 가장 큰 발전은 환경보건원년의 선포와 함께 환경정책의 중심이 기존의 오염물질관리에서 국민건강중심으로 전환한 것이라 할 수 있다. 새집증후군·천식·아토피 등 환경성질환이 급증하는 상황에서 2006년 환경부는 대기, 수질 등 매체위주의 환경관리는 환경정책의 궁극목표인 국민건강 보호에 한계가 있다고 여겨 환경보건원년을 선포하여 사회적으로 문제가 된 유해환경이 건강에 미치는 부정적 영향에 대한 조사연구를 비롯한 각종 환경보건정책을 시행하였다. 환경보건정책을 뒷받침하기 위한 법적근거로 환경보전법이 제정되었는데, 환경보전법은 오염방지에 중점을 두던 정책이 오염과 환경성 질환과의 상호연계성 규명, 건강영향 사전예방체제 구축 등 국민건강에 중점을 둔 수용체중심으로 전환을 하게 되었다는 의미를 가진다.

116) 환경부, 2008, 62-64.
117) 문태훈, 2008, 148-151.

2) 환경행정

환경정책은 중앙정부의 부·처·청과 지자체가 분산수행하고 있어 결정 및 집행체계가 매우 복잡하다. 즉 환경부를 비롯한 9개의 중앙부·처·청, 유역(지방)환경청, 환경출장소, 시·도 및 시·군·자치구 그리고 그들의 소속기관, 투자기관 등에 의하여 수행되고 있다.

(1) 환경부

환경부는 환경보전의 주무부처로 2009년 12월 현재 2실(기획조정실, 환경전략실) 3국(물환경정책국, 자연보전국, 자원순환국) 6관(차관, 감사관, 기후대기정책관, 국제협력관, 상하수도정책관) 38과 3팀(정원 486명)으로 구성되어 있다. 주요업무로는 ① 환경법령의 제·개정, 환경관련제도 도입 등 국가 환경관리를 위한 환경행정 기본체계의 확립, ② 환경보전을 위한 중장기 종합대책의 수립 및 시행, ③ 각종 규제기준의 설정, ④ 지방환경관서 및 자치단체의 환경관리를 위한 행·재정적 지원, ⑤ 남북 간 환경협력, ⑥ 국가 간 환경보전 협력 등을 들 수 있다. 소속기관으로 중앙환경분쟁조정위원회, 국립환경과학원, 국립생물자원관, 국립환경인력개발원 및 8개 지방환경관서를 두고 있으며, 산하공공기관으로는 환경관리공단, 한국환경자원공사, 국립공원관리공단, 수도권 매립지관리공사, 한국환경기술진흥원 및 친환경상품진흥원을 두고 있다. 그리고 환경정책에 대한 심도 있는 연구와 정책개발, 환경영향평가서 검토업무를 담당하는 한국환경정책·평가연구원이 국무총리실 소속으로 설치되어 있다.

(2) 관련 중앙행정기관

환경업무는 복잡다양하고 매우 광범위한 관계로 환경부가 단독으로 모든 환경업무를 수행할 수 없다. 환경정책을 총괄하는 환경부 외에도 국토해양부 등 9개 부처가 직·간접적으로 일부 환경업무를 수행하고 있다. 대표적인 사례로는 국토의 대부분을 차지하고 생태계의 핵심이라 할 수 있는 산림을 관리하는 산림청, 환경문제와 분리될 수 없는 국토이용계획, 수량관리 및 하천관리, 대기오염과 밀접한 관련이 있는 교통정책 및 해양오염을 관리하는 국토해양부, 대기오염문제와 관련되는 에너지 수급정책, 오염물질을 배출하는 산업체에 대한 육성 및 관리정책을 담당하는 지식경제부 등이 있다.

(3) 지방자치단체

환경행정업무와 기능은 중앙과 지방이 분리하여 수행하고 있다. 즉 환경부는 환경관계법령의 제정과 규제기준의 설정 등 환경정책의 기본틀을 마련하고, 그 집행책임은 지방환경관서와 지방자치단체가 분담하고 있다. 지방자치단체는 ① 관할구역 내 지역환경보전대책 수립 및 시행, ② 생활폐기물의 수집·처리, ③ 오수·분뇨·축산폐수의 처리, ④ 소음·진동 및 자동차배출가스 규제 등 고유업무와 ⑤ 환경오염물질 배출업소 관리, ⑥ 환경개선부담금의 부과징수 등 환경부장관으로부터 위임받은 사무를 처리하고 있다. 지방자치단체의 환경행정기구는 자치단체마다 조금씩 다르다.

3) 녹색성장

(1) 녹색성장의 개념

2008년 8·15 경축사에서 이명박대통령은 향후 '새로운 60년'의 국가비전으로 '저탄소 녹색성장'을 내세웠다. 대통령은 녹색성장에 대해 '온실가스와 환경오염을 줄이는 지속가능한 성장'이자 '녹색기술과 청정에너지로 새로운 성장동력과 일자리를 창출하는 신국가발전 패러다임'이라고 규정했다. 그러면서 녹색성장을 통해 한강의 기적에 이어 한반도의 기적을 만들어 내고 새로운 문명을 주도할 수 있을 것이라는 기대까지 덧붙였다. 대통령의 이러한 선언 후부터 정부는 녹색성장을 위한 갖가지 계획과 법제도들을 무더기로 쏟아내고 있다. 2008년 8월에 '제1차 국가에너지기본계획(2008~2030년)', 9월에 '제4차 기후변화 대응 종합기본계획(2008~2012년)'과 '그린에너지 산업발전전략', 12월에는 '지식·혁신 주도형 녹색성장 산업발전 전략'을, 2009년 1월에 '녹색뉴딜' 추진 방안과 '녹색성장기본법(안)' 입법예고 등을 발표하였다. 이러한 녹색열풍은 한편으로는 자연환경에 대한 관심을 불러일으키는 긍정적인 측면도 있지만, 우리 사회의 미래에 지대한 영향을 미칠 에너지, 신성장산업 전략 등이 봇물 터지듯이 쏟아져 나오는 상황을 볼 때 이러한 구상들이 '녹색'에 대한 올바른 방향과 진정성을 담고 있는가 하는 등의 의심도 든다.

우선 녹색성장에 대한 정부의 입장을 살펴보자.[118] 전 세계는 지금 기존의 성장방식이 한계에

118) 이하 대통령직속 녹색성장위원회 홈페이지(http://www.greengrowth.go.kr) 참조.

도달하였다는 경제위기, 고갈되어 가는 자원의 위기 그리고 지구온난화로 대표되는 환경위기에 직면해 있다. 이러한 3중고에 대응하기 위해 선진국들은 저탄소·친환경이 새로운 성장을 이끌 전략산업이라는 인식 아래 자원의 효율적 이용과 환경오염을 최소화하는 녹색기술·녹색산업을 신성장동력화하는 정책을 선도적으로 추진하고 있다. 선진국은 그야말로 '녹색경쟁의 시대'에 접어든 상태다. 이러한 추세에 따라 우리 정부 역시 포스트교토체제에서 감축의무국가가 될 가능성에 대비하여, 지속적 성장이 예상되는 탄소배출권 시장과 신재생에너지 시장과 같은 녹색시장을 형성하고 이와 관련된 산업의 파급효과로 새로운 사업기회를 발생시키기 위해 '녹색성장' 또는 '저탄소 녹색성장' 전략이 필요하다고 주장하고 있다. '녹색성장(Green Growth)'이란 환경(Green)과 경제(Growth)가 상충된다는 고정관념에서 탈피하여 양자의 시너지를 극대화하는 것으로 경제성장이 환경개선에 기여하고 환경이 성장동력으로 전환되어 경제와 환경이 선순환하는 새로운 국가발전전략이다. 또한 녹색성장은 에너지·환경문제뿐만 아니라 일자리와 성장동력 확충, 기업경쟁력과 국토개조 및 생활혁명을 포함하는 종합적 국가비전이다. 녹색성장위원회는 녹색성장을 위한 3대 전략과 10대 정책방향을 다음과 같이 제시하고 있다. ① 기후변화적응 및 에너지 자립 : ㉠ 효율적 온실가스 감축 ㉡ 탈석유, 에너지자립 강화 ㉢ 기후변화 적응역량 강화, ② 신성장동력 창출 : ㉠ 녹색기술 개발 및 성장동력화 ㉡ 산업의 녹색화 및 녹색산업 육성 ㉢ 산업구조의 고도화 ㉣ 녹색경제 기반 조성, ③ 삶의 질 개선과 국가위상 강화 : ㉠ 녹색국토, 교통의 조성 ㉡ 생활의 녹색혁명 ㉢ 세계적인 녹색성장 모범국가 구현 등을 내세우고 있다.

요약하자면 녹색성장은 화석연료에 대한 높은 의존도를 줄이고 2.5%에 불과한 신재생에너지의 비율을 높여 온실가스배출을 줄이는 저탄소 정책, 에너지 효율성 증가와 신재생에너지 및 녹색상품의 개발과 같은 녹색기술과 녹색산업을 성장동력으로 하는 산업정책, 환경친화적으로 의식주 전반을 바꾸는 문화정책, 그리고 국가브랜드를 높이는 외교정책이라 하겠다.

(2) 에너지정책

정부의 녹색성장 개념이 어느 정도까지 진정한 의미에서의 녹색 또는 자연환경에 대한 고려를 담고 있으며, 인간의 관점이 아닌 '생태'의 관점에서 고려하고 있는지 살펴보자. 우선

이명박정부의 환경관련 정책의 전반적인 행보는 '4대강 살리기' 사업과 경인운하의 무리한 추진을 비롯해 △도시의 마지막 녹색보루인 그린벨트의 해제 △고속철 조기 완공 △새만금 토지 이용을 산업용도중심으로 변경 △환경파괴는 물론 지역격차를 더욱 심화시킬 상수원 주변과 수도권 공장입지 규제완화 △국립공원 로프웨이(케이블카) 허용 △수돗물 민영화 시도 등 시장에 중심을 둔 잇따른 규제완화정책으로 특징지을 수 있다. 이외에도 건설경기 활성화와 극소수 상위계층만을 위한 부동산 규제 전면철폐와 토목공사위주의 광역경제권 구상 등이 경제위기 극복을 위한 조치로 제시되고 있다.[119] 이러한 정책들은 환경에 대한 고려가 우선되는 녹색성장이라는 구호와는 달리 시대착오적인 토건주의적[120] 행태라고 비판받고 있다. 이처럼 이명박정부의 환경관련정책을 환경적 관점에서 평가하자면 겉으로는 녹색성장을 표방하면서도 실제로는 '반녹색'적이라 하겠다.

그러면 환경정책의 가장 핵심인 에너지문제에 대한 정책을 살펴보자. 현재의 주요문제들인 기후변화와 고유가, 자원고갈 등은 모두 에너지와 깊은 관련을 맺고 있기 때문에 녹색성장의 핵심 역시 에너지정책이라 할 수 있다. 다시 말해 과도한 에너지 사용을 줄이는 에너지 절약이 가장 우선적으로 선행되면서 동시에 에너지 효율화 기술과 화석연료를 대체하는 신재생에너지의 개발이 핵심전략이 되어야 할 것이다. 그런데 정부의 탈석유·에너지 자립 강화 정책을 보면 에너지소비를 줄이는 계획은 전혀 보이지 않으며 신재생에너지 보급률을 2009년의 2.7%에서 2020년 6.08%, 2050년에는 30%로 목표를 세우는 반면 원자력 발전설비의 비중을 2009년 24%에서 2020년 32%, 2050년 41% 이상으로 현재의 두 배에 가깝게 원자력의 비중을 높이고 있다. 2008년 8월에 발표된 '국가에너지 기본계획안'은 2030년까지 원자력발전소 10기를 더 지어 원자력 발전 비중을 2007년 36%에서 59%까지 확대하는 것 - 이는 발전설비는 26%에서 41%로 확대되는 것을 의미한다 - 등을 핵심으로 하고 있다. 즉 에너지정책의 본질은 원자력확대 정책이 되어 버렸다. 정부는 원자력은 그 발전과정에서 이산화탄소배출도 거의 없으며 에너지를

119) 장성익, 2009, 57.

120) 토건주의에 대한 조명래 교수의 정의를 보자 : "토건주의는 토지, 건물, 부동산, 국토, 인프라, 환경 등 '경제의 하부구조나 하드웨어'를 물리적으로 바꾸고 개발하여 새로운 경제적 가치를 창출하려는 가치관 혹은 이념을 가리킨다. 따라서 토건주의식 국가경영 하에서 정책과 자본의 투입은 토목건설, 부동산개발, 국토환경 개발 등에 집중되어 경제의 외형적 성장을 가져오는 듯이 보이지만, 사실은 기술혁신, 경쟁력 강화, 분배향상, 문화환경의 질 개선 등을 어렵게 만들어 경제의 질적 구조가 그만큼 취약해진다." 조명래, 2009, 36.

안정적으로 공급해 줄 뿐만 아니라, 성장동력과 수출산업으로서도 큰 기여를 하리라고 홍보하고 있다. 그렇다면 원자력 발전의 확대가 녹색성장인지 검토해 보아야 한다. 가이아이론의 창시자인 러브록을 비롯해 많은 환경론자들도 청정에너지원으로서의 원자력을 주장하고 있는데, 이들 주장의 근거는 원자력이 발전과정에서 이산화탄소를 발생시키지 않는다는 것이다. 이는 사실이다. 그러나 엄밀히 말하면 이는 잘못된 주장이다. 원자력발전소 건설에는 부지 선정 이후로도 십여 년이 걸리며 고압선을 통한 전기의 수송과정에서 1킬로와트시 당 무려 66그램의 이산화탄소를 발생시킨다. 바람 발전은 9그램, 바이오가스 발전은 11그램, 바이오매스는 14~41그램, 햇빛 발전은 32그램이 발생된다.[121] 또한 '녹색' 또는 '친환경성'의 판단기준이 이산화탄소 배출 여부일 수만은 없다. 무엇보다 원자력은 체르노빌 사건에서도 볼 수 있듯이 순간의 관리소홀이나 실수가 엄청난 생태적·사회적 재앙을 불러오기 때문에 결코 안전하지 못하다. 게다가 원자력 발전은 다른 어떤 에너지 생산과 이용에서도 배출되지 않는 방사능을 발생시키는 문제점도 안고 있다. 이렇게 볼 때 원자력은 저탄소 에너지정책의 대안이 될 수 없다.

에너지문제의 가장 근본적 대안은 에너지 소비를 과감하게 줄이는 것에서 출발해야 한다. 시민들의 소비절약과 함께 산업계 역시 에너지 효율화 기술을 개발하고 재생에너지 위주의 저에너지 산업체계로 전환해야 하는 것이다. 이러한 전환을 뒷받침하고 촉진하는 여러 정책들이 나와야 한다. 미국, 독일을 비롯한 여러 선진국가에서 시행하고 있는 건물의 재보수를 통한 에너지 절약정책, 신재생에너지 확대에 기여하고 있는 발전차액지원제도 그리고 생태세 도입과 같은 생태적인 방향으로의 세제 개혁, 나아가 친환경적 생활양식이나 인간관계를 뒷받침하는 녹색정치의 제도화 등이 시행·강화되어야 한다.

(3) 녹색뉴딜사업

2008년 7월 영국의 신경제재단(The New Economics Foundation, NEF)이 「A Green New Deal」이라는 보고서를 통해 세계의 금융위기, 기후위기, 에너지위기에 대한 해결책으로 '녹색뉴딜'을 제시한 이래 세계 각국은 녹색뉴딜사업안을 제시하고 있다. 'Green'은 지속가능 성장을, 'New'

121) 박승옥, 2009, 42.

는 새로운 방식(제도개혁 포함)을, 'Deal'은 나눔(빈민구제)을 의미한다.[122] 우리 정부 역시 2009년 1월 녹색성장전략과 일자리 창출을 연계한 '녹색뉴딜'사업방안을 내놓았는데, 2009년부터 2012년까지 9개 핵심사업과 27개 연계사업에 4년간 50조 원을 투자해 96만 개의 일자리를 창출한다는 야심찬 계획이다. 구체적으로는 4대강 살리기, 녹색교통망, 녹색숲 가꾸기, 그린홈 및 그린스쿨 등 9개 핵심사업에 39.4조 원을 투자하여 70.3만 개의 일자리를 창출하고, 재해예방 및 훼손산림 복원, 재해위험지구 정비, 바이오매스 에너지화 등 27개 연계사업에 10.7조 원을 투입하여 25.3만 개의 일자리 창출을 기대하고 있다.

그러나 표에서 보면 알 수 있듯이 예산의 거의 절반이 '4대강 살리기'와 '녹색교통망확충'이라는 이름의 '경부 및 호남 고속철도 조기 완공 사업'의 두 가지에 투입되고 있다. 특히 생태계 파괴가 심각해지고 유기농업을 하는 농민들의 쫓겨나는 상황 등을 야기하고 있는 4대강 사업이 경제성장뿐 아니라 환경과 사회적인 면을 고려해야 하는 녹색뉴딜의 핵심사업으로 설정되어 있는 반면 저탄소 녹색성장의 핵심인 신재생에너지 확대와 같은 진정한 녹색사업에 대한 투자가 소홀한 점 등은 정부 녹색뉴딜사업의 문제점을 여실히 보여 준다 하겠다. 일자리 창출에도 문제가 있다고 여겨진다. 녹색뉴딜사업으로 창출될 것이라는 96만 개의 일자리 중 건설 및 토목사업 관련이 전체의 97.6%인 93.4만 명인데, 이들 대부분은 비정규 단순 노무직이다. 미국진보센터(Center for American Progress, CAP)의 보고서 「녹색 경제회생(Green Recovery)」(2008)은 녹색일자리가 창출되는 녹색경제의 전략적 영역으로 에너지와 기후변화 의제에 초점을 맞추어 건물에너지 효율, 대중교통/철도운송, 스마트 그리드(에너지 절약형 전력 시스템), 풍력과 태양광 발전, 바이오연료 분야를 제시하고 있는데, 무엇보다 건물 에너지 효율화사업은 이미 미국, 독일, 일본 등 여러 선진국에서 추진되어 온실가스 감축과 일자리 창출 성과를 보여 주고 있다. 이는 같은 건설업 분야일지라도 4대강 사업과 같은 대규모 토목사업의 일자리가 아닌 녹색일자리가 무엇인지 잘 보여 준다고 하겠다. UNEP의 보고서는 재생에너지산업, 재활용산업, 대중교통, 유기농업 등 여러 녹색산업에서 만들어지는 녹색일자리를 소개하면서, 녹색일자리가 친환경 일자리이면서도 동시에 적정한 임금과 노동조건이 보장되는 '괜찮은 일자리(decent job)'여야

122) 도건우, 2009, 4.

한다는 점을 강조하고 있다.[123] 우리나라 녹색뉴딜의 특징으로 '취약계층에 대한 사회안전망 성격'이 있으며 당장은 한시적이지만 중장기적으로 그린칼라로 전환될 수도 있다는 분석[124]도 있지만, 녹색뉴딜사업으로 창출되는 저임금의 임시직이 녹색일자리라고 할 수는 없을 것이다.

요약하자면, 한국형 녹색뉴딜에서는 뉴딜의 핵심인 사회경제개혁과 사회보장 정책의 강화는 보이지 않고 여전히 경제성장중심적인 정책들이 거의 대부분으로 이는 '녹색'을 차용한 것에 불과하다고 하겠다. 경제성장의 패러다임이 생태학적으로 바뀌지 않은 상황에서 자전거 도로를 만들고 하천 둔치에 산책로, 다목적 광장과 체육시설 등 인공물을 조성하는 것은 여전히 인간중심의 자연훼손이며 생태학적 효과가 일어나기를 기대할 수 없다.

〈표 10〉 핵심 및 연계사업의 재정소요 및 일자리 창출규모(단위 : 억 원, 만 개)

사업명		재정소요 규모			일자리 창출 수
		기반영 (2009년)	추가소요 (~2012년)	계	
합계		43,626	456,866	500,492	95.6
핵심사업 9개	4대강 살리기	4,881	139,895	144,776	20.0
	녹색 숲 가꾸기	3,131	21,043	24,174	17.1
	녹색교통망 확충	18,349	78,187	96,536	13.8
	그린홈, 그린스쿨 사업	-	80,500	80,500	13.4
	폐기물자원 재활용	506	8,794	9,300	1.6
	雨水유출시설, 중소댐	1,845	7,577	9,422	1.6
	그린카 및 청정에너지 보급	3,209	17,318	20,527	1.4
	Eco River 조성	52	4,786	4,838	1.1
	국가공간정보 통합체계 구축	250	3,467	3,717	0.3
연계사업 27개	재해예방, 훼손산림 복원	786	6,541	7,327	5.3
	재해위험지구 정비사업	5,137	19,901	25,038	4.2
	바이오매스 에너지화	362	10,858	11,220	2.4
	수변지역 녹색화	331	7,669	8,000	2.0
	클린코리아 실천사업	437	1,666	2,103	1.5
	공공시설 LED조명 교체사업	-	13,356	13,356	1.0
	그린IT기술 테스트베드 구축	-	1,100	1,100	1.0
	기타	4,350	35,208	39,558	8.0

주 : 기타는 사용종료매립지 재개발, 환승시설 구축, 전자문서 활용촉진, 전국 자전거도로 네트워크, 해수담수화 기술개발 등 총 20개 사업

출처 : 기획재정부 등(2009. 1.); 도건우 외, 2009, 10에서 재인용.

123) 한재각, 2009, 32-33.

124) 도건우, 2009, 11.

참고문헌

강준만 외, 환경주의자들, 인물과사상사, 2001.

고유상, 미국의 바이오에너지 개발현황과 시사점, SERI 경제포커스 제80호, 2006. 2. 20, 삼성경제연구소.

구본관, 일본의 환경강국 전략과 시사점, SERI 경제포커스 제207호, 2008. 8. 25, 삼성경제연구소.

김갑년, "독일의 환경정책", 국중광·박설호, 생태위기와 독일 생태공동체, 한신대학교 출판부, 2004.

김만구 외, 인간과 환경, 따님, 1999.

김명자, 동서양의 과학전통과 환경운동, 동아출판사, 1991.

김병완, 한국의 환경정책과 녹색운동, 나남, 1994.

김영생, 무역과 환경, 두남, 2002.

김용석, 철학정원, 한겨레출판, 2007.

김정수, "무역환경분쟁 조정에 관한 연구(I) - 환경관련 무역규범 적용과 해석을 중심으로 - ", 무역학회지 제26권 제4호 2001년 9월, 2001.

김종순 외, 지속가능 발전과 환경 거버넌스, 대영문화사, 2002.

김진, 철학의 현실문제들, 철학과현실사, 1994.

다니엘 에스티, 무역과 환경보전, 철학과현실사, 1996.

데이비드 페퍼, 현대환경론, 한길사, 1989.

J.R. 데자르뎅, 환경윤리의 이론과 전망, 1999.

도건우 외, 녹색뉴딜사업의 재조명, CEO Information 제691호, 2009. 2. 11., 삼성경제연구소.

로지 브라이도티 외, 여성과 환경, 그리고 지속가능한 개발, 나라사랑, 1995.

머레이 북친, 사회생태론의 철학, 솔출판사, 1997.

머레이 북친, "사회생태론", 1987, 문순홍 편저, 생태학의 담론, 솔출판사, 1999.

문순홍, 녹색국가의 탐색, 아르케, 2006.

문태훈, "한국환경정책의 변화와 과제, 1963-2007", 한국정책학회보 제17권 3호(2008, 9), 2008.

문태훈, 환경정책론, 형설출판사, 2001.

문순홍, 정치생태학과 녹색국가, 아르케, 2006.

미래기획위원회, 녹색성장의 길, 무엇을 어떻게 준비해야 하나, 중앙북스, 2009.

바람과 물 연구소, 한국에서의 녹색정치, 녹색국가, 당대, 2002.

박승옥, "저탄소 콜하면서 핵의 르네상스 불렀다", 함께 사는 길, 이천구년 이월호, 2009.

변진석, "패권국의 국제법에 대한 딜레마: 기후변화협약체제에 대한 미국의 정책", 국제정치논총 제49집

1호, 2009.
세계환경발전위원회, 우리 공동의 미래, 새물결, 1994.
송명규, 현대생태사상의 이해, 따님, 2008.
송인성, 환경정책과 환경법, 집문당, 2005.
신의순, 한국의 환경정책과 지속가능한 발전, 연세대학교출판부, 2005.
신태용, "중국경제의 국제적 부상과 중장기 전망", KIET 산업경제, 40호, 2002.
E.F. 슈마허, 불교와 경제, 미래의 경제학, 대원정사, 1987.
아느 네스, "외피론자 대 근본론자: 장기적 관점의 생태운동", 1973, 문순홍 편저, 생태학의 담론, 솔출판사, 1999.
앨리스 맥거윈, 개리 가드너, "표와 그래프로 보는 기후변화", 월드워치연구소, 2009 지구 환경 보고서 기후의 역습, 도요새, 2009.
야노스 마테, 컬트 대이비스, 데이비스 칸터, "다른 온실가스들의 위협", 월드워치연구소, 2009 지구 환경 보고서 기후의 역습, 도요새, 2009.
양종회 외, 아시아·태평양지역의 환경문제, 환경운동 및 환경정책, 서울대학교출판부, 2002.
외교통상부, 2007 EU의 무역관련 환경기준, 늘품, 2007.
월드워치연구소, 지구환경보고서 2003, 도요새, 2003.
유승민, "미국의 LEED 그린 빌딩 인증 프로그램", 한국환경정책평가연구원 홈페이지, 2010.
유엔환경계획 한국위원회, 교토의정서, 유넵프레스, 2002.
유엔환경계획 한국위원회, 오존층 보호를 위한 비엔나협약과 오존층 파괴물질에 관한 몬트리올의정서, 유넵프레스, 2002.
유엔환경계획 한국위원회, 사막화방지협약, 유넵프레스, 2002.
유엔환경계획 한국위원회, 생물다양성협약, 유넵프레스, 2002.
유엔환경계획 한국위원회, 유해폐기물의 국가 간 이동 및 처리 통제에 관한 바젤협약, 유넵프레스, 2002.
유엔환경계획 한국위원회, 지역산림관리, 권한 위임 정책의 영향, 유넵프레스, 2004.
유영옥, 국제환경정책론, 학문사, 2003.
유현석, 국제정세의 이해, 한울, 2009.
윤영수 외, 환경보전적 국토개발정책연구, 국토개발연구원, 1993.
이은섭, WTO 통상법, 진영사, 2000.
이정전 외, 지속가능한 사회와 환경, 박영사, 1995.
이진우, "생태론적 인본주의의 논리", 녹색평론 98년 3-4월호, 녹색평론사, 1998.
임성진, "지구온난화방지를 위한 독일의 에너지정책", 국제정치논총 제45집 3호, 2005.
장성익, "'녹색성장'에 침을 뱉으마", 녹색평론 2009년 5-6월 통권 제106호, 녹색평론사, 2009.
전국경제인연합회, EU환경규제 동향과 시사점, FKI연구보고서, 2005. 8.
전용호, 교토의정서 발효와 한국의 미래, 한국정보시스템&서비스, 2005.

정대연, 환경주의와 지속가능한 발전, 집문당, 2004.

정대연, 환경사회학, 아카넷, 2002.

정호성, 일본의 환경대국 진입을 가로막는 3대 복병, SERI 경제포커스 제253호, 2009. 7. 28., 삼성경제연구소.

정회성·변병설, 환경정책의 이해, 박영사, 2003.

조명래, "녹색 없는 토건경제로의 위험한 질주", 함께 사는 길 이천구년 이월호, 2009.

조석홍, 김만길, 세계화와 무역, 두남, 2009.

조셉 스타이거, 현대 환경사상의 기원, 성균관대학교출판부, 2008.

천정웅, 지구환경레짐의 정치경제학, 한울, 1995.

최병선, "무역-환경연계에 관한 국제적 논의와 전망: 정책평가적 시각에서", 한국행정학회 제29권 제4호 1995년 겨울, 1995.

최원목, 국제통상법 기본자료집, WTO협정문 및 관련 법규, 이화여자대학교출판부, 2003.

팀 룩, "근본생태론의 꿈", 1998, 문순홍 편저, 생태학의 담론, 솔출판사, 1999.

티모시 도일/더그 맥케이컨, 환경정치학, 한울, 2002.

한국불교환경교육원 엮음, 동양사상과 환경문제, 모색, 1996.

한재각, "녹색 뉴딜? 뉴딜도 아니고 녹색도 아니다", 함께 사는 길, 이천구년 이월호, 2009.

Althammer, Wilhelm, "Handelsliberalisierung und Umweltpolitik-ein Konflikt?", in: Zeitschrift fuer Umweltpolitik 4/95, 1995.

Amini, S., "Die Nachhaltigkeit der Nachhaltigkeit, Hintergrund und Analyse eines Schlagwortes", in: Wolff, P., (Hg.), Nachhaltige Ressourcennutzung, Beitraege des interdisziplinaeren Kolloquiums am Fachbereich Landwirtschaft, Internationale Agrarentwicklung und Oekologische Umweltsicherung, Selbstverlag des Verbandes der Tropenlandwirte Witzenhausen, 1996.

Arts, B., "Nachhaltige Entwicklung, Eine begriffliche Abgrenzung", in: PERIPHERIE Nr. 54(1994), 1994.

Berkedal, C. V., "Spirituality and sustainablity", in: Schmandt, J./Ward, C.H., (ed.), Sustainable Development: The Challenge of Transition, Cambridge University Press, Cambridge, 2000.

Bhagwati, Jagdish, "Ein Plaedoyer fuer freien Handel", in: Spektrum der Wissenschaft, Januar 1994, 1994.

Biermann, Frank., Internationale Umweltvertraege im Welthandelsrecht, Zur oekologischen Reform der Welthandelsorganisation anlaesslich der geplanten 「Millenniumsrunde」. FS II 99-403, 1999.

Biermann, Frank/Simonis, Udo E., Plaedoyer fuer eine Weltorganisation fuer Umwelt und Entwicklung, FS II 98-406, 1998.

BMU(Bundesministerium fuer Umwelt, Naturschutz und Reaktorsicherheit), Ausbau erneuerbarer Energien im Strombereich, EEG-Vergüutungen, -Differenzkosten und -Umlage sowie ausgewäahlte Nutzeneffekte bis zum Jahr 2030, Dezember 2008.

BMU, Aus Verantwortung fuer die Zukunft, Umweltpolitik als globale Herausforderung, 2000.

BMU, Nachhaltige Entwicklung in Deutschland, Entwurf eines umweltpolitischen Schwerpunktprogramms, 1998.

BMU, Umweltpolitik, Bericht ueber die Umsetzung des 5. EG-Umweltaktionsprogramms "Fuer eine dauerhafte und umweltgerechte Entwicklung" in Deutschland, -Zwischenbilanz-, 1995.

Breier, S., "Umweltschutz in der Europaeischen Gemeinschaft, -Eine Bestandsaufnahme nach Maastricht-", in: Natur und Recht(NuR), 15. Jg., Heft 10, 1993.

Buendnis 90/Die Gruenen, Die Zukunft ist gruen, Grundsatzprogramm von Buendnis 90/Die Gruenen, April 2002.

Caspari, S., Die Umweltpolitik der Europaeischen Gemeinschaft, Eine Analyse am Beispiel der Luftreinhaltung, Nomis Verlagsgesellschaft, 1995.

Daly, Herman. E., "Uneconomic growth: Empty-world versus full-world economics", in: J./Ward, C.H., (ed.), Sustainable Development: The Challenge of Transition, Schmandt, Cambridge University Press, Cambridge, 2000.

Daly, Herman E., Beyond Growth, Beacon Press, Boston, 1996.

Daly, Herman E., "Die Gefahren des freien Handels", in: Spektrum der Wissenschaft, Januar 1994, 1994.

Deutsches Institut fuer Fernstudienforschung an der Univesitaet Tuebingen (Hg.), Veraenderung von Boeden durch anthropogene Einfluesse, Ein interdisziplinaeres Studienbuch, Springer, 1997.

Eckrich, K., Die Harmonisierung des Umweltschutzes in der Europaeischen Union, Peter Lang, 1994.

Ekins, P./Jacobs, M., "The Implications of Environmental Sustainability for Economic Growth", in: Faucheux, S./O'Connor, M./Straaten, J.v.d., (ed.), Sustainable Development: Concepts, Rationalities and Strategies, Kluwer Academic Publishers, 1998.

Engelhard, K., "Nachhaltige Entwicklung", in: Engelhard, K., (Hg.), Umwelt und nachhaltige Entwicklung, Ein Beitrag zur Lokalen Agenda 21, Waxmann, 1998.

Engelhard, W., "UNCED: Anspruch, Wirklichkeit und Konsequenzen", in: Der Erdgipfel, Perspektiven fuer die Zeit nach Rio, Economica Velag, Bonn, 1993.

Engelhard, W./Weinzierl, H., (Hg.), Der Erdgipfel, Perspektiven fuer die Zeit nach Rio, Economica Velag, Bonn, 1993.

Enquete-Kommission, Konzept Nachhaltigkeit, Vom Leitbild zur Umsetzung, Abschlussbericht der Enquete-Kommission "Schutz des Menschen und der Umwelt - Ziele und Rahmenbedingungen einer nachhaltig zukunftsvertraeglichen Entwicklung" des 13. Deutschen Bundestages, Deutscher Bundestag (Hg.), Zur Sache 4/98, 1998.

Enquete Kommission, "Schutz des Menschen und der Umwelt" des 13. Deutschen BundestagesHg.), Nachhaltigkeit und Globalisierung, Herausforderungen und Handlungsansaetze, Springer, 1998.

Gillis, M./Vincent, J. R., "National self-interest in the pursuit of sustainable development", in: Schmandt, J./Ward, C.H., (ed.), Sustainable Development: The Challenge of Transition, Cambridge University Press, Cambridge, 2000.

Haber, W., "Das Nachhaltigkeitsprinzip als oekologisches Konzept", in: Fritz, P./Huber, J./Levi, H. W., (Hg.), Nachhaltigkeit in naturwissenschaftlicher und sozialwissenschaftlicher Perspektive, Wissenschaftliche Verlagsgesellschaft, 1995.

Haber, W., Oekologische Grundlagen des Umweltschutzes, Umweltschutz Band 1, Economica Verlag, Bonn, 1993.

Hardin, G., "The Tragedy of the Commons", in: SCIENCE, VOL. 162, 13. December 1968.

Hassel, Christoph, Nachhaltigkeit, Freihandel und Globalisierung, Von politischen (De)Regulierungsinteressen und liberaler Ordnungskultur, Wirtschaftswissenschaftliche Dokumentation(Hg.), Diskussionspapier 1998/05, Technische Universitaet Berlin, 1998.

Hauff, V., Unsere gemeinsame Zukunft, Der Brundtland-Bericht der Weltkommission fuer Umwelt und Entwicklung, Eggenkamp Verlag, Greven, 1987.

Helm, Carsten, Globale Umwelt, Globale Wirtschaft - Konflikte und Loesungsansaetze, FS II 97-405, 1997.

Jaenicke, M./Moench, H./Binder, M., "Getting Rich - Getting Clean? Umweltindikatorenprofile im Industrielaendervergleich", in: Zeitschrift fuer angewandte Umweltforschung, 1996, H.1. 1996.

Jaenicke, M., "Umweltpolitik: Global am Ende oder am Ende global?", in: Beck, U., (Hg.), Perspektiven der Weltgesellschaft, Suhrkamp, Frankfurt am Main, 1998.

Joerissen, J./Kopfmueller, J./Brandl, V., Ein integratives Konzept nachhaltiger Entwicklung. Forschungszentrum Karlsruhe GmbH, Karlsruhe, 1999.

Kates, R. W., "Population and consumption: From more to enough", in: Schmandt, J./Ward, C.H., (ed.), Sustainable Development: The Challenge of Transition, Cambridge University Press, Cambridge, 2000.

Klemmer, P., (Hg.), Handbuch Europaeische Wirtschaftspolitik, Vahlen, Muenchen, 1998.

Koesters, W., Umweltpolitik : Themen · Funktionen · Zustaendigkeiten, OLZOG, 1997.

Kommission der EG, Fuer eine dauerhafte und umweltgerchte Entwicklung, Umsetzungbericht und Aktionsplan der Europaeischen Kommission zum Fuenften Programm der Europaeischen Gemeinschaft fuer dauerhafte Entwicklung und Umweltpolitik, Amt Fuer amtiliche Veroeffentlichungen der Europaeischen Gemeinschaften, Luxemburg, 1997.

Kommission der EG, Medienpaket Europaeischer Umweltschutz, 1996.

Kommission der EG, Fuer eine dauerhafte und umweltgerechte Entwicklung, Ein Programm der Europaelschen Gemeinschaft fur umweltpolitik und Massnahmen im Hinblick auf eine dauerhafte und umweltgerechte Entwicklung, Teil II, KOM(92(23 endg., Vol II, Bruessel, 3. April 1992.

Kopfmueller, J., Ungeloeste Probleme der Sustainablity-Leitidee, in: Fritz, P./Huber, J/.Levi, H. w.,(Hg).), Nachhaltigkeit in naturwissenschaftlicher und sozialwissenschaftlicher Perspektive, Wissenschaftliche Verlagsgesellschaft, 1995.

Meadows, D./Meadows, D./Zahn, E./Milling, P., Die Grenzen des Wachstums, Bericht des club of rome zur lage der Menschheit, Deutsche Verlags-Anstalt, Stuttgart, 1992.

Meyers, R./Waldmann, J., "Der Begriff 'Sustainable Development', Seine Tauglichkeit als Leitfigur zukuenftiger Entwichlung", in: Engelhard, K.,(Hg.), Umwelt und nachhaltige Entwicklung Ein Beitrag zur Lokalen Agenda 21, Waxmahn 1998.

Milon, J.W., "Sustainability and Concepts and Total Economic Valuation", in: Faucheux, S./O'Connor, M./Straaten, J.v.d., (ed.), Sustainable Development: Concepts, Rationalities and Strategies, Kluwer Academic Publishers, 1998.

Mueller, E., "Neue Spielregeln fuer die Umweltpolitik", in : Jahrbuch Oekologie 1998, C.H. Beck, 1998.

O'Connor, P./Martinez-Alier, J., "Ecological Distribution and Distributed Sustainability", in: Faucheux, S./O'Connor, M./Straaten, J.v.d., (ed.), Sustainable Development: Concepts, Rationalities and Strategies, Kluwer Academic Publishers, 1998.

Pag-Kuhn, S./Schmuck, O., Umweltpolitik - eine europaeische Aufgabe, Materialien zur Europaoplitik, Institut fuer Europaeische politik, (Hg.), Europa Union Verlag, Bonn, 1987.

Pech, S., "Umweltpolitik in der Europaeischen Union", in: Bartel, R./Hackl, F.,(Hg.), Einfuhrung in die Umweltpolitik, Vahlen, Muenchen, 1994.

Perraton, J./Goldblatt, D./Held, D./McGrew, A., "Die Globalisierung der Wirtschaft", in: Beck, U.,(Hrsg.), Politik der Globalisierung, Suhrkamp, 1998.

Pfahl, Stefanie, Internationaler Handel und Umweltschutz, Zielkonflikte und Ansatzpunkte des Interessenausgleichs, Springer, 2000.

Rat, "Entschliessung des Rates der Europaeischen Gemeinschaften, und der im Rat verenigten Vertreter der Regierungen der Mitgliedstaaten vom 19. Oktober 1987 zur Fortschreibung und Durchfuehrung einer Umweltpolitik und eines Aktionsprogramms der Europaeischen Gemeinschaften fur den Umweltschutz (1987-1992)", in: Amtsblatt der Europaeischen Gemeinschaften, Nr. C 328 vom 7. 12. 1987.

Ratsch, U./Diefenbacher, H., "United Nations Conference on Environment and Development (UNCED), Problem und Persektiven", in: Blaetter fuer deutsche und internationele politik, Heft 6, Gaus, G., u.a.(Hg.), 1992.

Renn, O., "Oekologisch Denken - sozial Handeln: Die Realisierbarkeit einer nachhaltigen Entwicklung und die Rolle der Kultur - und Sozialwissenschaften", in: Kastenholz, H.G./Erdmann, K.-H./Wolff,

M.,(Hg.), Nachhaltige Entwicklung, Zukunftschancen fuer Mensch und Umwelt, Springer, 1996.

Roepke, I., “Sustainability and Structural Change”, in: Faucheux, S./O'Connor, M./Straaten, J.v.d., (ed.), Sustainable Development: Concepts, Rationalities and Strategies, Kluwer Academic Publishers, 1998.

Schmandt, J., “From idea to action: The role of policy”, in: Schmandt, J./Ward, C.H., (ed.), Sustainable Development: The Challenge of Transition, Cambridge University Press, Cambridge, 2000.

Simonis, U. E., Globale Umweltpolitik, Ansatze und Perspektiven, BI-Taschenbuchverlag, Mannheim 1996.

Soederbaum, P., “The Political Economics of Sutsainability”, in: Faucheux, S./O'Connor, M./Straaten, J.v.d., (ed.), Sustainable Development: Concepts, Rationalities and Strategies, Kluwer Academic Publishers, 1998.

SRU(Rat von Sachverstaendigen fuer Umweltfragen), Umweltgutachten 2000, Schritte ins naeschste Jahratsend, Verlag Metzler-Poeschel, Stuttgart, 2000.

SRU, Umweltgutachten 1998, Umweltschutz: Erreichtes sichern - neue Wege gehen, Metzler-Poeschel Stuttgart, 1998.

SRU, Umweltgutachten 1996, Zur Umsetzung einer dauerhaft - umweltgerechten Entwicklung, Verag Metzler-Poeschel, Stuttgart, 1996.

SRU, Konzepte einer dauerhaft-umweltgerechten Nutzung laendlicher Raeume, Sondergutachten, Verlag Metzler-Poeschel, Stuttgary, 1996a.

Straaten, J.v.d., “Sustainable Development and Public Policy”, in: Faucheux, S./O'Connor, M./Straaten, J.v.d., (ed.), Sustainable Development: Concepts, Rationalities and Strategies, Kluwer Academic Publishers, 1998.

Toefer, K., “Globaler Umweltschutz und nachhaltige Entwicklung, Eine Zentrale Herauforderung des 21. Jahrhunderts”, in: Koeller, H. V., (Hg.), Umweltpolitik mit Augenma?, Gedenkschrift fuer Staatssekretaer Dr. Guenter Hartkopf Anlaesslich Seines 10. Todestages am 19. September 1999, Erich Schmidt, Berlin, 2000.

United Nations Environment Programme(UNEP), UNEP 2003, Annual Report, 2004.

Vitor, P./Hanna, S./Kubursi, A., “How strong is Weak Sustainability?”, in: Faucheux, S./O'Connor, M./Straaten, J.v.d., (ed.), Sustainable Development: Concepts, Rationalities and Strategies, Kluwer Academic Publishers, 1998.

WBGU(Wissenschaftlicher Beirat der Bundesregierung Globale Umweltveraenderungen), Welt im Wandel: Neue strukturen globaler Umweltpolitik, Springer Verlag, 2001.

WBGU, Welt im Wandel : Strategien zur Bewaeltigung globaler Umweltrisiken, Jahregutachter 1998, Springer Verlag, 1999

WBGU, Welt im Wandel : Wege zur Loesung globaler Umweltprobleme, Jahesgutachten 1995, Springer

Verlag, 1996

WBGU, Welt im Wandel: Grundstruktur Globaler Mensch-Umwelt-Beziehungen, Jahresgutachten 1993, Economica Verlag, Bonn, 1993.

Weber, Brigit, Nachhaltige Entwicklung und Weltwirtschaftsordnung, Probleme, Ursachen, Loesungskonzepte, Leske+Budrich, Opladen, 1998.

Wepler, C., Europaeische Umweltpolitik, Die Umweltunion als Chance fuer die materielle und institutionelle Welterentwicklung der europaeischen Integration, Metropolis-Verlag, Marburg, 1999.

Wilhelm, S., Umweltpolitik, Bilanz Probleme Zukunft, Leske + Budrich, Opladen, 1994.

Wittkaemper, G. W., "Bodenschutz als Problem der transnationalen Politik", in: K.-F.,(Hg.), Forum Umweltschutz(Zentrum fuer Umweltforschung (ZUFO) der Westfaelischen Wilhelms-Universitaet Muenster, Barz, W./Bonus, H./Brinkmann, B./Hoppe, W./Schrieber, 1993.

Wittkaemper, G. W., Umweltschutz, Einfuehrung in Umweltpolitik und Umweltverwaltung unter Beruecksichtigung des Umweltrechts, Walhalla, 1992.

그 외 환경부(http://www.me.go.kr), 녹색성장위원회(http://www.greengrowth.go.kr), 유엔환경계획(http://www.unep.org), 미국 환경청(http://www.epa.gov), 독일 환경부(http://www.bmu.de), 독일 환경청(http://www.uba.de) 등의 홈페이지 참조.